社会资本视角下城乡融合发展的福利效应研究

——基于农业安全发展的背景

卢燕平 史振华 ◎ 著

THE WELFARE OF THE UNIFIED DEVELOPMENT OF THE CITY AND THE COUNTRYSIDE IN VIEW OF SOCIAL CAPITAL

Under the Background of Safely Development of Agriculture

中国财经出版传媒集团

经济科学出版社

Economic Science Press

图书在版编目（CIP）数据

社会资本视角下城乡融合发展的福利效应研究：基于农业安全发展的背景/卢燕平，史振华著. —北京：经济科学出版社，2022.6

ISBN 978 - 7 - 5218 - 3747 - 6

Ⅰ.①社…　Ⅱ.①卢…②史…　Ⅲ.①城乡建设 - 经济发展 - 研究 - 中国　Ⅳ.①F299.21

中国版本图书馆 CIP 数据核字（2022）第 104130 号

责任编辑：杨　洋　卢玥丞
责任校对：靳玉环
责任印制：王世伟

社会资本视角下城乡融合发展的福利效应研究
——基于农业安全发展的背景
卢燕平　史振华　著
经济科学出版社出版、发行　新华书店经销
社址：北京市海淀区阜成路甲 28 号　邮编：100142
总编部电话：010 - 88191217　发行部电话：010 - 88191522
网址：www. esp. com. cn
电子邮箱：esp@ esp. com. cn
天猫网店：经济科学出版社旗舰店
网址：http：//jjkxcbs. tmall. com
北京季蜂印刷有限公司印装
710 × 1000　16 开　17.5 印张　270000 字
2022 年 6 月第 1 版　2022 年 6 月第 1 次印刷
ISBN 978 - 7 - 5218 - 3747 - 6　定价：67.00 元
（图书出现印装问题，本社负责调换。电话：010 - 88191510）
（版权所有　侵权必究　打击盗版　举报热线：010 - 88191661
QQ：2242791300　营销中心电话：010 - 88191537
电子邮箱：dbts@ esp. com. cn）

本书得到以下项目资助：2015 年国家社会科学基金一般项目《社会资本视角下城乡融合的社会福利效应研究》（批准号：15BJL111）、西南政法大学 2017 年校级十九大专项项目《互联网大数据下社交网络对城乡融合影响机制研究》（立项编号：017XZZXYB-26）、2022 年西南政法大学经济学院招标课题《农业安全发展视角下城乡融合的福利效应研究》（立项编号：XYZB202205），特此表示感谢。

前　言

　　本书从社会资本的角度研究城乡融合对福利的影响机制。社会资本指以信任、互惠和规范为基础的网络和人际关系，这些网络和人际关系有助于个人和集体获得经济收益和各种资源。城乡融合指城乡经济融合发展，城乡二元的政策逐渐统一，城乡劳动力等资源自由流动，城乡居民享受均等的就业、教育、医疗和社会保障等公共资源；福利包括个人经济福利和社会经济福利：个人经济福利指个人获得的物质生活满足，个人经济福利的指标有个人消费、劳动力供应、个人财富和个人资本存量等；社会经济福利指社会全体成员的个人福利的综合，其指标有城乡居民收入水平和城乡居民收入差距，城乡居民收入水平越高，收入差距越小，社会经济福利越高。

　　城乡融合发展是我国工业发展到一定阶段和经济实力增强的必然选择。城乡二元政策通过保证农业剩余向工业转移，促进了我国工业化的发展，但也形成城乡居民收入差距和城乡发展差距。我国进入工业化中期后，农业支持工业发展的使命结束。我国开始促进城乡融合发展，促进工业对农业发展的支持。城乡融合发展必须取消农业剩余转移，逐步取消城乡二元的户籍、教育、医疗和社会保障等政策体系，形成城乡一元的教育、医疗和社会保障等政策体系，使城乡居民享有均等的公共资源。

　　城乡融合发展能提高城乡居民福利。第一，城乡融合政策能缩小城乡居民收入差距，提高城乡居民福利。取消农业剩余转移，逐步取消城乡二元的政策，能缩小城乡居民收入差距；城乡融合政策，能减少贫困的"循环累积因果效应"，缩小城乡居民收入差距。第二，城乡融合政策，能促进劳动力流动和经济增长，提高城乡居民收入和城乡居民福利。城乡融合政策有利于稳定经济和社会环境，减少低收入群体，减少社会再分配政策，促进物质资本和人力资本积累，从而促进经济增长和收入增加。

　　城乡融合通过培育社会资本，提高经济效率和城乡居民福利。第一，社会资本能降低交易成本，提高经济效率和城乡居民福利。社会资本通过促进经济信息分享与合作，解决公共物品外部性等机制，提高经济效率；社会资本能增加教育机会、促进民主和减少犯罪，改善经济环境，从而提高经济效率。第二，城乡融合政策通过增加社会资本，提高经济效率和城乡居民福利。城乡融合政策能缩小城乡居民收入差距，减少低收入群体的数量，增加社会资本，因为个人收入水平越高，其社会资本水平越高；城乡融合政策本身能增加社会资本，取消城乡二元政策，实行城乡融合政策，有利于居民享有均等的公共资源，有利于流动农业人口融入城市，能提高其信任水平；城乡融合政策通过社会资本的"同群效应"，扩大社会资本，城乡融合政策促进城乡居民的流动和融合，提高外来流动人口的社会资本，而社会资本具有自我增强和放大的作用，将进一步增加社会资本。

　　根据理论分析，本书构建城乡融合、社会资本和经济福利的静态模型，实证分析城乡融合、社会资本对社会经济福利的影响。模型的因变量为社会经济福利，指收入和城乡居民收入差距，自变量为城乡融合、社会资本、教育、法律体制效率和社会保障等。第一，模型理论预测。社会资本、教育水平、法律体制效率和城乡融合政策等，能够促进城乡经济增长，增加经济福利；城乡融合政策能够缩小城乡人均可支配收入差距，增加社会经济福利；城乡融合政策能减少劳动力流动成本，促进城乡劳动力流动，提高农村剩余劳动力的收入；城乡教育、医疗和社会保障等公共资源的均等化，将提高农村教育水平，从而促进农村居民投资和收入增加，提高农村居民收入水平，缩小城乡居民收入差距。第二，数据和测量指标。分别采用我国 1990~2016 年的时间序列数据、2017 年 7~9 月的微观调查数据进行分析，微观调查数据的有效样本为 1682 个，覆盖全国 24 个省份。时间序列数据的测量指标有以下几种：福利的指标，即经济增长率、个人收入和收入差距；社会资本采用的指标，即工会会员人数、互联网普及率、互联网上网人数、移动电话普及率和社会捐赠款；城乡融合采用的指标，即农产品价格比工业品出厂价格指数、农业税占财政收入比重和农业支出占财政支出的比重等。微观调查数据的测量指标有以下几种：

福利的指标，即个人收入和相对收入；社会资本的指标，即自愿免费献血、他人是否可以信任、通信软件聊天时间、微信朋友人数；城乡融合的指标，即户籍；社会保障的指标，即是否参加养老保险和医疗保险。第三，实证分析结论。教育水平提高、城乡融合政策、社会资本水平提高、社会保障政策完善、法律体制效率提高、社会投资增加、劳动力的增加等，将提高个人收入水平，促进经济增长；教育、城乡融合政策、社会资本和社会保障等，都能提高个人相对收入水平，缩小城乡居民收入差距。

本书进一步构建城乡融合、社会资本和经济福利的动态模型，实证分析城乡融合对个人经济福利的影响。模型的因变量为个人经济福利，指个人消费、个人劳动力供应、个人财富和个人资本等，模型的自变量为城乡融合、社会资本、社会保障、政府公共资源支出等。第一，模型理论预测分为短期理论预测和长期理论预测。短期理论预测有：个人财富、资本存量能促进劳动力供给增加；城乡融合、社会资本和政府支出对个人消费影响不确定，对劳动力供给影响不确定；资本对消费的影响不确定。长期理论预测有：社会资本、政府支出能增加资本积累；政府支出对消费和劳动力的影响不确定。第二，数据说明和测量指标为采用宏观统计数据分析短期和长期福利效应，采用微观调查数据分析短期福利效应。宏观统计数据为 1950~2015 年的数据，福利的短期指标有消费和劳动力供应，长期指标为个人财富和资本存量，个人财富的测量指标有人均可支配收入和人均储蓄，资本存量的指标为人均固定资产；城乡融合政策的观测指标为对农村家庭减免税收和政策性补贴；社会资本的观测指标为平均每人每年发函件数、固定电话普及率、移动电话普及率、互联网普及率，农村社会资本还增加"已通邮的行政村比重"和"开通互联网的行政村比重"两个指标；政府支出主要指政府对教育、医疗和社会保障等公共资源的支出。微观数据是 2017 年 7~9 月间的调查数据，微观调查数据测量指标有：城乡融合的变量，即户籍；社会资本的变量，即对他人是否信任、是否参加过献血、微信朋友数量和微信聊天时间等；政府福利支出指标有：是否参加医疗保险和是否参加养老保险两个变量。第三，实证分析结论。家庭财富能增加消费水平，促进劳动力供给增加，增加个人福利；家庭缴纳的税收能促进消费，增加资本、财富和个人福利；城乡融合能促进消费，增加资本、财富和个人福利；政府福利支出，能促进消费，增加资本、财富和个人福利；个人参与养老保险，能显著增加个人消费；政府教育经费支出，政府公共资源支出，能提高个人福利水平；社会资本促进劳动力流动，增加劳动力供给，提升个人福利。

城乡融合、社会资本和经济福利的静态模型和动态模型分析表明，城乡融合能缩小收入差距、促进消费、增加个人资本和财富、提高福利水平；城乡融合能提高收入水平、促进消费、增加个人资本和财富、提升经济福利；社会资本能提高经济效率、促进劳动力流动、提高个人收入、提升福利水平。

实证统计分析中存在一些理论与实证不符合的地方，如宏观数据统计分析中，城乡融合、教育水平和社会养老保障对缩小城乡居民收入差距的影响不显著；微观分析中，社会资本对个人消费、资本和财富的影响不显著；医疗保险对消费的影响不显著。理论分析与实证分析不符合的原因主要有：第一，城乡发展的巨大差距，使受过良好教育的农业人口转移到城市。因此政府对农业人口提供的教育和就业机会并没有缩小城乡居民收入差距，而是促进农村精英人口向城市移动。第二，政府对城乡居民提供的社会保障是不均等的，因此对城乡居民收入差距的影响不显著。第三，部分社会资本具有外部性，对个人收入的提高不显著。社会资本中的社会网络和个人网络能提高个人的收入，但部分社会资本具有外部性，如信任等社会资本，具有显著的外部性，对个人收入的提高不显著，但能显著提高宏观经济效率，促进经济增长。

我国促进城乡融合发展和培育社会资本的政策建议如下：第一，促进城乡融合发展，能提高个人收入和缩小城乡居民收入差距，也能通过培育社会资本，从而提高经济效率和经济福利。促进工业现代化和农业现代化的发展，能增加社会财富和个人财富，提升经济福利；取消城乡二元政策，能改善我国城乡收入水平，缩小城乡居民收入差距，提高城乡居民经济福利。逐步减少农村特产税和土地使用税等税收，提高农民收入和消费；加强对农业生产上游产业进行补贴，如对农药、种子和化肥产业进行适当补贴，促进农业上游产业发展，降低农业生产成本；推进农业土地集约化经营，探索土地入股等新兴土地流转制度，提高农业经营的规模效应，降低农业生产成本，提高农民收入；促进城乡居民管理融合，统一城乡居民管理的法律和法规，促进户籍制度改革，淡化户籍身份，减少城乡居民流动的障碍，促进城乡居民流动。第二，增加政府公共资源支出，实现城乡公共资源均等化，提高城乡福利水平。增加教育、医疗和养老等公共资源支出，促进城乡公共资源均等化，提高居民资本积累能力和城乡福利水平。我国在城乡教育等公共资源投入上有一定差距，大多数农民享受的医疗和养老保障服务较少。提高教育、医疗和养老等公共领域的投入，有利于提高农村居民的收入水平、农村居民财富和资本积累能力，缩小城乡居民收入差距，提高福利水平。第三，进一步培育社会资本，特别是培育具有外部性的社会资本，促进信息流通和信息分享，降低交易成本，提高福利水平。弘扬社会主义传统文化、健全社会主义法治，能培育信任等形式的社会资本，降低交易成本，提高经济效率和经济福利；加强通信基础设施建设等，保持和提高传统邮政服务的数量和质量，提高新兴信息传媒手段的效率，培育人际关系网络等形式的社会资本，降低交易成本和信息成本，提高城乡福利水平。我国农村地区的移动电话普及率较高，但互联网普及率较低。因此，可以依托移动电话服务平台，加强农村地区移动互联网基础设施建设，提高移动互联网普及率，降低网络使用费用，促进农村地区的信息分享和信息流通，提高福利水平。

目录 CONTENTS

| 第一部分　引言 |

第一章　研究背景及研究设计 / 005

第一节　概念界定及文献综述 / 005

第二节　我国城乡融合的背景
——农业对工业的支持及城乡二元经济形成 / 011

第三节　我国城乡居民户籍制度的演进 / 030

第四节　我国城乡融合政策演进 / 036

第五节　研究设计与主要内容 / 045

| 第二部分　社会资本分析框架 |

第二章　社会资本相关理论 / 061

第一节　社会资本的内涵 / 061

第二节　社会资本的理论来源 / 071

第三节　社会资本与传统儒家文化的关系 / 085

第四节　社会资本与资本的关系 / 089

第五节　社会资本的来源及测量 / 095

第三章　社会资本调节机制 / 103

第一节　市场调节机制和政府干预机制的理论演进 / 103

第二节　社会资本作为市场机制和政府干预机制的润滑剂 / 112

| 第三部分　社会资本视角下城乡融合的
福利效应机制分析 |

第四章　社会资本降低交易成本 / 129

第一节　社会资本降低交易成本的机制 / 129

第二节　社会资本能改善经济制度环境，增加福利 / 138

第五章　城乡融合提升福利的机制 / 143

第一节　城乡融合理论演进 / 143

第二节　城乡融合政策能缩小城乡居民收入差距，增加福利 / 151

第三节　城乡融合能促进经济增长，增加福利 / 153

第四节　城乡融合有利于社会资本形成，增加福利 / 155

| 第四部分　社会资本视角下城乡融合的
福利效应模型及实证分析 |

**第六章　社会资本视角下城乡融合的福利效应静态模型
及实证分析 / 161**

第一节　模型 / 161

第二节　构造便于实证研究的计量模型 / 168

第三节　基于宏观统计数据的实证研究 / 168

第四节　基于微观调查数据的实证研究 / 178

第五节　我国城乡融合的福利效应静态效应分析结论 / 183

**第七章　社会资本视角下城乡融合的福利效应动态模型
及实证分析 / 185**

第一节　理论假设 / 185

第二节　模型 / 186

第三节　实证研究的计量模型 / 201

第四节　基于宏观统计数据的实证分析 / 202

第五节　基于微观调查数据的实证分析 / 218

第六节 我国城乡融合的福利效应动态效应分析结论 / 221

| 第五部分 社会资本视角下城乡融合的
福利效应结论与政策建议 |

第八章 培育社会资本和促进城乡融合的结论与政策建议 / 225

第一节 理论与实证研究结论 / 225

第二节 促进城乡融合和培育社会资本的政策建议 / 227

第三节 我国促进城乡融合发展和培育社会资本的政策建议 / 244

参考文献 / 246

引 言

　　党的十八大报告指出"加快完善城乡发展一体化体制机制",而党的十九大报告进一步提出"实施乡村振兴战略""建立健全城乡融合发展体制机制和政策体系,加快推进农业农村现代化""促进农村一二三产业融合发展,支持和鼓励农民就业创业,拓宽增收渠道",标志着我国城乡融合进入深化阶段。城乡融合是在我国进入工业化中期、成为世界制造业大国的背景下进行的(国家统计局,2012),也是我国人口红利减少和老龄化严峻形势下的必然选择(蔡昉等,2014;李亚红等,2015)。城乡融合能否增加社会福利,实现社会福利极大化呢?本书将从社会资本的角度,研究城乡融合的福利效应。

　　经过70多年的工业化和40多年的改革开放,我国经济实力和工业实力显著增强。第一,我国综合国力和国际竞争力增强,已经发展成为世界经济大国,人均收入水平不断提高,生活水平基本达到小康。2010年我国国内生产总值达到40.330万亿元,首次超过日本,成为仅次于美国的世界第二大经济实体;人均国内生产总值为29992元①,人均国内生产总值达

---

① 中华人民共和国国家统计局编. 中国统计年鉴2017 [M]. 北京:中国统计出版社,2017.

到 4270 美元，步入了中高等收入国家的行列。① 2017 年我国国内生产总值 82.71 万亿元，年末总人口为 13.90 亿人，全年人均国内生产总值 59660 元，人均国内生产总值达到 8583 美元；2019 年我国国内生产总值约为 100 万亿元，人均国内生产总值达到 1 万美元；2021 年我国国内生产总值 114 万亿元，年末总人口为 14.126 亿人，人均国内生产总值为 80976 元②。第二，我国由农业国发展成为世界工业大国，建立了门类齐全的工业体系。自 1952 年至今，我国的工业化和城市化经历了短短的 70 多年，取得了非常显著的成效：从一穷二白到建立门类比较齐全的工业体系，并发展成为世界制造业大国。

我国经济发展和工业化取得巨大成功的同时，出现了城乡二元经济，即城乡发展差距较大和城乡收入分配差距较大等问题。我国城乡居民收入差距并没有随着工业化和城市化的发展而自动缩小，没有出现库兹涅茨曲线所预言的倒 "U" 型曲线，城乡居民收入差距无论是绝对数还是相对数都呈上升趋势，库兹涅茨曲线所预言的拐点并没有自动出现。

我国城乡发展差距较大的原因是农业对工业化发展的支持。第一，农业剩余支持工业化发展，造成城乡发展差距。因为我国工业化是在国家贫穷落后、资本短缺的背景下进行的，工业化是以农业做支撑的，是转移农业剩余和农业劳动力资源的过程。随着工业化的推进和农业剩余的不断吸取，工业和农业的发展差距拉大，表现为工业总产值在国民经济中的比重迅速上升，农业的比重则不断下降；同时伴随着城市和农村收入差距的不断扩大，出现了所谓典型的二元经济，即城市和农村经济发展差距扩大。第二，城乡二元的户籍、教育、医疗和社会保障等制度，保证农业对工业化发展的支持，形成城乡发展差距。我国工业化和二元经济的形成并不是自发形成的，而是在政府主导下，在一系列工业中心和城市中心的制度和政策保证下形成的。在工业化初期，我国采取了一系列的农业支持工业的政策，对农业征收重税以保证工业化的资金来源，采取粮食统购统销政策为城市提供低价粮食，采取工农业价格剪刀差的方式转移农业剩余。与工

---

① 中华人民共和国国家统计局编. 中华人民共和国 2021 年国民经济和社会发展统计公报 [Z]. 中华人民共和国中央人民政府网，2022-02-28.

② 本书数据不包含中国香港、澳门、台湾地区。

业化的目标相适应，我国建立了一系列的城乡分割政策，最典型的是严格的农村和城市户籍制度，城市户籍与养老保险、医疗保险和社会福利挂钩，农村户籍则被排除在社会福利体系之外；同时为了保证工业化的进行，我国的教育和医疗、基础设施建设等都偏向于城市，进一步减少了农村户籍人口享受的社会资源。所以，我国城乡二元经济的形成，是在城乡分割的经济社会政策下形成的，也是农业支持工业化的必然选择（林毅夫等，1994，2013）。

我国城乡发展差距，是农业支持工业化发展的必然结果，而城乡二元的户籍、教育和社会保障制度则是为保障工业化发展而人为设计的制度。随着我国经济实力的增强和工业体系的建立健全，我国工业发展不再需要农业的支持，而且有能力反哺农业发展。因此，2000年后我国开始实行工业反哺农业的政策，对于缩小城乡发展差距有非常积极的意义：1999年后，我国的城市居民和农村居民的恩格尔系数差开始逐渐缩小，表明城乡居民的生活水平差距逐渐缩小；2009年后，城市居民可支配收入与农村居民可支配收入比率逐渐缩小，表明农村居民可支配收入增长速度更快。

如何在促进工业持续发展的同时，促进工业反哺农业，进一步促进城乡融合和农业发展，缩小城乡居民收入差距，是我国当前和今后面临的重要课题。因此，有必要研究城乡融合的社会福利效应，为促进我国城乡融合发展提供借鉴。本书将从社会资本的视角研究城乡融合的社会福利效应。

第一章
CHAPTER 1

研究背景及研究设计

我国城乡二元经济是农业支持工业化和经济发展的必然产物，城乡发展差距和城乡居民收入差距随着工业化的发展而扩大。随着我国经济实力的增强和工业体系的健全，必然要求促进城乡融合发展。下面将论述相关概念界定、我国城乡融合的背景、城乡融合政策的演进及研究设计。

第一节 概念界定及文献综述

本章节将界定城乡融合的相关概念，综述城乡融合的相关文献。

一、概念界定

（一）城乡融合

城乡融合的概念最早由恩格斯提出，1847 年他在《共产主义原理》一书中写到：消除旧的分工，城乡融合能使全体成员的才能得到全面发展①。

---

① 恩格斯. 共产主义原理//马克思，恩格斯著. 马克思恩格斯全集（第四卷）[M]. 北京：人民出版社，1958：371.

　　城乡融合的概念在 21 世纪初写入党的政策文件，其内涵不断延伸。2007 年党的十七大报告提出："建立以工促农、以城带乡的长效机制，形成城乡经济社会发展一体化新格局"①，指出城乡经济社会一体化是我国城乡经济发展的方向和目标；2012 年党的十八大报告提出建立和完善城乡发展一体化体制机制；2017 年党的十九大报告提出"乡村振兴战略"，要求建立城乡融合发展体制机制和政策体系。

　　国内一些学者也阐述了城乡融合的内涵。白永秀等（2013）认为，城乡融合是城乡经济社会一体化的过程，是城乡在经济、政治、社会和文化等方面协调发展和融合的过程②。陈钊等（2008）认为城乡融合是消除户籍壁垒，使流动人口享受城市均等的公共服务。卢燕平等（2013）认为城乡融合是逐渐取消城市偏向和工业中心的政策，取消城乡之间的政策和制度分割。史振华（2017）认为城乡融合指统一城乡户籍管理，取消歧视农业人口的政策和法律，促进城乡劳动力等资源自由流动，使城乡居民享受均等的就业、教育、医疗和社会保障等公共资源等。

　　本书中城乡融合指城乡经济融合发展，城乡二元的政策逐渐统一，城乡劳动力等资源自由流动，城乡居民享受均等的就业、教育、医疗和社会保障等公共资源。

（二）福利

　　现代经济学的福利概念由经济学家庇古首先提出。庇古将福利分为经济福利和非经济福利，能够直接或间接用货币来衡量的那部分福利，即为经济福利（方福前，1994：1；庇古，1920：9）。庇古认为，国民收入增加将增加经济福利，国民收入分配越平均，也将增加经济福利。第一，经济福利包括国民收入。国民收入越大，经济福利越大。"正如经济福利是总福利中可以直接地或间接地与货币量度建立起关系的那一部分一样，国民收入因而也是社会客观收入中能以货币表示的那一部分，当然包括来自

---

　　① 胡锦涛. 高举中国特色社会主义伟大旗帜，为夺取全面建设小康社会新胜利而奋斗——在中国共产党第十七次全国代表大会上的报告 [M]. 北京：人民出版社，2007.
　　② 白永秀，王颂吉，鲁能. 国际视野下中国城乡发展一体化模式研究 [M]. 北京：中国经济出版社，2013：19.

国外的收入。经济福利与国民收入这两个概念，是如此的相互对应，以至于对于两者之中的任何一个内容的描述，也就是对另一个内容相应的描述。"（庇古，1920：27）"一国的经济福利与国民收入的大小密切相关，而且经济福利随着收入大小的变化而变化。"（庇古，1920：42）第二，经济福利还包括国民收入分配。国民收入分配越均等，社会经济福利越大。"一般来说，增加国民收入的大小……在分配条件一定的情况下，都将增加经济福利。"（庇古，1920：72）"只要整体收入没有减少，则在相当大的范围内，以富人阶层实际收入等量的减少为代价所实现的穷人阶层实际收入的任何提高，一定会带来经济福利的增加。""假定社会成员的性格基本相同，分配不均等程度的降低有可能，尽管不是必然增加满意感的总量。"（庇古，1920：870－881）庇古对福利的定义基于西方经济学的基数效用论，即个人福利可以用效用表示，而社会福利是个人效用的加总；使用物质福利表示个人福利；边际效用存在递减的现象，因此有利于穷人的分配可以提高整个社会的福利。

庇古对福利的分析，受到了罗宾斯（1932）的批判。罗宾斯认为经济学应该避免进行价值判断，因此应该避免使用基数效用论。[①] 针对罗宾斯的批判，主流经济学家试图回避人际之间的效用比较，提出所谓的帕累托标准、帕累托改进和帕累托最优。帕累托标准：社会对某项事务的选择标准有 A、B 两个方案，如果有人认为 A 方案优于 B 方案，而没有人认为 A 方案劣于 B 方案。帕累托改进：如果资源的配置状态改变使得至少一个人的状况变好，而没有使人的状况变坏，则认为这种改变是好的，否则认为改变是坏的。帕累托最优：某种资源状态下，不存在帕累托改进。

从帕累托标准出发，可以引申出福利经济学定理。福利经济学第一定理：如果所有企业和个人能够制定价格，市场竞争均衡能达到帕累托最优；福利经济学第二定理：如果所有企业和个人是价格接受者，个人和企业一次性缴税或者接受转让，市场竞争均衡能达到帕累托最优。福利经济学第二定理认为，调整分配为目标的财富转移不能扭曲价格机制。

经济学家伯格森（1938）和萨缪尔森（1947，1983）提出社会福利函

---

① 罗宾斯著，朱泱译. 经济科学的性质和意义 [M]. 北京：商务印书馆，2000.

数的一般形式：$W(x) = W(U_1(x), U_1(x), \cdots, U_H(x))$，即社会福利函数是个人福利函数的加总。如果个人间的效用不能比较，则该福利函数仅能处理帕累托最优的情况。经济学家阿罗则反思了伯格森—萨缪尔森社会福利函数，提出阿罗不可能定理，即不可能通过民主投票产生伯格森—萨缪尔森社会福利函数。

本书中福利的概念指个人经济福利和社会经济福利：个人经济福利指个人获得的物质生活满足，个人经济福利的指标有个人消费、劳动力供应、个人财富和个人资本存量等；社会经济福利指社会全体成员的个人福利的综合，其指标有城乡居民收入水平和城乡居民收入差距，城乡居民收入水平越高、收入差距越小，社会经济福利越高。

（三）社会资本

社会资本指信任、规范和网络（Putnam，1993）。社会资本作为社会学概念，最早来源于 20 世纪初的美国（David，1915；Hanifan，1913，1916）。直到 1979 年法国学者布迪厄才首次定义社会资本（Bourdieu，1979，1983），科尔曼（Coleman，1988，1990）从理论上系统阐述社会资本概念，而普特曼（Putnam，1993，1995，1996，2005，2009）实证研究意大利社会资本对民主和经济发展的重要作用，推动了社会资本的研究。另外，威廉姆森（Williamson，1993，2003，2012）、波茨（Portes，1993，1995，2000，2014）、林南（Lin，2001）和博特（Burt，1992，2001，2008）等从不同角度阐述了社会资本的概念。这些研究提高了社会资本的关注度，使社会资本在 20 世纪 90 年代中期后成为社会科学的时髦词汇（Portes，1998），并作为一种新的分析工具引入经济学等学科研究（边燕杰等，2000，2012，2017；张维迎，2012；李惠斌，2000；陆铭等，2008；郭熙保等，2003；曹祥涛等，2003；史振华，2017）。

二、文献综述

市场经济中个人追求利益最大化将产生帕累托均衡，使个人福利和社会福利达到最大（范里安，1994）。福利最大化的前提条件为市场完全竞争、没有外部性和没有交易成本（Stigler，1989；Coase，1991，1995；范里安，1994）。但现实经济中，市场是不完全的，人是有限理性的，人的行为存在机会主义倾向，交易者的承诺必须得到可信保证（威廉姆森，2003）。市场不完全产生交易成本（Coase，1991），如信息不对称（Hayek，1945）、合作失败和外部性等产生交易成本。交易成本包括发现价格、讨价还价、签署和监督合同执行、解决交易中的纠纷等成本（Coase，1991）。

市场存在交易成本时，生产和交易不能实现帕累托均衡和福利最大化（范里安，1994）。要提高经济活动效率和福利，必须降低交易成本。降低交易成本的机制有企业内管理（科斯，1991），政府计划、税收和福利（Coase，1960，1991），法律和正式制度（科斯，1994），社会资本等非正式制度（Putnam，1993）。企业管理、政府计划和法律制度等有一定的运行成本（科斯，1960，1994），社会资本作为降低交易成本的机制受到经济学家的重视（Williamson，1993）。

在不完全市场中，社会资本能降低交易成本，促进合作，提高经济效率（Putnam，1993，2005，2009；弗兰，2002；张其仔，1999，2000，2004；刘长生等，2009；张克中等，2004），增加福利。第一，社会资本能促进经济信息分享，减少信息不对称，网络传递新技术信息（Barr，2000；李路路，1995，1997；陈爽英等，2010；朱森，2003；赵延东，2013；Wang et al.，2016）、就业和市场信息（Rauch，2001；Montgomerg，1991；刘宏，2000；石军伟，2009，2010；Granovetter，1975，1995，2005；Cheong P. II.，Edwards R.，Goulbourne，2015）、惩罚骗子、提高收入（Fafchamps，2002，2004，2012，2014；徐延辉，2002），减少激励成本（Wade，1987，1988）。第二，社会资本形成共同道德（Platteau，1996）和良好的模仿效应（Blume，2002；Routledge，2003），形成利他主义（Fershtman，2001；Akerlof，2000），违反道德的人将产生犯罪感（Ensminger，1992；Geertz，1979；Poewe，1989）。社会资本可以弥补缺失的正式制度（Platteau，1994，2000；Bourguignon et al.，2012），促进市场有效运行（Marx，1971；Weber，1905；Khan，1979；Berger，1987，1988；Tai，1989；Redding，1990；Banfield，1968）。第三，社会资本解决部分外部性问题，促进公共物品提供（梁建等，2010；卢燕平，2005，2007，2013）。

市场存在交易成本时，城乡融合能通过社会资本降低交易成本，从而实现福利最大化吗？目前有两类文献，一类文献研究城乡融合对经济增长和城乡居民收入差距缩小的作用，另一类文献研究城乡融合对社会资本形成的积极效应。

前一类文献肯定了城乡融合对经济增长和缩小收入差距的作用。第一，城乡融合促进农业剩余劳动力转移（陆铭等，2011，2013），促进工业化和经济增长（Lewis，1954；郭熙保，2011，2016；谭崇台，2000；张培刚，2009；加塔克，英格森特，1987；库兹涅茨，1959；Hirschman，1958），增加福利。第二，公共资源均等化，促进经济增长。公共资源均等化将减少产权保护的资源，促进物质资本积累和投资（Benhabib et al.，1996），提高低收入者的资本和人力资本（Fishman et al.，2002；Galor et al.，1993），提高平均教育水平（De La Croix et al.，2004），减少税收和社会再分配政策（Alesina et al.，1994；Benabou，1996；Persson et al.，1994），促进经济增长（Patridge，1997；Ghosh et al.，2004；Ravallion，1998；Benjamin et al.，2004；陆铭等，2005）。第三，歧视政策减少，将缩小城乡居民收入差距。农业税、工农业价格剪刀差等城市偏向政策导致城乡居民收入差距（Adelman，2001；Schiff et al.，1992；林毅夫等，1994，2009，2013；郑有贵，2008；Fanet，2005；陈钊等，2008，2011；宋洪远，2004；蔡昉等，2000，2003，2008，2017；陈斌开等，2013；林晨等，2018），取消对农村居民的歧视政策，将提高农业收入和农民收入，减少贫穷的累积效应（Myrdal，1957；Venables，1996；Krugman，1991；Porter，1998）。

后一类文献则研究城乡融合对社会资本培育的积极效应。第一，公共资源均等化提高农村居民的收入水平，增加社会资本（赵延东等，2002），因为收入水平与社会资本成正比（Putnam，2000；文建东等，2010；Alesina et al.，2002；Bjrnskov，2007；Yamamura，2008；史振华等，2014，2015），而收入不平等和种族异质性会降低社会资本（Knack et al.，1997；Leigh，2006）。第二，歧视政策减少，增加农村居民的社会资本（Delhey et al.，2003；Alesina et al.，2002；鲁元平等，2014；Whalley et al.，2007；Zhang et al.，2007；Inglehar，1999；汪汇等，2009；陈钊等，2014），促进农村居民融入城市，增加社会资本（Alesina et al.，2002；Lewicki et al.，1995；任远，2010，2012；Franzen A.，Hangartner D.，2017）。第三，城乡融合对社会资本的正面影响持续存在，并有自我放大的效应（Alesina et al.，2002；汪汇等，2009）。

上述文献在研究不完全市场中，通过社会资本降低交易成本、提高经济效率的作用，分析城乡融合对经济增长和缩小收入差距的作用，阐述城乡融合对社会资本形成的积极作用，肯定了城乡融合的福利效应。但没有研究城乡融合如何从社会资本的角度影响福利水平（史振华，2017）。

第二节　我国城乡融合的背景
——农业对工业的支持及城乡二元经济形成

我国现代工业体系的建立是我国经济迅速发展的基础。而我国工业化发展，伴随着城市化发展。我国工业化和城市化的发展，以农业剩余转移和农业劳动力转移为基础，以城乡二元政策和制度为保障。因此，我国城市化和工业发展，伴随着城乡发展差距扩大和城乡居民收入差距扩大，即形成所谓的城乡二元经济。

一、我国现代工业化和城市化的发展历程

（一）我国现代工业体系的建立与发展

第一，我国现代工业体系的建立。新中国成立之初我国工业基础非常薄弱，只有采矿业、纺织业和简单的加工业，这些零星的工业也遭受了战争的重创。我国1949～1952年开始恢复生产，我国工业总产值从1949年的140亿元增加到1952年的343亿元。此后，我国集中有限的资源，将资金重点投入工业，逐步建立了比较系统的现代化工业体系。2008年，我国全部工业增加值达到129112亿元，比1978年增长了25.4倍[①]，年均增长

---

① 按可比价计算。

11.5%；2007 年规模以上工业企业①总利润为 27155 亿元，比 1978 年增长了 45 倍；固定资产达到 198739 亿元，比 1978 年增长了 57 倍。2010 年工业产值达到 160867 亿元，2016 年工业产值达到 296236 亿元。我国逐步确立了制造业大国的地位，我国工业生产能力迅速提高，在主要工业领域如能源、冶金、化工、建材、机械设备、电子通信设备制造、交通运输设备制造等行业，有较强的生产能力。② 我国形成了门类比较齐全和较高技术水平的工业体系，从工业化初级阶段跨越到工业化中级阶段（见图 1.1）。

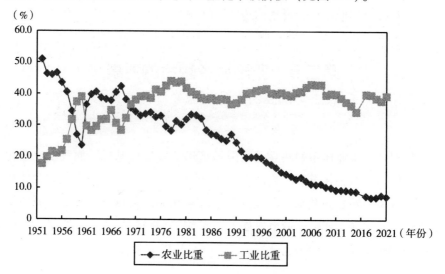

图 1.1　我国 1951～2021 年农业和工业在国内生产总值中的比重

注：农业指"第一产业"的数值。

资料来源：历年《中国统计年鉴》和《新中国 60 年统计资料汇编》。

　　1952 年我国工业产值占国民经济的比重为 17.6%，2021 年工业产值的比重上升到 39.4%。而我国农业产值 1952 年占国民经济的比重为 51.0%，2015 年则下降到 8.9%，2021 年农业产值占国民经济的比重为 7.3%，这标志我国从农业大国转变为工业大国。

　　第二，我国成功实现了轻工业和重工业结构的调整。1949 年，我国工业主要是轻工业和劳动密集型产业。到 1957 年，我国重工业比重上升到 45%，

---

① 年主营业务收入在 500 万元以上的工业企业。

② 国家统计局综合司. 新中国成立 60 周年经济社会发展成就回顾系列报告之十二：从一穷二白到现代工业体系的历史跨越［R］. 国家统计局，2009 - 09 - 21.

钢铁、有色、电力、机械、轻纺、食品、航空航天、汽车和电子工业等工业部门逐步建立和发展。我国已经形成门类比较齐全的工业体系，轻工业和重工业结构逐渐协同发展。到2010年，我国轻工业比重下降到28.6%，重工业比重上升到71.4%，重工业比重迅速上升，资本密集型和技术密集型产业不断发展和完善，为工业发展和经济发展奠定了基础（见图1.2）。①

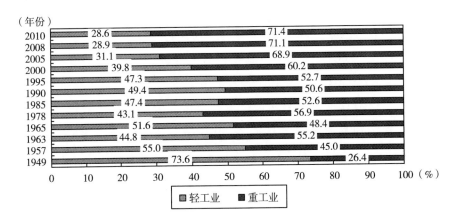

图1.2 1949～2010年轻、重工业产值比重

资料来源：国家统计局综合司. 新中国成立60周年经济社会发展成就回顾系列报告之十二：从一穷二白到现代工业体系的历史跨越［R］. 国家统计局，2009－09－21.

第三，我国工业生产能力迅速发展。我国工业快速发展，从一个基本生活必需品短缺的国家，发展成为世界制造业大国。1949～2010年，我国纱产量从32.70万吨增加到2717.00万吨，增长83倍，2016年达到3732.60万吨，2021年达到2873.70万吨；布产量从18.90亿米增加到800.00亿米，增长42倍，2016年达到906.75亿米，2021年则为502.00亿米；糖产量从20.00万吨增加到1117.59万吨，增长55.88倍，2016年达到1443.30万吨，2021年为1482.30万吨；我国的原煤产量从1949年的0.32亿吨上升到2010年的32.35亿吨，2021年为41.30亿吨。电视机、电冰箱、照相机、洗衣机、计算机和空调器等电子产品产量迅速增加。彩色电视机从1958年的0.02万台上升到2016年的15769.64万台，2021年为18496.50万台；电冰箱从1956年的0.03万台上升到2016年的8481.57

---

① 国家统计局综合司. 新中国成立60周年经济社会发展成就回顾系列报告之十二：从一穷二白到现代工业体系的历史跨越［R］. 国家统计局，2009－09－21.

万台，2021 年为 8992.10 万台；家用冰柜 2016 年达到 2147.97 万台；空调从 1978 年的 0.02 万台增加到 2016 年的 14342.37 万台，2021 年为 21835.70 万台。我国一些高新技术工业产品产量迅速增加，2016 年我国智能手机产量达到 153764.05 万台；2016 年工业机器人产量为 72426.00 万台，新能源汽车达到 45.89 万辆，动车组达到 3474.00 辆；2021 年工业机器人和汽车分别为 2652.80 万台、36.60 万辆。①

随着工业生产能力的扩大，我国逐渐成为世界制造业大国。按照 2000 年不变价计算，1995 年我国制造业增加值占世界的比重为 5.1%，2007 年该比重上升到 11.4%。我国制造业有多个大类的产量比重排名世界第一，如烟草类、纺织品类、衣服和皮毛类、皮革、皮革制品、鞋类、碱性金属、电力装备和其他交通工具等。② 2020 年工信部的数据表明，2016 ~ 2019 年我国制造业年均增长 8.7%，由 20.95 万亿元上升到 26.92 万亿元，占全球制造业的比重达到 28.1%。③

（二）城市化的推进与发展

我国工业化发展的过程，也是城市化发展的过程。1949 年我国有 132 个城市，到 2008 年，我国有 655 个城市。我国城市化水平从 1949 年的 7.3% 提升到 2008 年的 45.68%。我国城市化发展阶段如下：第一，1949 ~ 1957 年是城市化起步的发展阶段。我国 1949 年全国城镇人口只有 3900 万人，占总人口的 7.3%。到 1957 年，我国城市增加到 176 个，城镇人口上升到 7000 万人，占全国人口的 10.9%。第二，1958 ~ 1978 年，我国城市化发展波动较大。1961 年，我国城市增加到 208 个，城镇人口增加到 1 亿人，占总人口的 15.4%。而我国于 1962 年调整国民经济，撤销了一批城市和项目，城镇人口下降到 8900 万人。到了 1978 年，我国城镇人口（指居住在城镇地区半年及以上的人口）仅为 17245 万人，占全国总人

---

① 国家统计局网站：《新中国成立 60 周年经济社会发展成就回顾系列报告之十二：从一穷二白到现代工业体系的历史跨越》；《中华人民共和国 2021 年国民经济和社会发展统计公报》。

② 国家统计局综合司. 新中国成立 60 周年经济社会发展成就回顾系列报告之十二：从一穷二白到现代工业体系的历史跨越 [R]. 国家统计局，2009 - 09 - 21.

③ 国务院新闻办就"十三五"工业通信业发展成就举行发布会 [R]. 新闻办网站，2020 - 10 - 23.

口的（指城镇人口占全国总人口的比重）17.92%。第三，1979～1991年是我国城市化发展较快的阶段。1991年我国城镇人口上升到3.1亿人，占全国人口的26.94%。第四，1992年以后是我国城市发展较稳定的阶段。2008年我国城镇人口占全国总人口的45.68%，2016年我国城镇人口比重达到总人口的57.35%，2021年末全国常住人口城镇化率为64.72%。①

二、城乡二元经济形成

我国现代经济发展的历程是现代工业化和城市化迅速推进的过程，也是城乡二元经济的形成过程。随着我国工业化和城市化发展，工业在国民经济中的比重逐步上升，而农业在国民经济中的比重则迅速下降，逐步形成了城市和农村二元经济。1949～2021年的72年里，我国从一个独立自主的农业国家发展为全面开放的、工业体系健全的经济大国。1949～1952年我国恢复了国民经济生产，从1952年开始进行工业的社会主义改造，建立了社会主义国有工业，并建立了与之相适应的高度集中的计划经济体制，促进了社会主义工业体系的建设和发展。工业在国民经济中的比重不断上升，1952～2010年工业在国民经济中的比重从17.6%上升到40.1%，2021年我国工业比重占国民经济的39.4%。同时，农业在国民经济中的比重则不断下降。1952～2021年，我国农业在国民经济中的比重从51%下降到7.3%，农业在国内生产总值中的比重不断下降，1952年农业增加值占国内生产总值的比重为51%，1978年为28.1%，2015年为8.9%，2021年农业产值占经济的比重为7.3%。我国城乡二元经济主要表现为农业生产总值增长缓慢，农业产值在国民经济中的比重迅速下降，农村人均收入增长缓慢，与城镇居民收入差距扩大等。2021年我国仍然有4.98亿人生活在农村，占总人口的35.3%。②

---

① 国家统计局网站：《新中国60年统计资料汇编》《新中国成立60周年经济社会发展成就回顾系列报告之一》《中华人民共和国2022年国民经济和社会发展统计公报》。

② 国家统计局综合司.新中国成立60周年经济社会发展成就回顾系列报告之十二：从一穷二白到现代工业体系的历史跨越 [R].国家统计局，2009-09-21；中华人民共和国国家统计局.中国统计年鉴2019 [M].北京：中国统计出版社，2019.

城乡二元经济的发展，还表现为区域经济发展不平衡，我国的工业和主要经济中心都集中在东部沿海地区。我国区域经济不平衡发展经历了三个阶段：第一阶段为区域经济差距缩小时期（1952～1978年）。由于历史、地理位置及经济基础等原因，我国的经济重心在东部地区，而中西部地区的经济基础相对比较薄弱。1949年我国东、中、西部地区经济发展水平差异很大，经过3年国民经济恢复以后，1952年，我国东、中、西部的工业总产值，分别占全国经济的68.3%、21.3%和10.4%。随着我国区域均衡发展战略的实施，东、中、西部的经济差距逐步缩小。1978年东、中、西部地区工业总产值占全国的比重分别为59.2%、25.1%和15.7%。第二阶段为区域经济差异扩大时期（1979～2000年）。1978年改革开放以后，东部地区作为对外开放前沿地带，具有优越的地理条件，东部沿海地区逐渐成为经济重心，中国区域经济发展差距迅速扩大，2000年东、中、西部地区总产值占全国经济比重分别为69.7%、18.8%和11.5%。第三阶段为区域经济平衡调整时期（2000年后）。区域经济发展差距的不断扩大，引起政府区域经济政策的调整，随着西部大开发、东北等老工业基地振兴战略和中部地区崛起等政策的实施，区域经济发展的差距开始稳定和缩小。1952年我国东部和东北地区的工业总产值占全国的73.8%，中部和西部比重分别只有12.6%和13.6%；2008年东、中、西部地区工业增长率分别为12.9%、15.8%和15%，东、中、西部地区工业总产值的比重分别为68.9%、19%和12.1%；2018年，中部和西部工业增加值占全国的比重分别提升至22.5%和17.8%。[①]

三、城乡居民收入增长和城乡居民收入差距扩大

（一）城乡居民收入增长

第一，我国人均国内生产总值不断上升，人们生活水平提高。1952年我国人均国内生产总值为119元，1978年上升到381元，2008年则上升到22698元。2010年我国人均国民总收入达到30567元，合4270美

---

① 国家统计局综合司. 新中国成立60周年经济社会发展成就回顾系列报告之十二：从一穷二白到现代工业体系的历史跨越［R］. 国家统计局，2009 – 09 – 21.

元，被世界银行列入中高等收入国家（见图 1.3）；2015 年达到人均国民总收入 49351 元。2021 年人均国内生产总值达到 80976 元，比 1978 年增长 201249.87%。

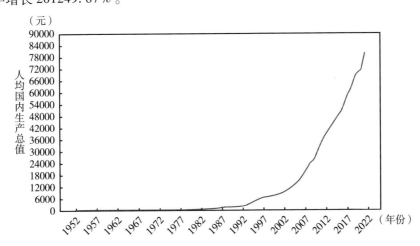

图 1.3　我国 1952～2022 年人均国民生产总值

资料来源：国家统计局网站；《新中国 60 年统计资料汇编》；中华人民共和国国家统计局.中国统计年鉴 2021 ［M］. 北京：中国统计出版社，2021.

　　第二，城乡居民可支配收入不断增长，城乡人们的生活水平不断提高。1949 年我国城镇家庭人均可支配收入大约为 100 元，2010 年城镇家庭人均可支配收入上升到 19109 元，2017 年则进一步上升到 33834 元；2021 年城镇居民人均可支配收入 47412 元；1949 年农村居民人均纯收入为 44 元，2010 年农村居民人均纯收入上升到 5919 元，2015 年农村人均收入上升到 11421.7 元，2017 年为 13432 元（见图 1.4）。2021 年农村居民人均可支配收入 18931 元。

　　随着可支配收入的提高，城乡居民生活水平不断提高，消费结构逐步改善，恩格尔系数呈下降态势，城乡居民的生活水平逐渐摆脱贫困走向温饱，并大踏步向小康和富裕迈进。1949～1978 年城镇居民恩格尔系数都在 57% 以上，处于温饱最低线和贫困线之间；农村居民恩格尔系数则超过 60%，处于贫困状态。1978 年改革开放后，居民可支配收入逐渐增加，居民的恩格尔系数呈下降趋势。农村居民的恩格尔系数于 1985 年首次下降为 57.79%，城市居民的恩格尔系数则从 1984 年达到 58%，城乡居民相继突破了贫困线，之后居民的恩格尔系数逐年下降，表明人们的生活水平开始

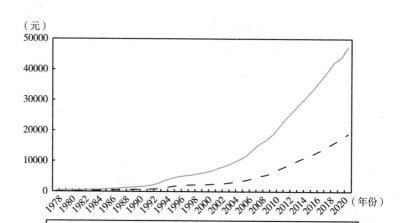

图1.4　1978~2022年农村和城镇家庭居民人均可支配收入

资料来源：中华人民共和国国家统计局.中国统计年鉴2021［M］.北京：中国统计出版社,2021.

走向温饱；我国农村居民的恩格尔系数从2000年的49.13%进一步下降到
2010年的41.09%，2021年农村恩格尔系数下降到32.70%；城市居民的
恩格尔系数则从1996年的48.76%下降到2000年的39.44%，表明我国城
乡居民相继从温饱走向了小康水平；城市居民的恩格尔系数从2001年下降
到38.20%，2010年则进一步下降到35.70%，2021年城市恩格尔系数进
一步下降到28.60%，表明城市居民的生活正在走向富裕（见图1.5）。

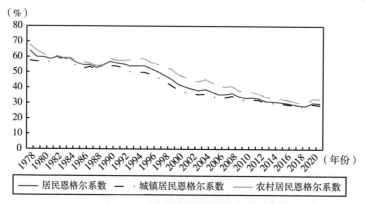

图1.5　1978~2020年农村和城镇家庭恩格尔系数

资料来源：中华人民共和国国家统计局.中国统计年鉴2021［M］.北京：中国统计出版社,2021.

　　城乡居民逐渐从小康走向富裕，耐用消费品如彩电、洗衣机、电冰
箱、空调、电话等成为生活必需品，汽车、电脑等商品也走入百姓家庭。

城镇每百户彩色电视机拥有量从 1981 年的 0.6 台达到 2016 年的 122.3 台，每百户家用电脑拥有量从 2000 年的 9.70 台上升到 2016 年的 80 台。汽车拥有量从无到有，到 2016 年每百户家庭拥有 35.5 辆汽车。洗衣机、冰箱、彩色电视、移动电话等主要家用电器在城市家庭基本普及；2020 年城镇居民家庭每百户拥有 44.9 辆汽车，拥有洗衣机、冰箱、彩色电视、移动电话、计算机分别为 99.7 台、103.1 台、123 台、248.7 部、72.9 台（见图 1.6.1 至图 1.6.3）。

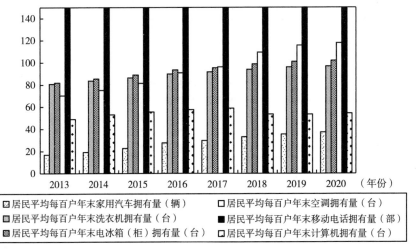

图 1.6.1 2013～2020 年我国居民每百户拥有耐用消费品变动情况

资料来源：中华人民共和国国家统计局. 中国统计年鉴 2021［M］. 北京：中国统计出版社，2021.

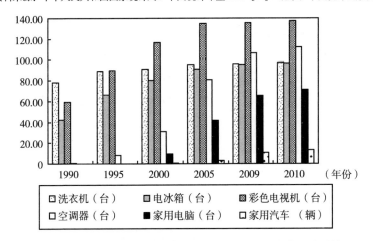

图 1.6.2 1990～2010 年城镇居民每百户拥有耐用消费品变动情况

资料来源：中华人民共和国国家统计局. 中国统计年鉴 2016［M］. 北京：中国统计出版社，2016.

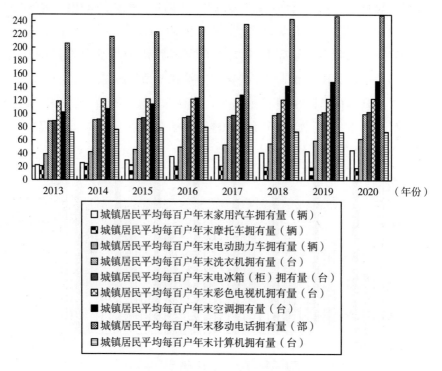

1.6.3   2013～2020 年城镇居民每百户拥有主要耐用消费品情况

资料来源：中华人民共和国国家统计局．中国统计年鉴 2021 ［M］．北京：中国统计出版社，2021．

　　农村居民彩色电视机、电风扇、洗衣机、摩托车等普及率也不断提高。农村每百户彩色电视机拥有量从 1990 年的 4.72 台达到 2016 年的 118.8 台，家用电脑每百户拥有量从 2000 年的 0.47 台上升到 2016 年的 27.9 台。农村家庭汽车拥有量从无到有，2016 年达到每百户家庭拥有 17.4 辆汽车。汽车、洗衣机、冰箱、彩色电视和移动电话等家电在农村也逐渐普及；2020 年农村家庭每百户汽车拥有量 26.4 辆，洗衣机、冰箱、彩色电视、移动电话、计算机分别为 92.6 台、100.1 台、117.8 台、260.9 部、28.3 台（见图 1.7.1 至图 1.7.2）。

　　城乡居民生活水平提高的另一表现为居民财产性收入迅速增长。城乡居民人民币储蓄存款余额从 1952 年底的 8.6 亿元上升到 2015 年底的 522921 亿元，增加 60804.8 倍，人均储蓄由 1952 年的 1.6 元增加到 2015 年的 38041.13 元。

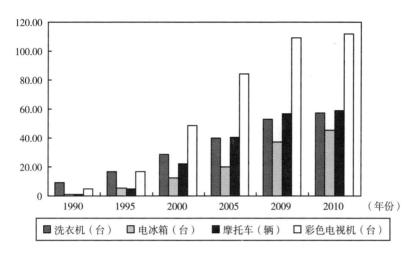

图 1.7.1　1990~2010 年农村居民每百户拥有耐用消费品变动情况

资料来源：中华人民共和国国家统计局. 中国统计年鉴2016［M］. 北京：中国统计出版社, 2016.

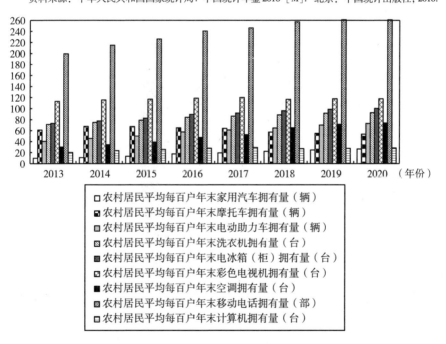

图 1.7.2　2013~2020 年农村居民每百户拥有耐用消费品情况

资料来源：中华人民共和国国家统计局. 中国统计年鉴2021［M］. 北京：中国统计出版社, 2021.

城乡人们生活水平提高还表现为绝对贫困人口的减少。1949~1978
年，我国经济增长速度较快，但 1978 年我国仍有绝对贫困人口 2.5 亿人。
1978 年改革开放后，我国贫困人口逐步减少，到 2007 年我国农村贫困人口下降到 1479 万人，贫困率由 1978 年的 30.7% 下降为 1.6%（见表 1.1、图 1.8.1 至图 1.8.2）。按照每人每年 2300 元的农村贫困标准计算，2019 年末农村贫困人口为 551 万人，比上一年年末减少 1109 万人，贫困发生率 3.1%。① 2021 年贫困人口全部脱贫。

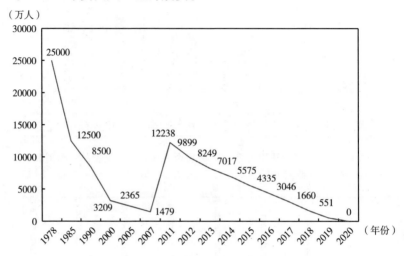

图 1.8.1 1978～2020 年农村居民贫困状况

资料来源：中华人民共和国国家统计局. 中国统计年鉴 2021［M］. 北京：中国统计出版社，2021.

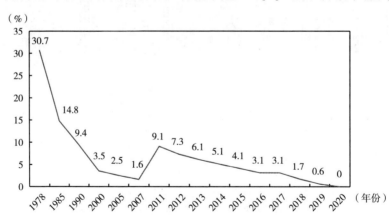

图 1.8.2 1978～2020 年农村居民贫困率

资料来源：国家统计局网站；《新中国成立 60 周年经济社会发展成就回顾系列报告之一》和《中华人民共和国 2017 年国民经济和社会发展统计公报》；中华人民共和国国家统计局. 中国统计年鉴 2021［M］. 北京：中国统计出版社，2021.

---

① 1978～2007 年的贫困标准为 1978 年标准；我国 2010 年贫困标准为人均纯收入 1274 元，2011 年将贫困标准提高到人均纯收入 2300 元。

表 1. 1 1978 ~ 2020 年农村居民贫困状况

年份	贫困人口（万人）	贫困发生率（%）
1978	25000	30. 7
1985	12500	14. 8
1990	8500	9. 4
2000	3209	3. 5
2005	2365	2. 5
2007	1479	1. 6
2011	12238	9. 1
2012	9899	7. 3
2013	8249	6. 1
2014	7017	5. 1
2015	5575	4. 1
2016	4335	3. 1
2017	3046	3. 1
2018	1660	1. 7
2019	551	0. 6
2020	0	0

资料来源：国家统计局网站；《新中国成立 60 周年经济社会发展成就回顾系列报告之一》和《中华人民共和国 2017 年国民经济和社会发展统计公报》；中华人民共和国国家统计局. 中国统计年鉴 2021 ［M］. 北京：中国统计出版社，2021.

（二）城乡居民收入差距扩大

随着经济的发展，我国城乡居民绝对收入差距扩大，城乡居民可支配收入的比率出现倒 "U" 型趋势，即先上升后下降的趋势。1978 年城市和农村的绝对收入差距很小，只有 209 元。1978 ~ 1985 年，城乡居民收入差距从 2.57 倍缩小到 1.86 倍，1985 年的城乡居民收入差距额仅有 341.50 元。① 这是由于改革开放后农村开始实行家庭联产承包责任制，解放了农村的生产力，农村生活迅速改善，城乡居民收入差距逐渐缩小。1986 ~ 1994 年城乡居民收入差距出现小幅度的上升趋势，城乡居民收入差距从 1986 年的 2.13 倍上升到 1994 年的 2.86 倍，1994 ~ 2000 年城乡居民收入差距有缩小的趋势，2001 年之后，两者的差距呈现迅速扩大的趋势。城乡

① 中华人民共和国国家统计局. 中国统计年鉴 2021 ［M］. 北京：中国统计出版社，2021.

居民收入差距在 1992 年突破了千元大关,达到 1242.61 元,这个过程用了
14 年的时间;而城乡居民收入差距从千元突破万元大关则只用了 17 年,
2008 年城乡居民收入差距达到了 11020.18 元,2009 年、2010 年城乡居民
收入差距每年以千元的速度递增。2011 年农村居民人均纯收入 6977 元,
同期城镇居民人均可支配收入 21810 元,城乡居民收入比率为 3.23,比
1978 年的城乡居民收入比率提高 0.66。2015 年城镇居民和农村居民的收入
差为 19773.10 元,2021 年两者的差距为 28481 元,城乡居民的绝对收入差继
续增加,但两者的相对收入差距缩小了。2015 年城镇居民人居收入是农村的
2.73 倍,2017 年进一步下降到 2.52 倍;1978 ~ 2017 年城市居民与农村居民
的收入比率先上升后下降,在 2009 年达到 3.33 倍,后出现下降的趋势,到
2021 年下降到 2.50 倍,呈现倒"U"型趋势(见图 1.9.1 至图 1.9.2)。

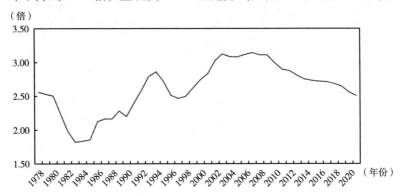

图 1.9.1　1978 ~ 2020 年城镇人均可支配收入与农村人均可支配收入的比率
资料来源:中华人民共和国国家统计局. 中国统计年鉴 2021 [M]. 北京:中国统计出版社,2021.

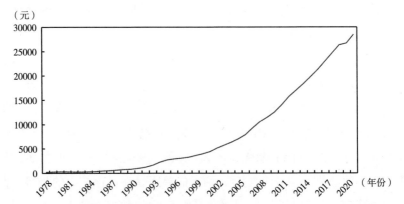

图 1.9.2　1978 ~ 2020 年城镇人均可支配收入与农村人均可支配收入差额
资料来源:中华人民共和国国家统计局. 中国统计年鉴 2021 [M]. 北京:中国统计出版社,2021.

　　城乡居民收入差距直接体现为其生活水平的差距，即城镇居民的恩格尔系数和农村居民的恩格尔系数，城镇居民的恩格尔系数较低，表明城市居民的生活水平较高。1949~1978年，城镇居民家庭和农村居民家庭恩格尔系数分别为57%和67%以上。1991年，城镇居民和农村居民的恩格尔系数分别为53.8%和57.6%；2000年城镇居民和农村居民的恩格尔系数分别为39.4%和49.1%，表明从2000年开始，城市生活逐渐进入富裕状态，而农村地区刚刚摆脱温饱状态，开始走向小康。2008年城乡家庭恩格尔系数分别为37.9%和43.7%。[①] 2010年城镇恩格尔系数为35.7%，而同期农村的恩格尔系数为41.1%，表明城镇居民的生活水平已经步入中等富裕的程度，而农村仍然停留在小康水平。2015年城镇居民和农村居民的恩格尔系数分别为29.3%和32.2%，2017年两者分别为28.6%和31.2%。2021年城镇居民和农村居民恩格尔系数分别为28.6%和32.7%。[②]

　　城镇居民和农村居民的恩格尔系数差呈倒"U"型趋势（见图1.10），表明两者的生活水平差距呈先上升后下降的趋势。1978~1999年，城乡居民恩格尔系数差首先呈上升的趋势，1999年城乡居民恩格尔系数差为10.49%；而2000~2017年，城乡居民的恩格尔系数差则逐渐下降，2017年城乡居民恩格尔系数的差额下降到2.6%；2021年城镇居民和农村居民恩格尔系数差距为4.1%。

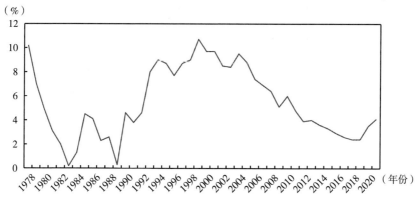

图1.10　1978~2020年农村和城镇家庭恩格尔系数差
资料来源：中华人民共和国国家统计局. 中国统计年鉴2021［M］. 北京：中国统计出版社，2021.

---

① 资料来源：历年《中国统计年鉴》。

② 中华人民共和国国家统计局. 中国统计年鉴2021［M］. 北京：中国统计出版社，2021.

农村收入相对于城市收入，无论在相对比率还是在绝对数额上都呈现扩大的趋势。农村收入远远低于城市收入，不仅难以提高农民的生活水平，也严重限制了我国商品消费的能力，限制了我国经济的可持续发展。2010年我国有6.7亿人生活在农村，占人口总比重的50.05%[①]。2016年我国仍然有5.89亿人生活在农村，占总人口的42.65%，2021年我国有4.98亿人生活在农村[②]。这个数据还没有包括在城市打工，而没有在城市安家的农村人口。在超过一半的人群没有消费潜力的情况下，总体经济的需求能力和可持续发展能力必然受到限制。

城乡居民收入差距的扩大从总体上表现为不同阶层居民收入差距扩大。按收入不同将我国居民等量划分为5个阶层：收入最高的20%人群，收入最低的20%人群，收入第二、第三、第四个20%人群。1981~2005年，收入最高的20%人群在国民收入分配中分得的比例呈上升状态，从1981年的38%上升到2005年的48%，上升了10个百分点，其中收入最高的10%的人群收入从22%上升到32%，上升了10个百分点。同期其他各阶层的收入比重都呈下降状态，其中收入第二、第三、第四个20%人群，其获得的收入比重分别下降1个、2个和3个百分点，收入最低的20%人群获得的收入比重下降最多，从1981年的9%下降到2005年的5%，其中收入最低的10%人群，收入比重从4%下降到2%。[③]

我国高收入阶层和低收入阶层的收入差距不断扩大。2005年我国最高收入10%的人群占有32%的总收入，而最低收入的10%人群只获得了2%的总收入；收入最高的20%人群，获得了总收入的将近一半，而同期80%的人群只获得52%的收入，其中最低20%的人群仅获得了5%的财富，最低60%的收入人群只享有了30%的财富。不同阶层在国民收入分配中的地位不同，少数高收入阶层获得了收入的将近一半，而大多数人群获得的收入比重下降。这表明超过一半的人收入提高相对较慢，难以分享我国经济高速发展的成果，从长远看，将限制我国消费市场的扩大，阻碍经济的长期持续发展（见图1.11）。

---

① 资料来源：《中国统计年鉴2016》，城镇人口是指居住在城镇范围内的全部常住人口。

② 资料来源：国家统计局网站；历年《国民经济和社会发展统计公报》；中华人民共和国国家统计局.中国统计年鉴2021［M］.北京：中国统计出版社，2021.

③ 中华人民共和国国家统计局.中国统计年鉴2021［M］.北京：中国统计出版社，2021.

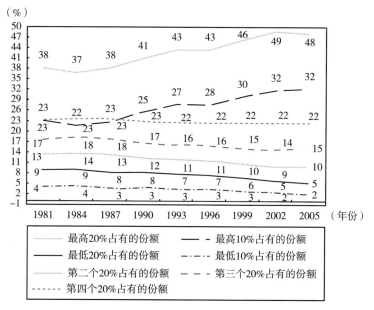

图 1.11   1981~2005 年我国不同阶层居民收入在总收入中的比重
资料来源：世界银行数据库。

2013 年来，我国全国居民不同组别的收入差距继续扩大，中等收入阶层和高收入阶层收入增长速度更快（见表 1.2 至表 1.4 和图 1.12.1 至图 1.12.3）。将全国居民按收入分为五等份，按收入从低到高，2013 年各等级收入分别为 4402 元、9654 元、15698 元、24361 元、47457 元；2021 年各等级收入分别为 8333 元、18445 元、29053 元、44949 元、85836 元。

表 1.2   我国 2013~2021 年全国居民五等份收入分组   单位：元

年份	低收入户 20%	中等偏下户 20%	中等收入户 20%	中等偏上户 20%	高收入户 20%
2013	4402	9654	15698	24361	47457
2014	4747	10887	17631	26937	50968
2015	5221	11894	19320	29437	54544
2016	5529	12899	20924	31990	59259
2017	5958	13843	22495	34547	64934
2018	6440	14361	23189	36471	70640
2019	7380	15777	25035	39230	76401
2020	7869	16443	26249	41172	80294
2021	8333	18445	29053	44949	85836

资料来源：中华人民共和国国家统计局 . 中国统计年鉴 2021［M］. 北京：中国统计出版社，2021.

表 1.3　　　　　我国 2013～2020 年全国城镇居民五等份收入分组　　　单位：元

年份	低收入户 20%	中等偏下户 20%	中等收入户 20%	中等偏上户 20%	高收入户 20%
2013	9896	17628	24173	32614	57762
2014	11219	19651	26651	35631	61615
2015	12231	21446	29105	38572	65082
2016	13004	23055	31522	41806	70348
2017	13723	24550	33781	45163	77097
2018	14387	24857	35196	49174	84907
2019	15549	26784	37876	52907	91683
2020	15598	27501	39278	54910	96062

资料来源：中华人民共和国国家统计局. 中国统计年鉴 2021 [M]. 北京：中国统计出版社，2021.

表 1.4　　　　　我国 2013～2020 年全国农村居民五等份收入分组　　　单位：元

年份	低收入户 20%	中等偏下户 20%	中等收入户 20%	中等偏上户 20%	高收入户 20%
2013	2878	5966	8438	11816	21324
2014	2768	6604	9504	13449	23947
2015	3086	7221	10311	14537	26014
2016	3006	7828	11159	15727	28448
2017	3302	8349	11978	16944	31299
2018	3666	8508	12530	18051	34043
2019	4263	9754	13984	19732	36049
2020	4681	10392	14712	20884	38520

资料来源：中华人民共和国国家统计局. 中国统计年鉴 2021 [M]. 北京：中国统计出版社，2021.

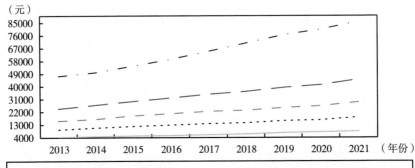

图 1.12.1　2013～2021 年我国居民不同组别收入

资料来源：中华人民共和国国家统计局. 中国统计年鉴 2021 [M]. 北京：中国统计出版社，2021.

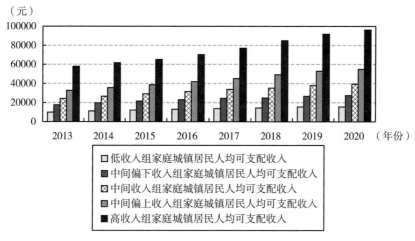

图 1. 12. 2　2013～2020 年我国城镇居民分组收入

资料来源：中华人民共和国国家统计局. 中国统计年鉴 2021 ［M］. 北京：中国统计出版社, 2021.

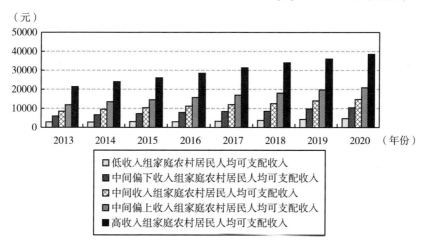

图 1. 12. 3　2013～2020 年我国农村居民分组收入

资料来源：中华人民共和国国家统计局. 中国统计年鉴 2021 ［M］. 北京：中国统计出版社, 2021.

　　我国居民收入差距扩大也体现在城乡居民整体收入的扩大。2013 年我国城镇居民收入分组，由低到高分别为 9896 元、17628 元、24173 元、32614 元、57762 元，2020 年我国城镇居民收入分组，由低到高分别为 15598 元、27501 元、39278 元、54910 元、96062 元；我国 2013 年农村居民分组收入从低到高分别为 2878 元、5966 元、8438 元、11816 元、21324 元，而 2020 年我国农村居民分组收入从低到高分别为 4681 元、10392 元、14712 元、20884 元、38520 元。

四、城乡人口流动

我国城乡人口的流动伴随着城市化发展，城市化推进的过程也是人口从农村流入城市的过程。随着改革开放和社会主义市场经济体制的建立，流动人口大量增加。未来相当长一段时间，流动人口数量还将持续增加。我国人口流动规模先上升后下降。2000～2014 年，人口流动规模不断上升；而 2014 年后，人口流动规模则保持平稳，并出现缓慢下降趋势。2000 年我国人口流动达到 1.21 亿人，2014 年流动人口突破 2.53 亿人，到 2016 年则为 2.45 亿人；2021 年流动人口 3.85 亿人（见图 1.13）；2021 年全国农民工总量 2.93 亿人，其中，外出农民工 1.72 亿人[①]。

图 1.13　我国 2000～2021 年人口流动

资料来源：中华人民共和国国家统计局. 中国统计年鉴 2021 [M]. 北京：中国统计出版社，2021.

第三节　我国城乡居民户籍制度的演进

为了适应我国社会主义改造和工业的发展，保证农业对工业发展的支持，我国于 1958 年将居民分为城市户籍和农村户籍，逐渐形成城乡二元的户籍管理制度，形成城乡二元的公共资源分配政策。随着我国工业体系的逐步建立和发展，工业有能力反哺农业发展，我国城乡二元的户籍管理制

---

① 资料来源：国家统计局网站：历年《国民经济和社会发展统计公报》；中华人民共和国国家统计局. 中国统计年鉴 2021 [M]. 北京：中国统计出版社，2021.

度逐渐向城乡融合的方向发展，我国于 2014 年公布《关于进一步推进户籍制度改革的意见》，提出统一城乡居民户口登记制度，逐步调整户籍迁移政策，到 2020 年实现城乡居民公共资源均等化。①

一、新中国成立后我国形成城乡二元户籍管理制度

第一，新中国成立后，我国首先统一全国户籍登记制度。新中国成立后，我国出台了第一部户口管理条例。1951 年出台的《城市户口管理暂行条例》，规定城市人口出生、死亡、迁入、迁出、"社会变动"等管理办法，该条例基本统一我国城市户口登记制度。我国于 1955 年出台《国务院关于建立经常户口等级制度的指示》，统一城乡户口登记，建立城市、集镇、乡村每年一次的户口登记制度。

第二，我国将居民分为城市户籍居民和农村户籍居民，严格限制农村居民迁移到城市。我国于 1958 年 1 月通过《中华人民共和国户口登记条例》，第一次将居民分为"农业户口"和"非农业户口"，奠定了城乡二元户籍管理制度的基础。1964 年 8 月《公安部关于处理户口迁移的规定（草案）》出台，该规定严格限制农村居民迁入城市，严格限制居民从农村迁往城市和集镇，严格限制居民从集镇迁往城市。

二、改革开放后我国逐渐放松城乡户籍人口流动限制

第一，我国户籍制度逐渐允许农村居民向小城镇转移。1978 年改革开放后，我国严格的城乡二元户籍制度逐渐松动，农村居民向小城镇的迁移逐渐得到政策许可，但农村居民向城市的迁移仍然受到限制。1984 年 10 月我国颁布《国务院关于农民进入集镇落户问题的通知》，规定农民可以自理口粮到集镇落户，同集镇居民享有同等权利和履行同等义务。1997 年 6 月国务院批转公安部《小城镇户籍管理制度改革试点方案和关于完善农村户籍管理制度意见的意见》出台，规定在小城镇就业和居住且符合一定

---

① 白阳，邹伟. 中国户籍制度改革历史回眸［EB/OL］. 中央政府门户网站，2014 - 07 - 30.

条件的农村人口，可在小城镇办理城镇常住户口。2001 年 3 月颁布的《国务院批转公安部关于推进小城镇户籍管理制度改革意见的通知》，全面推进小城镇户籍制度改革，对小城镇常住户口办理不再实行计划指标管理。

第二，在放开农村居民向小城镇的转移后，我国逐渐允许农村居民向中小城市转移，并鼓励符合条件的农村居民到城市落户。1998 年 7 月《国务院批转公安部关于解决当前户口管理工作中几个突出问题意见的通知》，允许农村居民通过投资、兴办实业和购买商品房获得城市户籍，并允许其直系亲属的户口投靠到城市。在城市有合法固定住房、合法稳定职业或生活来源，居住一定年限并符合当地政府规定的，可到城市落户。2010 年《中共中央国务院关于加大统筹城乡发展力度进一步夯实农业农村发展基础的若干意见》（以下简称"2010 年中央一号文件"）提出，城镇化的重点是中小城市和小城镇，放宽中小城市、小城镇、县城和中心镇落户条件，使符合条件的农业转移人口逐步、有序地转变为城镇居民，吸收有条件的农民工和新生代农民工转为城镇居民，并与当地城镇居民享有同等的权益。2012 年 2 月《国务院办公厅关于积极稳妥推进户籍管理制度改革的通知》指出，引导非农产业和农村人口有序转移到中小城市和建制镇，逐步满足农村人口落户需求。

第三，我国形成城市暂住人口管理制度和居民身份证制度。我国逐渐放开农村居民向中小城镇转移，但我国大量人口流动到大城市和沿海城市，形成大量城市暂住居民，由此我国出台了城市暂住人口管理制度。1985 年 7 月《公安部关于城镇暂住人口管理的暂行规定》，健全了城市暂住人口管理制度。1985 年 9 月，我国实行居民身份证制度，居民身份证制度成为人口管理现代化的基础。

第四，我国提出城乡居民享有的基本公共服务均等化政策，逐步建立城乡融合的社会保障体系。2012 年《国务院办公厅关于积极稳妥推进户籍管理制度改革的通知》指出，我国应逐步实现城乡居民享有的基本公共服务均等化。

首先，完善新型农村合作医疗制度。我国新型农村合作医疗制度由政府组织，农民自愿参加，个人、集体和政府多方筹资，以大病统筹为主的基本医疗保障制度，是中央出台的一项重要的惠农政策。新型农村合作医疗制度中，政府筹资占主要作用。我国从 2003 年开始试点新型农村合作医疗制度，每人每年平均筹资 30 元，逐步提高到 100 元，财政补助占筹资额的 80%。截至 2009 年 9 月底，全国参加新型农村合作医疗制度人口达 8.33 亿人，受益人口累计 4.9 亿人次，财政补偿支出 645.83 亿元。2010 年中央进一步提高财政补助水平，每人每年筹资水平提高到 150 元，其中，中央财政对中西部参合农民每人补助 60 元，对东部地区按一定比例给予补助，地方财政补助标准提高到 60 元，农民个人缴费由每人每年 20 元增加到 30 元。① 新型农村合作医疗制度使参合农民医疗保障水平进一步提高，缓解看病难、看病贵的问题。

其次，建立新型农村社会养老保险试点。新型农村养老保险制度是 21 世纪以来中央出台的又一具有制度创新意义的惠农政策。2009 年《政府工作报告》提出，2009 年"新型农村社会养老保险试点要覆盖全国 10% 左右的县（市）"。新型农村养老保险试点于 2009 年下半年实施，规划到 2020 年基本实现对农村适龄居民全覆盖，标志我国基本养老保障制度向城乡全体居民覆盖的目标，迈出了具有历史意义的一步。新型农村养老保险制度按照"保基本、广覆盖、有弹性、可持续"的原则，实行个人缴费、集体补助、政府补贴相结合，社会统筹与个人账户相结合，与家庭养老、土地保障、社会救助等措施相配套。

再次，保护农民工合法权益。健全农民工社会保障制度，开展工伤保险全覆盖，防治职业病，保护农民工健康，将与企业建立稳定劳动关系的农民工纳入城镇职工基本养老保险，落实以公办学校为主、以输出地为主解决农民工子女入学问题，关心农村留守儿童。

最后，开展农民就业培训和农村实用人才培训。我国开展农民就业和创业培训，2010 年我国培训农民 300 万人，提高农民就业和创业技能，加强农村服务业，农产品加工业，农村特色第二、第三产业等行业技能培训②，促进农民就业。我国建立覆盖城乡的公共就业服务体系，推

---

① 关于巩固和发展新型农村合作医疗制度的意见 [EB/OL]. 中华人民共和国中央人民政府网，2010 - 07 - 22；中共中央国务院关于深化医疗保障制度改革的意见 [EB/OL]. 新华社，2020 - 02 - 25.

② 国务院办公厅转发农业部等部门 2003—2010 年全国农民工培训规划的通知 [EB/OL]. 中华人民共和国中央人民政府网，2003 - 09 - 18.

进农村中等职业教育免费进程，逐步实施农村新成长劳动力免费培训，加大农民外出务工就业指导和服务力度，促进农村劳动力平稳有序转移，扶持农民工返乡创业等。我国还开展农村实用人才培养，实施农村劳动力转移培训阳光工程，2009 年阳光工程培训农村劳动力 300 万人，中央投入资金 11 亿元①，2010 年进一步加大财政投入，拓展培训领域，引导农民就地就近转移就业，培育现代农业发展人才。对文化水平较高、有创业愿望的农民开展系统创业培训，增强农民创业意识和创业能力，培育一批农业生产大户和农业企业家。提高农民科学素质，宣传《农民科学素质教育大纲》，开展农民培训和科普活动。对农村实用人才带头人进行培训；对农业科研杰出人才、农业技术推广人才、优秀生产经营人才等进行重点扶持与培训，鼓励和引导他们带动农民创业。

三、党的十八大后我国实行城乡统一户口登记制度

党的十八大以后，我国形成城乡经济融合发展的新思路。我国户籍制度改革，逐渐向城乡统一的户籍制度发展，形成城乡统一的新型户籍管理制度改革目标。2014 年《国务院关于进一步推进户籍制度改革的意见》（以下简称《意见》）提出，促进有能力在城镇稳定就业和生活的常住人口有序实现市民化，稳步推进城镇基本公共服务常住人口全覆盖。《意见》的出台，标志户籍制度改革进入全面实施阶段。

第一，我国建立城乡统一的户籍登记制度，取消城市户籍和农村户籍，统一登记为居民。2014 年 7 月 30 日《国务院关于进一步推进户籍制度改革的意见》规定，统一城乡全国户口登记制度，全面实施居住证制度，意味着城乡二元户籍制度的结束。

第二，我国进一步调整户口迁移政策，逐渐完成农业转移人口和其他常住人口到城市入户。2013 年 11 月《中共中央关于全面深化改革若干重大问题的决定》提出，要"创新人口管理，加快户籍制度改革，全面放开

---

① 农业部新闻办.2010 年党的强农惠农政策宣传材料［EB/OL］.中华人民共和国农业农村部网站，2010 – 03 – 18.

建制镇和小城市落户限制，有序放开中等城市落户限制，合理确定大城市落户条件，严格控制特大城市人口规模。"① 2014 年《意见》提出进一步调整户口迁移政策，到 2020 年努力实现 1 亿左右农业转移人口和其他常住人口在城镇落户。2018 年新型城镇化扎实推进，近 1400 万农业转移人口在城镇落户②。2018 年末全国总人口 13.95 亿人，城镇常住人口 8.31 亿人，占总人口比重的 59.58%，比 2017 年末提高 1.06%。户籍人口城镇化率为 43.37%，比上一年年末提高 1.02%，全国人户分离的人口 2.86 亿人，流动人口 2.41 亿人。2021 年全国人口 14.12 亿人，城镇常住人口 9.14 亿人，占总人口的 64.7%，全国人户分离的人口 5.04 亿人，流动人口 3.85 亿人。③

第三，促进城乡居民基本公共服务均等化。党的十八大报告提出城乡公共资源均衡配置和城乡公共服务一体化的目标。2014 年《意见》提出，加快建设和共享国家人口基础信息库，完善农村产权制度，推进城镇基本公共服务覆盖全部常住人口，如义务教育、就业、基本养老、基本医疗卫生、住房等覆盖全部常住人口。2012 年 8 月，新型农村社会养老保险和城镇居民社会养老保险制度，合并为城乡居民社会养老保险。2016 年国务院印发《关于整合城乡居民基本医疗保险制度的意见》，2018 年中国全面实施统一的城乡居民基本医保制度。党的十八大以来，多层次社会保障体系加快构建，社会保障水平稳步提高。2018 年末，全国参加城镇职工基本养老保险人数 4.18 亿人，比 1989 年末增加 3.61 亿人；参加失业保险人数 1.96 亿人，比 1994 年末增加 1.17 亿人；基本养老保险覆盖超过 9 亿人，医疗保险覆盖超过 13 亿人，基本实现全民医保。2021 年我国参加城乡居民医疗保险 13.64 亿人，参与 2021 年城乡居民养老保险的有 5.50 亿人。④

---

① 审议通过《中共中央关于全面深化改革若干重大问题的决定》[EB/OL]. 新华网，2019 - 11 - 29.
② 李克强. 2019 年政府工作报告——2019 年 3 月 5 日在第十三届全国人民代表大会第二次会议 [R]. 新华社，2019 - 03 - 16.
③④ 资料来源：国家统计局网站；《中华人民共和国 2019 年国民经济和社会发展统计公报》《中华人民共和国 2021 年国民经济和社会发展统计公报》；中华人民共和国国家统计局. 中国统计年鉴 2021 [M]. 北京：中国统计出版社，2021.

第四节　我国城乡融合政策演进

随着我国工业体系建立和经济实力增强，我国农业支持工业发展的使命逐渐完成。我国逐渐开始促进城乡融合，并制定工业反哺农业的政策。

我国工业体系是新中国成立之后逐步形成和完善的。我国工业体系是在资金和技术极其缺乏的基础上形成的。为了形成规模化的工业体系，积累工业发展急需的资金，我国采取了农业支持工业发展的政策。我国农业对工业的支持政策随着工业化的发展而不断变化，在工业发展的起步阶段和初级阶段，我国采取农业支持工业发展的政策。当我国的工业体系逐步建立和完善时，我国逐渐减少农业对工业的支持力度，促进农业和工业共同发展；当我国工业体系的生产能力不断增强时，我国开始采取工业反哺农业的政策。

一、农业支持工业发展的政策

1949～1978 年是我国工业化体系形成和发展的阶段，我国采取农业支持工业发展的政策。

第一，我国工业化体系逐步形成，工业比重占国民经济的比重不断上升。

1949～1957 年为我国工业化的起步阶段。我国仅用三年时间就恢复了国民经济和工业生产，在 1952～1957 年"一五"期间，我国接受了苏联和东欧国家的资金、技术和设备援助，以"156 项"为核心建设了近千个工业项目，并以此为基础，建立了一系列新的工业部门，形成了初步独立的工业体系，奠定了工业化的基础。"一五"期间，我国工业增加值年均增长 19.8%，农业年均增长 3.8%。工业在国民经济中的作用迅速提高，1952 年农业和工业在国民经济中的比重分别为 51%、17.6%，1957 年两者在国民经济中的比重分别为 40.6%、25.3%，工业在国民经济中的比重上升了 7.7 个百分点。[①]

---

① 资料来源：历年《中国统计年鉴》、《新中国 60 年统计资料汇编》、《新中国成立 60 周年经济社会发展成就回顾系列报告之三：经济结构不断优化升级重大比例日趋协调》。

1958～1978 年，我国工业体系初步形成。这一阶段，我国将大量的资源投入工业，大幅度提高工业在国民经济中的比重，工业所占的比重从 1958 年的 31.7% 上升到 1978 年的 44.1%，而农业的比重则从 34.4% 下降到 28.2%，形成了相对独立的工业体系。但由于急于求成，1957～1960 年，我国的工业比重从 25.3% 提升到 39%，上升了 13.7 个百分点，而同期农业的比重则从 40.6% 下降到 23.6%，下降了 16.4 个百分点，造成了 1958～1960 年的工农业比例失衡，出现了大饥荒，工农业生产难以持续。随后，1961 年我国工业比重调整到 29.7%，农业比重上升为 36.5%。此后，直到 1978 年，我国工业比重出现逐步上升的趋势，而农业比重则呈现下降的趋势。1970 年工业产值比重为 36.6%，再次超过了农业比重的 35.4%，此后，工业比重稳步上升，而农业比重则继续下降。这段时期工业快速发展，初步形成比较健全的工业化体系。[①]

第二，我国采取农业支持工业发展的政策，农业为工业提供积累。首先，我国建立城乡二元的户籍制度，形成城乡二元的教育、医疗和社会保障等制度，保障我国工业化顺利进行。政府采取粮食统购统销政策，低价收购粮食，保证农业向工业部门和城市居民低价供应粮食，支持工业化建设。另外，政府还对工业品定较高的价格，形成工业产品和农业产品的价格剪刀差，以补贴工业发展。1950～1979 年，我国转移农业剩余约为 4500 亿元以支持工业化发展。其次，我国通过向农业部门征收重税，补贴工业化和城市发展。1950 年我国农业税总额为 19.1 亿元，1978 年累计征收农业税收 821 亿元。最后，我国采取财政政策等措施，支持农业发展。如对农药和化肥降价出售，对农机产品、农用柴油和薄膜等降价销售。1950 年我国对农业补贴的财政支出为 2.7 亿元，1978 年财政补贴农业资金为 150.7 亿元。[②]

二、工业和农业共同发展的政策

1978～1999 年，我国工业体系基本建立，我国仍然采取一些农业支持

---

① 资料来源：历年《中国统计年鉴》、《新中国 60 年统计资料汇编》、《新中国成立 60 周年经济社会发展成就回顾系列报告之三：经济结构不断优化升级重大比例日趋协调》。

② 资料来源：历年《中国统计年鉴》、《新中国 60 年统计资料汇编》、《新中国成立 60 周年经济社会发展成就回顾系列报告之十一：农业基础稳固发展林牧渔业全面繁荣》。

工业的政策，但也采取了大量的政策促进农业发展。①

第一，这一阶段我国仍然采取转移农业剩余的方式促进工业发展，采取征收农业税补贴工业和城市发展。1991 年我国征收农业各税 90.7 亿元，2000 年我国征收的农业税为 1259.6 亿元。1980～1990 年农业转移到工业部门的剩余大约为 5030 亿元。1990 年后，我国直接转移的农业剩余逐渐缩小，但仍然通过工农产品价格"剪刀差"间接转移农业剩余，支持工业发展。②

第二，我国采取大量政策，促进农业发展。

首先，采取粮食收购体制改革政策，加大粮油价格补贴，提高农民生产积极性。1978 年后，我国逐步进行粮食价格市场化改革，提高粮食收购价格，以提高农民种粮的积极性。政府逐渐改革粮食统购统销制度，提高粮食收购价格和粮食价格补贴。1990 年我国建立粮食专项储备制度，采用保护价收购粮食，1993 年建立粮食风险基金，1997 年采取保护价全额收购粮食政策。我国加大对农产品价格补贴，1990 年我国粮棉油价格补贴为 267.6 亿元，2000 年则增加到 758.7 亿元③。

其次，增加农业基础设施财政投入。1998 年我国财政支出 350 亿元，补贴农林水利和农业生态建设。1998～2004 年，我国财政用于农业建设资金为 2596 亿元。④

三、工业反哺农业发展的政策

2000 年之后，我国工业化发展进入中期阶段，工业已经有能力支持农业发展。政府制定了工业反哺农业发展的政策，取消农业税，放开粮食收购价格，并对农业生产进行补贴。《2010 年党的强农惠农政策宣传材料》

① 国家统计局综合司. 新中国成立 60 周年经济社会发展成就回顾系列报告之十二：从一穷二白到现代工业体系的历史跨越［R］. 国家统计局，2009－09－21.
② 国家统计局综合司. 新中国成立 60 周年经济社会发展成就回顾系列报告之十一：农业基础稳固发展林牧渔业全面繁荣［R］. 国家统计局，2009－09－21.
③④ 资料来源：历年《中国统计年鉴》《新中国 60 年统计资料汇编》《新中国成立 60 周年经济社会发展成就回顾系列报告之十一：农业基础稳固发展林牧渔业全面繁荣》。

指出"城乡经济的关联度显著增强"①，提出保持农民收入较快增长、转变农业发展方式和破除城乡二元结构的任务。2010 年中央一号文件明确提出农业农村工作的总体要求：统筹城乡发展，改善农村民生，扩大农村需求，发展现代农业，建设社会主义新农村和推进城镇化。

第一，我国废除农业税，加大对农业农村的补贴和投入。2010 年对"三农"投资规模达 936.6 亿元。重点支持农村"水电路气房"等民生工程 495 亿元，包括农村饮水、电网、公路、沼气工程、危房改造等；支持农业基础设施和服务体系建设等 441.6 亿元，包括大型灌区节水改造、新增千亿斤粮食田间工程及农技服务体系、动物防疫体系、农产品质量安全检验检测体系等。首先，我国废除农业税，减轻农民负担。我国于 2006 年废除《中华人民共和国农业税条例》，全面取消农业税，减轻农民负担。其次，完善农业补贴制度。我国的农业补贴政策主要包括种粮农民的直接补贴、农资综合补贴、良种补贴和农机具购置补贴。2002 年，我国开始对大豆进行种植补贴，并逐渐对水稻、小麦、玉米和棉花等进行种植补贴。2004 年我国开始对农机具购买进行补贴，对种粮进行直接补贴。2002 年我国农业补贴 1 亿元，2010 年农业补贴 1344.9 亿元。2009 年农业补贴 1274.6 亿元，2010 年中央财政对农业补贴 1335 亿元，增加 60.4 亿元。再次，放开粮食收购价格，并持续提高粮食最低收购价，增加产粮大县补贴。2004 年我国全面放开粮食购销价格，实行最低价收购稻谷和小麦。2008 年我国进一步提高小麦和水稻的最低收购价，并对主产区的玉米、大豆和油菜籽等实行临时收购储蓄。2010 年提高主产区生产的小麦、稻谷最低收购价水平。每 50 公斤白小麦、红小麦、混合麦最低收购价分别提高到 90 元、86 元、86 元，比 2009 年均提高 3 元；每 50 公斤早籼稻、中晚稻、粳稻最低收购价格分别提高到 93 元、97 元、105 元，比 2009 年分别提高 3 元、5 元、10 元。另外，采取玉米、大豆、油菜籽等临时收储政策，鼓励南方饲料消费大省到东北产区采购玉米，中央财政根据实际到货数量给予 0.035 元/斤的一次性费用补贴。2005 年中央财政出台产粮大县奖励政策，2009 年产粮大县奖励资金达 175 亿元，奖励县数达 1000 多个，2010 年中

---

① 资料来源：中华人民共和国农业农村部网站。

央财政继续加大产粮大县奖励力度。最后，建设一批高标准农田和集中连片的粮食生产基地。2010 年，我国在《全国新增 1000 亿斤粮食生产能力规划（2009－2020 年)》中，确定粮食生产核心区和非主产区产粮大县，加大中央基本建设资金和中长期政策性贷款等资金投入，加强小型农田水利设施等工程建设，扩大土壤有机质提升补贴规模，在北方和南方分别建设一批 50 万亩以上和 80 万亩以上的集中连片商品粮生产基地。另外，我国还实行支持农民建房资金补贴和家电下乡补贴。2009 年中央投资 40 亿元，支持 79.4 万农村贫困户完成危房改造；2010 年扩大投入农村危房改造试点工程资金 25 亿元。国家从 2001～2010 年投资 44.4 亿元，促进西藏等地区的 11.7 万户游牧民定居。为解决农垦职工群众住房困难，国家将农垦危房改造纳入国家保障性安居工程范围。2008～2010 年，中央投资 33.5 亿元，改造黑龙江等地的农垦区危房，支持 25.8 万户进行危房改造。2007～2009 年我国在全国实施家电下乡补贴资金达到 75.4 亿元，家电下乡产品销售量 3450 万台。[①]

第二，支持农业产业化发展。首先，完善农产品"绿色通道"政策。2005 年交通部等七部门联合印发《全国高效率鲜活农产品流通"绿色通道"建设实施方案》，2006 年和 2009 年分别印发完善"五纵二横"绿色通道网络、完善鲜活农产品运输"绿色通道"政策文件。截至 2009 年底，我国"五纵二横"绿色通道网络 4.5 万公里，覆盖 31 个省份，实现省际互通，2005 年以来全国减免通行费 277 亿元，为农产品流通和农村改革发展创造良好环境。其次，支持优势农产品生产和特色农业发展。2002 年我国制定《全国优势农产品区域布局规划》，选择专用小麦、专用玉米、高油大豆、棉花、"双低"油菜、"双高"甘蔗、柑橘、苹果、牛羊肉、牛奶、水产品 11 种优势农产品，具体规划 35 个优势产区，推动优势农产品和特色农产品向优势产区集中，形成优势农产品产业带。我国开展粮棉油糖高产创建，制定《2010 年粮棉油糖高产创建项目实施指导意见》。开展粮棉油糖高产创建是促进粮棉油糖生产稳定发展的重要抓手。2009 年我国

---

① 农业部新闻办. 2010 年党的强农惠农政策宣传材料［EB/OL］. 中华人民共和国农业农村部网站，2010－03－18.

2050 个粮食高产创建示范片平均亩产 653.6 公斤，相同地块比上年增产 70.1 公斤①，增产效果显著。2007 年我国制定《特色农产品区域布局规划 (2006 - 2015 年)》，确定特色蔬菜、特色果品等 10 类 114 种特色农产品，培育现代特色农业产业链，做大做强特色农产品产业。再次，支持乡镇企业、农产品加工业和休闲农业发展。2010 年中央一号文件提出"推进乡镇企业结构调整和产业升级，扶持发展农产品加工业，积极发展休闲农业、乡村旅游、森林旅游和农村服务业，拓展农村非农就业空间"。2010 年我国认定一批全国休闲农业与乡村旅游示范县和示范企业，加快培育一批休闲农业重点企业，并对各级行政管理部门和企业经营者进行培训等。最后，支持农业产业化发展。2004 ~ 2016 年连续十三个中央一号文件②出台财政、税收、投资和贸易等政策措施，支持农业产业化经营和龙头企业发展。2008 年中央财政设立农业产业化专项资金 132.56 亿元，国家农业综合开发资金支持龙头企业 32.5 多亿元。国家对龙头企业从事种植业、养殖业和农林产品初加工所得，免征企业所得税，农产品增值税进项税额扣除率由 10% 提高到 13%③，对部分进口农产品加工设备免征进口关税和进口环节增值税。2009 年中国农业发展银行对龙头企业仓储设施、基地建设等给予 1984 亿元的贷款支持，对国家重点龙头企业贷款 684 亿元。截至

---

①③ 农业部新闻办 . 2010 年党的强农惠农政策宣传材料 [EB/OL]. 中华人民共和国农业农村部网站，2010 - 03 - 18.

② 2004 年中央一号文件《中共中央 国务院关于促进农民增加收入若干政策的意见》；2005 年中央一号文件《中共中央 国务院关于进一步加强农村工作提高农业综合生产能力若干政策的意见》；2006 年中央一号文件《中共中央 国务院关于推进社会主义新农村建设的若干意见》；2007 年中央一号文件《中共中央 国务院关于积极发展现代农业扎实推进社会主义新农村建设的若干意见》；2008 年中央一号文件《中共中央 国务院关于切实加强农业基础建设进一步促进农业发展农民增收的若干意见》；2009 年中央一号文件《中共中央 国务院关于 2009 年促进农业稳定发展农民持续增收的若干意见》；2010 年中央一号文件《中共中央 国务院关于加大统筹城乡发展力度 进一步夯实农业农村发展基础的若干意见》；2011 年中央一号文件《中共中央 国务院关于加快水利改革发展的决定》；2012 年中央一号文件《中共中央、国务院印发〈关于加快推进农业科技创新持续增强农产品供给保障能力的若干意见〉》；2013 年中央一号文件《中共中央 国务院关于加快发展现代农业进一步增强农村发展活力的若干意见》；2014 年中央一号文件《中共中央、国务院印发〈关于全面深化农村改革加快推进农业现代化的若干意见〉》；2015 年中央一号文件《中共中央、国务院印发〈关于加大改革创新力度加快农业现代化建设的若干意见〉》；2016 年中央一号文件《中共中央 国务院〈关于落实发展新理念加快农业现代化实现全面小康目标的若干意见〉》。

2009年9月底，进出口银行为16家龙头企业出口项目贷款29.5亿元。[①]另外，扶持农民专业合作社发展。2009年我国提出开展农民专业合作社示范社建设行动，2010年中央一号文件提出对农业合作社进行补助的要求，新增农业补贴适当向农民专业合作社倾斜。2013~2016年中央一号文件提出推进农业现代化的意见和措施。

第三，改善农村金融服务和保险服务。首先，完善金融机构服务"三农"的激励机制，创新农村金融产品和服务，支持农村小型金融机构发展。其次，完善农业保险补贴政策。2009年中央财政保费补贴资金79亿元，比上年增加60%，其中，农业保险支付赔款102亿元，为2186万户次的受灾农户提供保险赔偿[②]。2010年中央一号文件提出进一步完善农业保险政策，扩大农业保险保费补贴品种和范围，增加中央财政对中西部地区保费补贴，鼓励各地对特色农业、农房等保险进行保费补贴，健全农业再保险体系，建立有财政支持的巨灾风险分散机制等。

四、党的十八大以来我国城乡融合政策的新发展

党的十八大报告指出，"坚持走中国特色新型工业化、信息化、城镇化、农业现代化道路，推动信息化和工业化深度融合、工业化和城镇化良性互动、城镇化和农业现代化相互协调，促进工业化、信息化、城镇化、农业现代化同步发展。"[③] 党的十八大报告表明"城乡发展一体化是解决'三农'问题的根本途径"，应该"加快完善城乡发展一体化体制机制，着力在城乡规划、基础设施、公共服务等方面推进一体化，促进城乡要素平等交换和公共资源均衡配置，形成以工促农、以城带乡、工农互惠、城乡一体的新型工农、城乡关系。"[④] 党的十九大报告进一步提出"实施乡村振兴战略"，"建立健全城乡融合发展体制机制和政策体系，加快推进农业农

---

①② 农业部新闻办. 2010年党的强农惠农政策宣传材料［EB/OL］. 中华人民共和国农业农村部网站，2010 – 03 – 18.
③④ 胡锦涛. 坚定不移沿着中国特色社会主义道路前进为全面建成小康社会而奋斗——在中国共产党第十八次全国代表大会上的报告［M］. 北京：人民出版社，2012 – 11 – 08.

村现代化"，"促进农村一二三产业融合发展"。① 根据党的十八大和党的十九大精神，农业部和财政部发布《2017 年重点强农惠农政策》和《2018 年财政重点强惠农政策》②。2019 年《中共中央 国务院关于坚持农业农村优先发展做好"三农"工作的若干意见》与《2019 年政府工作报告》则提出了乡村振兴和统筹城乡区域发展的具体措施。党的十八大以来我国城乡融合发展进入了新阶段，城乡产业融合发展和乡村振兴成为城乡融合发展的目标。

第一，补贴农民生产，推广绿色高效技术服务。首先，补贴粮食生产。2018 年中央财政继续对拥有耕地承包权的农民进行财政补贴，补贴资金通过"一卡通"方式兑现到户。对购买农业机械并直接从事农业生产的个人和企业进行补贴，2018 年对 15 大类 42 个小类 137 个品目的农机购置补贴，实行补贴范围内机具敞开补贴，2019 年中央财政拟安排 180 亿元对农机购置进行补贴。政府对粮食烘干仓储等支持绿色发展的农业机具补贴，对辽宁、吉林、黑龙江和内蒙古的玉米生产者进行补贴，继续在新疆和新疆生产建设兵团实施棉花目标价格补贴政策，2017～2019 年为每吨18600 元。政府依据相关规定奖励产粮产油大县，奖励生猪调出大县和牛羊调出大县。其次，我国继续支持绿色高效技术推广服务。2018 年我国支持农机深松整地面积 1.5 亿亩以上，财政补足内蒙古等 8 个省份的肉牛养殖场和养殖户；推进农村土地承包经营权确权登记颁证，启动农垦国有土地使用权确权登记发证工作；2019 年加强农田水利建设，新增高标准农田8000 万亩以上；支持农业资源生态保护和污染防治，实行草原生态保护补助奖励，支持安徽、江西等 8 个省份实施南方现代草地畜牧业推进行动，在东北重点地区开展控制黑土流失、增加土壤有机质含量等技术措施和工程措施。在流域性大江大湖、界江界河、资源退化严重海域等重点水域开展渔业增殖放流。选择部分生猪、奶牛、肉牛养殖重点县开展畜禽粪污资

　　① 习近平. 决胜全面建成小康社会 夺取新时代中国特色社会主义伟大胜利——在中国共产党第十九次全国代表大会上的报告 [M]. 北京：人民出版社，2017 - 10 - 18.
　　② 资料来源：中华人民共和国农业农村部网站。下文的数据来源于《2017 年重点强农惠农政策》《2018 年财政重点强农惠农政策》《中共中央 国务院关于坚持农业农村优先发展做好"三农"工作的若干意见》和《2019 年政府工作报告》。

源化处理试点。采取果菜茶有机肥替代化肥行动。推广地膜清洁生产技术，在内蒙古、甘肃和新疆开展废旧地膜回收整县推进试点，支持 100 个县建立健全废旧地膜回收加工体系。以棉花、玉米、马铃薯为重点作物，示范推广地膜覆盖、集雨补灌、抗旱抗逆等节水技术，地膜厚度不得低于 0.01 毫米。

第二，支持农业结构调整，发展地方特色主导产业，促进农村一二三产业融合发展。首先，提出农业生产社会化服务，实现小农业和现代农业衔接发展。支持新型农业经营主体，培育新型职业农民。对专业大户、家庭农场、农民合作社、农业企业、返乡涉农创业者等进行重点培育，2018年培训新型职业农民 100 万人次。培育农民合作社和家庭农场，支持发展绿色农业、生态农业，提高农产品加工、标准化生产、市场营销等能力。2018 年进一步提出农业生产社会化服务，实现小农户与现代农业发展衔接。支持农村集体经济组织等主体对农产品生产提供社会化服务，形成集中、连片、生态、高效的现代农业生产方式，实现小农户和现代农业发展有机衔接。其次，财政支持农业结构调整。我国实行耕地轮作休耕制度试点，粮改饲试点，建设优质苜蓿示范基地。中央财政补助试点农户和新型经营主体。2018 年我国耕地轮作休耕制度试点达到 3000 万亩，中央财政支持 2400 万亩；2018 年粮改饲规模扩大到 1200 万亩，高产优质苜蓿示范基地集中连片 3000 亩以上。再次，支持地方优势特色主导产业发展。2018年提出发展具有区域优势和地方特色的农业主导产业，发展优势特色主导产业带和重点生产区域。启动绿色优质农产品示范，做强优势特色产业，培育有影响力的公用品牌、企业品牌和产品品牌，形成现代农业发展模式。最后，支持农村一二三产业融合发展。建设现代农业产业园，创建一批国家现代农业产业园，认定一批国家现代农业产业园，中央财政进行适当支持。促进农村一二三产业融合发展，开展农产品产地初加工、产品流通和直供直销、农村电子商务、休闲农业、乡村旅游、农业文化遗产发掘保护、产业扶贫等工作，培育农村新产业、新业态和新模式。中央财政支持信息进村入户，整省推进示范工作，2018 年我国继续选择 5 个省份开展示范，依托农村信息服务、金融保险和电商等平台，通过整合资源，形成技术、市场、商务和政务等信息一站式服务。

第三，加强农村发展的金融和保险体系建设。首先，建立健全全国农业信贷担保体系，推进省级信贷担保机构向市县延伸，支持有条件的市县尽快建立担保机构，实现运营。农业信贷担保体系的重点服务对象为：种养大户、家庭农场、农民合作社等新型经营主体，农业社会化服务组织和农业小微企业等。2018 年我国支持各地采取担保费补助、业务奖补等方式，提高农业信贷担保贷款规模。其次，实行农业保险保费补贴。中央财政保险保费补贴范围为：玉米、水稻、小麦、棉花、马铃薯、油料作物、糖料作物、能繁母猪、奶牛、育肥猪、森林、青稞、牦牛、藏系羊和天然橡胶等。中央财政保险保费补贴超过保费筹资的 80%。2018 年我国在 13 个粮食主产省的 200 个大县实施农业大灾保险试点，启动三大粮食作物完全成本保险试点。

我国在 2000 年之后实行工业反哺农业的政策，取消农业税，并对农业生产进行补贴。进一步促进城乡融合发展，逐步取消城乡二元的户籍、教育和社会保障政策，是促进我国工业化进一步发展和经济持续增长的必然选择。下面将从社会资本的角度研究城乡融合发展带来的福利效应。

第五节　研究设计与主要内容

本书将从社会资本的角度，研究城乡融合对福利水平的影响，阐述城乡融合通过增加社会资本存量，降低交易成本，从而增加福利的机制。下面将简述课题的研究对象、研究思路、研究框架和主要研究内容、研究方法、数据采集方法：统计调查法和本书创新之处。

一、研究对象

本书从社会资本的角度，研究城乡融合的福利效应。城乡融合将促进劳动力等资源流动，消除歧视政策，促进教育、医疗等公共资源均等化，促进经济增长，缩小城乡居民收入差距，增加社会资本，从而降低交易成本，增加福利水平。

二、研究思路

福利指个人经济福利和社会经济福利。城乡融合能促进收入增加，缩小收入差距；并通过增加社会资本，提高经济效率。首先，社会资本能降低交易成本，提高经济效率；其次，城乡融合能减少歧视政策、缩小城乡居民收入差距，增加社会资本，提高经济效率；再次，城乡融合促进教育等公共资源均等化，缩小城乡居民收入差距；最后，城乡融合促进劳动力等资源流动，促进经济增长，增加收入。研究思路如图 1.14 所示。

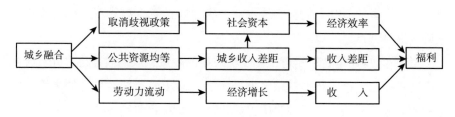

图 1.14　本书研究结构

第一，提出研究假设的前提：人是有限理性的，且存在机会主义倾向；市场是不完全的，市场中存在交易成本；市场交易不能自动实现福利最大化。

第二，研究社会资本降低交易成本和增加福利的机制。社会资本是降低交易成本、提高经济效率的重要机制，社会资本能促进经济信息分享，培养共同道德，解决部分外部性问题，促进合作。社会资本降低交易成本的机制有促进信任、培养声誉和提高个人地位等。

第三，通过研究城乡融合，增加社会资本，从而降低交易成本，增加福利机制。城乡融合发展本身能促进经济增长，缩小城乡居民收入差距，减少贫困的累积效应，增加福利；城乡融合政策取消对农村居民的歧视政策和法律，将提高农村居民的收入，促进农村劳动力流动并融入城市社区，增加其社会资本，降低交易成本，提高福利；城乡居民享有均等的公共资源将缩小城乡居民收入差距，增加福利，同时提高低收入者的社会资本，增加福利。

第四，通过构建城乡融合使社会资本增加福利的理论模型。分别构造城乡融合福利效应的静态模型和动态模型。福利效应的静态模型主要分析社会经济福利；福利效应的动态模型主要分析个人经济福利。

第五，利用我国的宏观统计数据和微观调查数据进行实证分析，根据研究结果提出相应对策建议：逐步取消城乡二元的政策，实现城乡劳动力自由流动，实现城乡居民公共资源均等化，缩小城乡居民收入差距，促进收入增加和经济增长，促进个人消费、财富和资本增加，提高福利；完善我国法律法规，弘扬传统文化，加强通信基础设施建设等，培育社会资本，增加福利。

三、研究框架和主要研究内容

本书共五部分：第一部分为引言，第二部分为社会资本分析框架，第三部分为社会资本视角下城乡融合的福利效应机制分析，第四部分为社会资本视角下城乡融合的福利效应模型及实证分析，第五部分为社会资本视角下城乡融合的福利效应结论与政策建议。

第一部分引言。

第一章，分析课题的研究背景及研究设计。主要内容为：城乡融合发展是我国工业发展和经济实力增强的必然选择。城乡二元政策，保证农业剩余向工业转移，促进我国工业体系的建立健全，促进我国工业化发展和工业实力增强。但城乡二元政策也形成城乡居民收入差距，导致城乡发展差距。我国进入工业化中期后，农业支持工业发展的使命结束，我国开始促进城乡融合发展，促进工业对农业发展的支持。城乡融合发展必须取消农业剩余转移，逐步取消城乡二元的户籍、教育、医疗和社会保障等政策体系，形成城乡一元的教育、医疗和社会保障等政策体系，使城乡居民享有均等的公共资源。

第二部分分析社会资本的分析框架，共两章：第二章分析社会资本相关理论；第三章分析社会资本对经济的调节机制。

第二章分析社会资本的概念，社会资本的古典理论来源，社会资本与资本的关系，以及社会资本的来源及测量等。社会资本指以信任、互惠和规范为基础的网络和人际关系，这些网络和人际关系有助于个人和集体获得经济收益和各种资源。第一，社会资本的理论来源于古典社会学和经济学，还受到我国传统儒家文化的影响。首先，古典社会学和古典经济学认为，市场经济活动中的人是理性的个人，追求个人利益最大化，但对个人利益的追求不仅受到功利因素的影响，还受到伦理文化和道德因素的影响。资本主义市场生产活动中，工人之间必须分工协作，资本之间也必须进行协作，因此市场经济活动必须受到伦理和道德的限制。其次，社会资本还受到我国儒家文化的影响。儒家文化强调家庭成员、朋友和熟人之间的合作，有助于家庭、朋友和熟人之间的信任，是社会资本的重要理论来源。第二，社会资本与其他资本形式既有共同特征，也有区别。首先，社会资本与其他资本形式有共同特征：社会资本与其他资本形式都有储存价值的能力；都有贬值的风险；社会资本和其他资本的投资都能产生收益；各种资本形式可以互相转化，社会资本可以转化成其他资本，金融资本、物质资本等也可以转化成社会资本。其次，社会资本是资本的一种形式，与其他资本形式有相似之处，但社会资本的存量、形成和功能都具有独特的特征：从社会资本的存量来看，社会资本的数量随着使用的增加而增加，随着使用的减少而减少；社会资本难以观察和测量；从社会资本的功能来看，社会资本具有公共物品性质，能够改善社会分配，社会资本具有不可转让的性质。第三，社会资本分为宏观、中观和微观三个层次，其来源和测量指标不同。首先，微观社会资本的来源主要有：个人的人力资本、职业技能和个人流动性等。微观社会资本主要用个人的社会特征来测量。社会资本受到人的社会特征影响，如身体状况、个人素质和居住稳定性等。其次，中观社会资本的来源：网络、志愿组织和家庭是中观社会资本的主要形式，都有助于成员获得收益，网络和志愿组织是中观社会资本的主要形式，家庭也是中观社会资本的重要来源。中观社会资本主要用组织成员的身份进行测量。组织成员身份能够促进成员间的信任与合作，因此网络和志愿组织的成员身份可以测量社会资本，邻居关系也可以用来预测社会资本。人口出生率、结婚率、离婚率和私生子的比率等可以作为家庭特征变量。最后，宏观社会资本的主要来源为信任、互惠和规范。宏观社会资本的测量指标主要有：对他人是否信任及信任程度等。互惠和规范等社会资本形式不容易测量，但能够产生信任，如规范能够促进信息流通、促进信任、惩罚背叛、提供技术指导和冲突解决机制等。

第三章分析社会资本对经济的调节作用。第一，市场和政府是经济中主要的调节机制，但都存在失灵的现象。市场价格机制是经济的主要调节机制，但市场机制本身存在信息不对称和交易成本等市场失灵现象；政府干预能够矫正市场失灵，政府能够为市场经济提供制度保证，但政府干预作为一种协调机制，本身也存在巨大的成本，政府干预经济的能力也受到其认知能力和自身利益的影响。第二，社会资本会影响市场经济活动的效率，能够部分替代市场和政府的经济调节功能。作为一种经济协调机制，社会资本超越了经济调节的市场和政府二分法，能够弥补市场和政府的不足，矫正市场和政府失灵。社会资本能够弥补市场失灵和政府失灵，成为市场和政府之外的第三种经济调节机制。

第三部分分析社会资本、城乡融合对福利的作用机制，共两章：第四章分析社会资本降低市场交易成本的机制，第五章分析城乡融合提升福利的机制。

第四章分析社会资本对提高经济福利的重要作用。社会资本能降低交易成本，提高经济效率和城乡居民福利。第一，市场中存在交易成本，市场的价格机制本身存在交易成本。第二，社会资本能降低交易成本，提高经济活动效率。社会资本能促进经济信息分享，促进合作，提高交易的概率；能够形成共同道德和良性模仿效应；能够解决公共物品的外部性，增加公共物品提供等。社会资本对市场经济的作用机制主要有：首先，社会资本能够促进信任。信任是社会资本的产物，其本身也是一种重要的社会资本形式。其次，社会资本能够培养声誉。最后，社会资本有助于地位获得。社会资本能够降低经济中的交易成本，提高经济活动效率。第三，社会资本能够为经济发展创造良好的环境：社会资本可以增加教育机会，促进民主发展和减少犯罪等。教育组织、家庭背景、宗教信仰和网络等社会资本形式影响个人教育机会和教育水平。社会信任是民主发展的重要因素。社会资本和民主相互影响。社会资本能减少暴力犯罪，降低社会交易成本，和平解决冲突，解决集体行动问题。社会资本能增加教育机会，促进民主发展，减少犯罪等，为经济发展创造良好环境。第四，社会资本也有些负作用。首先，社会资本可能会限制个人或组织发展。社会资本表现为一定的社会关系，而维持社会关系要付出非经济成本和经济成本；社会关系具有排外性，限制网络外的人获得资源。其次，社会资本可能产生不平等。社会资本的分布受到个人教育、收入水平以及种族和性别等因素的影响；社会资本的分配是不均衡的，一些人的社会资本比较多，而另一些人的则较少；作为一种获得收益的资源，社会资本分配不平等，将产生收益不平等。再次，社会资本可能被滥用。社会资本可能被用于犯罪，削弱正式制度。最后，社会资本的作用不是固定不变的。社会资本的作用随着时间和环境的变化而变化。同一种社会资本可能由正收益转向负收益。横向网络和纵向网络的综合收益是变动的。

第五章分析城乡融合对提高城乡居民福利的作用。第一，城乡融合本身能提高经济福利。首先，城乡融合政策能缩小城乡居民收入差距，提高城乡居民福利。取消农业剩余转移，逐步取消城乡二元的政策，能缩小城乡居民收入差距；城乡融合政策，还能减少贫困的"循环累积因果效应"，缩小城乡居民收入差距。其次，城乡融合政策，能促进劳动力流动和经济增长，提高城乡居民收入和城乡居民福利。城乡融合政策有利于稳定经济和社会环境，减少低收入群体和减少社会再分配政策，促进物质资本和人力资本积累，从而促进经济增长和收入增加。第二，城乡融合通过培育社会资本，提高经济效率，从而提高城乡居民福利。城乡融合政策能缩小城乡居民收入差距，减少低收入群体，增加社会资本，因为个人收入水平越高，其社会资本水平越高；城乡融合政策本身能增加社会资本，因为取消城乡二元政策，实行城乡融合政策，有利于居民享有均等的公共资源，有利于流动农业人口融入城市，提高其信任水平；城乡融合政策通过社会资本的"同群效应"，扩大社会资本；城乡融合政策促进城乡居民的流动和融合，提高外来流动人口的社会资本。而社会资本具有自我增强和放大的作用，将进一步增加社会资本。

第四部分为模型与实证分析部分，共两章：第六章为社会资本视角下城乡融合的福利效应静态模型及实证分析，分析城乡融合对社会经济福利的影响；第七章为社会资本视角下城乡融合的福利效应动态模型及实证分析，分析城乡融合对个人经济福利的影响。城乡融合、社会资本和经济福利的静态模型和动态模型分析表明，城乡融合能缩小收入差距，提高福利水平；城乡融合能提高收入水平和个人资本与投资，提升经济福利；社会资本能提高经济效率，提升个人收入和福利水平。

第六章根据理论分析，构建城乡融合、社会资本和经济福利的静态模型，实证分析城乡融合、社会资本对社会经济福利的影响，因变量为社会经济福利，指收入和城乡居民收入差距，自变量为城乡融合、社会资本、教育、法律体制效率和社会保障等。第一，模型理论预测。社会资本、教育水平、法律体制效率和城乡融合政策等，能够促进城乡经济增长，增加经济福利；城乡融合政策能够缩小城乡人均可支配收入差距，增加社会经济福利；城乡融合政策能减少劳动力流动的成本，促进城乡劳动力流动，提高农村剩余劳动力的收入；城乡教育、医疗和社会保障等公共资源的均等化，将提高农村教育水平，从而促进农村的投资和收入增加，提高农村的收入水平，缩小城乡居民收入差距。第二，数据和测量指标。分别采用我国 1990~2016 年的时间序列数据、2017 年 7~9 月的微观调查数据进行分析，微观调查数据的有效样本为 1682 个，覆盖全国 24 个省份。时间序列数据的测量指标：福利的指标为经济增长率、个人收入和收入差距；社会资本采用的指标为工会会员人数、互联网普及率、互联网上网人数、移动电话普及率和社会捐赠款；城乡融合采用的指标为农产品价格比工业品出厂价格指数、农业税占财政收入比重和农业支出占财政支出的比重等。微观调查数据的测量指标：福利的指标为个人收入和相对收入；社会资本的指标为自愿免费献血、他人是否可以信任、通信软件聊天时间、微信朋友人数；城乡融合的指标为户籍；社会保障的指标为是否参加养老保险和医疗保险。第三，实证统计分析的结论：教育水平提高、城乡融合的政策、社会资本水平提高、社会保障政策完善、法律体制效率提高、社会投资增加、劳动力增加等，将提高个人收入水平，促进经济增长。教育、城乡融合、社会资本和社会保障等，都能提高个人相对收入水平，缩小城乡居民收入差距。

第七章进一步构建乡融合、社会资本和经济福利的动态模型，实证分析城乡融合对个人经济福利的影响，模型的因变量为个人经济福利，指个人消费、个人劳动力供应、个人财富和个人资本等，模型的自变量为城乡融合、社会资本、社会保障、政府公共资源支出等。第一，模型理论预测分为短期理论预测和长期理论预测。短期理论预测：个人财富、资本存量能促进劳动力供给增加；城乡融合、社会资本和政府支出对个人消费影响不确定，对劳动力供给影响不确定；资本对消费的影响不确定；长期理论预测：社会资本、政府支出能增加资本积累；政府支出对消费和劳动力的影响不确定。第二，数据说明和测量指标：采用宏观统计数据分析短期和长期福利效应，采用微观调查数据分析短期福利效应。宏观统计数据为1950～2015年的数据，福利的短期指标有消费和劳动力供应，长期指标则为个人财富和资本存量，个人财富的测量指标有人均可支配收入和人均储蓄，而资本存量的指标为人均固定资产；城乡融合政策的观测指标为对农村家庭减免税收和政策性补贴；社会资本的观测指标主要为平均每人每年发函件数、固定电话普及率、移动电话普及率和互联网普及率，农村社会资本还增加"已通邮的行政村比重"和"开通互联网的行政村比重"两个指标；政府支出主要指政府对教育、医疗和社会保障等公共资源的支出。微观数据是2017年7～9月的调查数据，微观调查数据测量指标为：城乡融合的变量为户籍；社会资本的变量为对他人是否信任、是否参加过献血、微信朋友数量和微信聊天时间等；政府福利支出采用是否参加医疗保险和是否参加养老保险两个变量。第三，实证统计分析结论：家庭财富能增加消费水平，促进劳动力供给增加，增加个人福利；家庭缴纳的税收能促进消费，增加资本和财富与个人福利；城乡融合能促进消费，增加资本和财富与个人福利；政府福利支出，能促进消费，增加资本和财富与个人福利；个人参与养老保险，能显著增加个人消费；政府教育经费支出，政府公共资源支出，提高个人福利水平；社会资本促进劳动力流动，增加劳动力供给和个人福利。

第五部分为结论与对策部分，共两章。

第八章为培育社会资本和促进城乡融合的结论与政策建议。第九章为本书结论。我国促进城乡融合发展和培育社会资本的政策建议有以下三点：第一，促进城乡融合发展，既能提高个人收入和缩小城乡居民收入差距，也能通过培育社会资本，从而提高经济效率和经济福利。促进工业现代化和农业现代化的发展，能增加社会财富和个人财富，提升经济福利；取消城乡二元政策，能提高我国城乡收入，缩小城乡居民收入差距，提高经济福利。逐步减少农村特产税和土地使用税等其他税收，提高农民收入和消费；加强对农业生产上游产业进行补贴，如对农药、种子和化肥产业进行适当补贴，促进农业上游产业发展，降低农业生产成本；推进农业土地集约化经营，探索土地入股等新兴土地流转制度，提高农业经营的规模效应，降低农业生产成本，提高农民收入；促进城乡居民管理融合，统一城乡居民管理的法律和法规，促进户籍制度改革，淡化户籍身份，减少城乡居民流动的障碍，促进城乡居民流动。第二，增加政府公共资源支出，实现城乡公共资源均等化，提高城乡福利水平。增加教育、医疗和养老等公共资源支出，促进城乡公共资源均等化，提高居民资本积累能力，提高城乡福利水平。我国在城乡教育等公共资源投入上有一定差距，大多数农民享受的医疗和养老保障服务较少。提高教育、医疗和养老等公共领域的投入，有利于提高农村居民的收入水平，提高农村居民财富和资本积累能力，缩小城乡居民收入差距，提高福利水平。第三，进一步培育社会资本，特别是培育具有外部性性质的社会资本，促进信息流通和信息分享，降低交易成本，提高福利水平。弘扬社会主义传统文化，健全社会主义法治，培育社会资本，降低交易成本，提高经济效率和提升经济福利；加强通信基础设施建设等，保持和提高传统邮政服务的数量和质量，提高电话和互联网等新兴信息传媒手段的效率，降低交易成本和信息成本，提高城乡福利水平。我国农村地区的移动电话普及率较高，但互联网普及率较低。因此，可以依托移动电话服务平台，加强农村地区移动互联网基础设施建设，提高移动互联网普及率，降低网络使用费用，促进农村地区的信息分享和信息流通，提高福利水平。

四、研究方法

本书综合文献分析法、经济计量模型和实证分析等多种研究方法。

第一，采用文献分析法。对国内外最新相关研究文献进行综合分析，提出研究假设前提：市场是不完全的，人是有限理性的，市场存在交易成本；研究社会资本降低交易成本、增加福利的机制；研究城乡融合通过社会资本，降低交易成本和增加福利的机制。

第二，采用定性分析与定量分析相结合的方法。用定性分析法研究城乡融合通过社会资本影响福利的机制，城乡融合能促进城乡收入增加和经济增长，缩小城乡居民收入差距，增加社会资本，降低交易成本，从而增加福利；城乡融合还能促进劳动力流动和经济增长，增加福利。用定量方法研究城乡融合影响福利的机制，分析城乡融合政策、社会资本、公共资源均等化、经济增长等因素对福利的影响。

第三，采用经济计量模型分析方法。构建城乡融合的福利函数静态模型和动态模型，静态模型分析城乡融合的社会经济福利，动态模型分析城乡融合的个人经济福利。首先，构建城乡融合、社会资本和经济福利的静态模型，实证分析城乡融合、社会资本对社会经济福利的影响。模型的因变量为社会经济福利，其指标有收入和城乡居民收入差距，模型自变量为城乡融合、社会资本、教育、法律体制效率和社会保障等。其次，进一步构建城乡融合、社会资本和经济福利的动态模型，实证分析城乡融合对个人经济福利的影响。模型的因变量为个人经济福利，其指标为个人消费、个人劳动力供应、个人财富和个人资本等，模型的自变量为城乡融合、社会资本、社会保障、政府公共资源支出等。

第四，实证分析与规范分析相结合。用规范方法提出研究假设前提，提出社会福利的判断标准，构造城乡融合福利效应的静态模型和动态模型，前者分析城乡融合对社会经济福利的影响，后者分析城乡融合对个人经济福利的影响；研究社会资本降低交易成本的机制，分析城乡融合通过社会资本增加福利的机制。用实证方法中的时间序列方法和截面数据分析方法等进行实证分析，实证研究我国城乡融合、劳动力流动、公共资源均等化、社会资本等对福利的影响。

五、数据采集方法：统计调查法

本书的实证研究采用我国宏观统计数据分析，也采用课题组获取的微观调查数据进行分析。首先，城乡融合福利效应模型采用我国宏观统计数据进行实证分析。城乡融合的福利效应静态模型采用的宏观统计数据为我国 1990～2016 年的时间序列数据；城乡融合的福利效应动态效应模型采用的宏观统计数据为我国 1950～2015 年的宏观统计数据。其次，城乡融合福利效应模型采用课题组的调查数据进行分析。

本书的微观数据采用统计调查法获取。调查数据的时间为 2017 年 7 月 1 日至 9 月 30 日。调查首先采取实地走访访谈的形式，走访了湖北钟祥市和湖北恩施野三关镇石桥坪村多位市民和村民，了解社会资本与城乡融合的相关情况，形成书面调查问卷。然后通过腾讯问卷软件发放电子问卷，通过即时聊天软件（微信和 QQ）填写电子问卷，每个用户只能填写一份问卷。发放问卷 8035 份，回收有效问卷 1682 份。除广西、海南、云南、西藏、吉林、甘肃、青海和中国港澳台地区外，问卷样本覆盖中国其他 24 个省份。其中，样本回收来源：通过微信回收 57.5% 的样本，通过手机 QQ 软件回收 19.5% 的样本，通过电脑 QQ 软件回收 17.7% 的样本，通过其他设备回收 5.1% 的样本。变量指标及问卷设计如表 1.5 所示。

表 1.5　　　　　　　　　　变量及调查问卷设计

变量	指标	问卷选项
福利	收入	您 2016 年的职业收入或者劳动收入是多少元？
	相对收入	个人 2016 年工资/平均收入（由课题组计算）
	家庭财富 1	冰箱；彩电；热水器；洗衣机；1 套房子；2 套以上的房子；家用汽车；摩托车；拖拉机；三轮车；股票、债券；银行存款；农用机械；运输用的中巴车或者面的车
	家庭财富 2	您估计下您家的财富大概有多少元？
	消费	您 2016 年在教育、吃饭、穿衣和日常用品上等花费了多少元？
	当年存款	您 2016 年除去教育、吃饭、穿衣和日常用品等的花费外，还存了多少元？
税收	家庭缴税	您的家庭 2016 年缴纳的税有多少元？
教育	个人受教育年限	没有受过任何教育；私塾；小学；初中；职业高中、普通高中、中专或者技校；大学专科；大学本科；研究生及以上
社会资本	是否参加过自愿免费献血	没有参加过；参加过
	认为社会上大多数人是否可以信任	完全不能信任；大多数情况下不能信任；一般；在大多数情况下可以信任；完全可以信任
	微信和 QQ 等通信软件上聊天的时间	您每天大概花多少时间在微信和 QQ 等通信软件上聊天？
	微信好友人数	您的微信有多少好友？

续表

变量	指标	问卷选项
城乡融合	户籍	农业户口；非农业户口；蓝印户口；居民户口（以前是农业户口）；居民户口（以前是非农业户口）；军籍；没有户口
社会保障	是否参加养老保险	参加了农村基本养老保险；参加了城市基本养老保险；参加了机关、事业单位的养老保险；参加了商业养老保险；没有参加养老保险
	是否参加医疗保险	参加了新型农村合作医疗保险；参加了城市基本医疗保险；参加了机关、事业单位的医疗保险；参加了商业医疗保险；没有参加医疗保险

六、本书创新之处

第一，本书研究城乡融合通过形成社会资本，降低交易成本和增加福利的机制。首先，城乡融合政策能缩小城乡居民收入差距，提高城乡居民福利。取消农业剩余转移，逐步取消城乡二元的政策，能缩小城乡居民收入差距；城乡融合政策，还能减少贫困的"循环累积因果效应"，缩小城乡居民收入差距。城乡融合政策，能促进劳动力流动和经济增长，提高城乡居民收入和城乡居民福利。城乡融合政策有利于稳定经济和社会环境，减少低收入群体和减少社会再分配政策，促进物质资本和人力资本积累，从而促进经济增长和收入增加。其次，城乡融合通过培育社会资本，提高经济效率，从而提高城乡居民福利。城乡融合政策能缩小城乡居民收入差距，减少低收入群体，增加社会资本，因为个人收入水平越高，其社会资本水平越高；城乡融合政策本身能增加社会资本，因为取消城乡二元政策，实行城乡融合政策，有利于居民享有均等的公共资源，有利于流动农业人口融入城市，能提高其信任水平；城乡融合政策通过社会资本的"同群效应"，扩大社会资本，因为城乡融合政策促进城乡居民的流动和融合，提高外来流动人口的社会资本，而社会资本具有自我增强和放大的作用，将进一步增加社会资本。

第二，构建城乡融合的福利效应静态模型和动态模型，分别分析城乡融合对社会经济福利和个人经济福利的影响。首先，构建城乡融合、社会资本和经济福利的静态模型，实证分析城乡融合、社会资本对社会经济福利的影响，因变量为社会经济福利，指收入和城乡居民收入差距，自变量为城乡融合、社会资本、教育、法律体制效率和社会保障等。模型理论预测为：社会资本、教育水平、法律体制效率和城乡融合政策等，能够促进城乡经济增长，增加经济福利；城乡融合政策能够缩小城乡人均可支配收入差距，增加社会经济福利；城乡融合政策能减少劳动力流动的成本，促进城乡劳动力流动，提高农村剩余劳动力的收入；城乡教育、医疗和社会保障等公共资源的均等化将提高农村教育水平，从而促进农村投资和收入增加，提高农村收入水平，缩小城乡居民收入差距。其次，构建城乡融合、社会资本和经济福利的动态模型，实证分析城乡融合对个人经济福利的影响，模型的因变量为个人经济福利，指个人消费、个人劳动力供应、个人财富和个人资本等，模型的自变量为城乡融合、社会资本、社会保障、政府公共资源支出等。模型理论预测为：短期分析中，个人财富、资本存量能促进劳动力供给增加；城乡融合、社会资本和政府支出对个人消费影响不确定，对劳动力供给影响不确定，资本对消费的影响不确定。长期分析中，社会资本、政府支出能增加资本积累；政府支出对消费和劳动力的影响不确定。

第三，用我国的宏观统计数据和微观调查数据实证分析城乡融合的福利效应。模型实证分析表明，城乡融合能缩小收入差距，提高福利水平；城乡融合能提高收入水平，增加个人投资和财富，提升经济福利；社会资本能提高经济效率、个人收入、福利水平。首先，对城乡融合的福利效应静态模型进行实证分析。分别采用我国的宏观时间序列数据和微观调查数据进行统计分析。宏观时间序列数据的测量指标：福利的指标为经济增长率、个人收入和收入差距；社会资本采用的指标为工会会员人数、互联网普及率、互联网上网人数、移动电话普及率和社会捐赠款；城乡融合采用的指标为农产品价格比工业品出厂价格指数、农业税占财政收入比重和农业支出占财政支出的比重等。微观调查数据的测量指标：福利的指标为个人收入和相对收入；社会资本的指标为自愿免费献血、他人是否可以信任、通信软件聊天时间、微信朋友人数；城乡融合的指标为户籍；社会保障的指标为是否参加养老保险和医疗保险。实证统计分析的结论为：教育水平提高、城乡融合的政策、社会资本水平提高、社会保障政策的完善、法律体制效率提高、社会投资增加、劳动力的增加等，将提高个人收入水平，促进经济增长。教育、城乡融合、社会资本和社会保障等，都能提高个人相对收入水平，缩小城乡居民收入差距。其次，对福利效应的动态模型进行实证分析。采用宏观统计数据和微观调查数据进行实证分析。宏观统计数据的测量指标：福利的短期指标有消费和劳动力供应，长期指标则为个人财富和资本存量，个人财富的测量指标有人均可支配收入和人均储蓄，而资本存量的指标为人均固定资产；城乡融合政策的观测指标为对农村家庭减免税收和政策性补贴；社会资本的观测指标主要为平均每人每年发函件数、固定电话普及率、移动电话普及率、互联网普及率，农村社会资本还增加"已通邮的行政村比重"和"开通互联网的行政村比重"两个指标；政府支出主要指政府对教育、医疗和社会保障等公共资源的支出。微观调查数据的测量指标：城乡融合的变量为户籍；社会资本的变量为对他人是否信任、是否参加过献血、微信朋友数量和微信聊天时间等；政府福利支出采用是否参加医疗保险、是否参加养老保险两个变量。实证统计分析结论：家庭财富能增加消费水平，促进劳动力供给增加，增加个人福利；家庭缴纳的税收能促进消费，增加资本和财富、个人福利；城乡融合能促进消费，增加资本和财富、个人福利；政府福利支出，能促进消费，增加资本和财富、个人福利；个人参与养老保险，能显著增加个人消费；政府教育经费支出、公共资源支出，能提高个人福利水平；社会资本促进劳动力流动，增加劳动力供给和个人福利。

第二部分

社会资本分析框架*

本书从社会资本的视角研究城乡融合的社会福利效应，有必要首先分析社会资本的概念和相关理论，以及社会资本对经济的调节机制，为后面的城乡融合分析做基础。本部分将阐述社会资本的分析框架，以及社会资本的相关理论。

---

* 本部分内容参考：卢燕平. 社会资本与我国金融发展研究 [M]. 北京：法律出版社，2010. 卢燕平，史振华. 城乡联系、社会资本与我国经济发展研究 [M]. 北京：经济科学出版社，2012.

第二章
CHAPTER 2

社会资本相关理论

　　要进一步研究社会资本对市场经济活动的作用机制，有必要深入研究社会资本的内涵、社会资本的理论来源、社会资本与资本的关系、社会资本的来源与测量等，为分析社会资本对经济的调节机制做基础。下面将分析社会资本的概念、社会资本的古典社会学和经济学理论来源、社会资本与资本的关系，以及社会资本的来源与测量。

第一节　社会资本的内涵

　　社会资本的形成受到历史、文化规范、法律制度、政府政策和收入分配状况等因素的影响。

　　第一，社会资本的形成有路径依赖（Putnam R. D.，1993），即社会资本的形成受到历史的影响，有历史继承性。规则是在长期的历史中形成的惯例。集体行动问题有两种均衡的解决方案：合作和背叛①。如果历史选择了合作均衡，理性的个人会遵守规范，社会资本不断积累和自我增强，形成良性循环，如互惠、信任、公民参与和集体福利。反之，如果历史选

----

　　① 普特曼认为在互助博弈中，合作和永远背叛都是稳定的均衡，合作和背叛都会形成惯例（罗伯特·帕特南，2001：207 – 213）。

择了不合作均衡，理性的个人会选择背叛、欺诈等，只有在家庭和暴力集团内人们才能合作，随着社会资本自我强化，形成恶性循环，如背叛、猜疑、逃避、利用、孤立等。因此，社会资本的形成受到历史因素的制约。

第二，社会资本的形成受到社会制度和文化规范的影响（Fukuyama F.，1995）。社会资本在一定的社会法律制度和文化之中形成，必然受到其所在的社会法律制度和文化制度的影响，政治制度能够创造、传播和影响社会资本的水平和类型（Kumlin S. and Rothstein B.，2005），文化规范也会影响社会资本的形成，有些文化有助于社会资本的积累，有些文化则限制社会资本的形成，如马克斯·韦伯认为基督教文化有助于形成普遍信任，而重视家族关系的儒家文化不利于形成普遍的信任，因为在儒家文化中，人们对家族以外的成员信任程度比较低（Weber M.，1951；Redding G.，1990），一些对华人家族企业的研究也表明，华人文化的信任程度比较低（Fukuyama F.，1995）。

第三，社会资本的形成受到政府政策的影响。政府可以促进社会资本的形成，如斯通普卡对波兰的研究表明，可信的政府能够促进社会资本的增加（Sztompka P.，1999）。政府也可能限制社会资本的形成，甚至减少社会资本，如政府对某群体采取歧视性政策，往往会增加该群体所受的歧视和隔离，从而减少该群体的信任度和社会资本（Alesina A. and Ferrara, E.，2002：207-234）。

第四，社会资本的形成受到社会资源分配公平程度的影响。例如，社会分配会影响社会资本的形成，收入水平越高的人，对社会的信任度越高，收入水平越低的人，信任度越低，收入水平差距越大，较低收入的人越多，整个社会的社会资本水平越低；反之，收入差距越小，整个社会的社会资本水平越高（Putnam R.，2000），收入水平的提高对信任有促进作用（Alesina A. and Ferrara E.，2002；Yamamura E.，2008）；人们对经济状况的满意程度与社会信任水平显著正相关（文建东，何立华，2010），表明收入不平等将会对信任产生负面影响。

现代意义的社会资本在20世纪初由美国学者赫里芬和大卫提出来，但并未引起社会学家和经济学家的重视。20世纪70年代末和80年代初，法国社会学家布迪厄系统阐述了社会资本的理论和概念。之后，科尔曼、普特曼、威廉姆森、波茨、博特和林南等学者从不同的角度研究了社会资本的定义和相关理论，下面将分别阐述威廉姆森等学者对社会资本的定义和理论研究以及主要社会学家对社会资本及性质的研究。

社会资本的概念最早在 20 世纪初由美国学者赫里芬和大卫提出。社会资本概念的提出具有深刻的时代背景：由于长期实行新古典经济学自由放任经济政策，美国在 20 世纪初出现收入差距严重扩大，政治和教育资源分配严重不平等、农村贫困和种族隔离等经济和社会问题。而新古典主义经济学不能从理论和政策上解决当时美国的社会和经济问题。为了解决当时收入分配、政治和教育资源的不平等，美国从 1908 年开始发起了反对极端个人主义、提倡以社区为中心的运动，即所谓的"社会中心运动"。社会中心运动包括提供社会安置、俱乐部和社区音乐，促进图书馆、大学和工业合作，提出了人与人之间的"同情"、促进个人"工作"和"社区"中心等概念，并试图以社区为中心解决美国的收入和教育资源的不平等，解决农村贫困问题和种族隔离问题等。以此为基础，美国社会学家试图从理论上分析如何以社区为中心解决美国的经济不平等和种族隔离等问题。赫里芬分析了美国农村地区的不平等情况，如学校条件差、财富和教育不平等、种族隔离和外国人没有市民权等问题[①]，论述了种族隔离、城市移民和公共项目等问题，于 1920 年研究了公众讨论、妇女选举权和总统任期等问题，试图以社区为中心解决这些经济和社会问题，并初步阐述了"同情"等概念。赫里芬[②]提出了社会资本的概念，认为社会资本不是通常所说的资本、实物资产、个人财产或者现金，而是人们日常生活中的名誉、良好的愿望、友好关系、互相同情和集团中人与人之间的关系。

同时代的美国学者大卫也反对极端的个人主义和经济社会的不平等，认为社区能够形成网络，而个人应该享受网络的资源。大卫认为人们通过协会、教育和公共工作相互交流，并在交往中分享经验。学校、邻居、工作场合、集团、协会和俱乐部等集体形式的社区提供多样性的民主生活，这些集体形成网络，把人们连接起来，而个人具有使用集体资源的权利。

---

① Lyda J. Hanifan. The Community Center [M]. Boston: Silver, Burdett & Company, 1920.

② Lyda J. Hanifan. The Rural School Community Center [J]. The Annals of The American Academy of Political and Social Science, 1916, 67: 130 – 138.

大卫批判社会问题，强调同情，并将社会和资本结合起来。他在《学校记录的组成》[①] 一书中阐述了社会资本的概念，认为传统的心理学分裂了学生的读、写、算；学校应该培养学生的社区合作、分享和集体行动的能力。在《学校和社会》一书的再版中（1915 年），大卫阐述了社会资本的含义[②]。他认为传统教育和种族主义限制了社会资本，教育、言论和工作机会不平等将减少社会资本。因此，大卫反对种族主义，呼吁教育、言论和工作机会的平等。[③]

这些关于社会资本的早期论述，分析了社会资本的形式，如人们之间的"同情"、个人"名誉"，以及社区形成的集体网络等，并提出应该以社区为中心解决经济社会的不平等问题。但这些研究并没有深入分析社会资本的理论，也没有分析社会资本如何解决经济社会的不平等问题。

法国社会学家布迪厄于 20 世纪 70 年代末重新提出社会资本的概念，并首次对社会资本的概念及其经济性质进行了系统阐述。布迪厄于 1979 年、1983 年系统阐述了社会资本的概念。在《资本的形式》（*The Forms of Capital*）一文中[④]，布迪厄阐述了社会资本的概念[⑤]，认为社会资本是以网络为基础的、获得资源的手段。布迪厄于 1983 年给出了社会资本的定义："社会资本是现实或潜在的资源的集合体，这些资源与拥有或多或少制度化的共同熟识和认可的关系网络有关，换言之，与一个群体中的成员身份

① John Dewey. "The Psychology of the Elementary Curriculum" in The Elementary School Record [M]. Chicago：University of Chicago Press，1900：22.

② John Dewey. The School and Society, rev. ed. [M]. Chicago：University of Chicago Press，1915：3，9，11，27，45.

③ James Farr. Social Capital：A Conceptual History [J]. Political Theory, February，2004：8 – 32.

④ 布迪厄的《资本的形式》一文最初于 1983 年用法文出版（参见 Pierre Bourdieu. Ökonomisches Kapital, Kulturelles Kapital, Soziales Kapital [M]. In Reinhard Kreckel Edited, Soziale Ungleichheiten (Soziale Welt, Sonderheft 2), Goettingen：Otto Schartz & Co.，1983：183 – 198）。该文首先由理查德·尼斯（Richard Nice）翻译成英文，本书引用理查德·尼斯的英文译文 The Forms of Capital，资料来源于 viet-studies 网站。同时，参见布迪厄. 资本的形式 [C]. 1989//薛晓源，曹荣湘编. 全球化与文化资本 [M]. 北京：社会科学文献出版社，2005：3 – 22。该文是根据 Pierre Bourdieu. The Forms of Captal [M]. In A. H. Halsey, H. Lauder, P. Brown & A. Stuart-Wells, eds. Education：Culture, Economy And Society, New York：Oxford University Press，1989：46 – 58 翻译的。

⑤ 波特斯（Portes）认为布迪厄第一次系统阐述了社会资本的概念，参见 Portes Alejandro. Social Capital：Its Origins and Applications In Contemporary Sociology [J]. Annual Review of Sociology，1998，24：1 – 24.

有关。它从集体拥有的角度为每个成员提供支持，在这个词汇的多种意义上，它是为其成员提供信用的‘信任状’"。之后，布迪厄进一步完善了社会资本的概念，"至于社会资本，则是指某个个人或是群体，凭借拥有一个比较稳定又在一定程度上制度化的相互交往、彼此熟识的关系网，从而积累起来的资源的总和，不管这种资源是实际存在的还是虚有其表的。"布迪厄认为网络是现实存在的人际关系网络，网络的维护主要通过网络成员之间的物质交换和精神交换。另外，网络的形成和维护可以通过个人或者团体的名誉，例如家庭、阶层的名誉、社会团体如学校、部落和政党的声誉等都有助于维护人际关系网络。网络关系的形成和保持受到种种因素的影响，例如，网络关系受到人与人之间的空间距离、经济条件和经济地位等因素的影响。按照布迪厄的定义，网络是一系列人们互相认识的关系网，网络为其成员提供信用保证，是社会资本的载体。网络这种形式是其成员的社会资本。网络之所以有价值，可以作为其成员的"资本"，是因为其能给成员带来经济利益或社会利益。

布迪厄进一步论述了个人经济和社会地位对其占有的社会资本数量的影响。布迪厄认为，社会资本是以网络为载体而获得资源的工具，但社会中每个人所占有的社会资本的数量是不同的，有的人占有的社会资本数量多，而有的人占有的社会资本少。为什么会出现社会资本的分布不均呢？因为个人占有的社会资本，受到个人的关系网络规模、经济地位、文化素质等因素的影响。"社会资本不是完全独立的，因为相互认识的关系的交换需要最低程度的同质性，也因为社会资本发挥了个人占有的资本的多样性的作用。"人际关系网络中，网络成员之间会进行一定的物质交换，而经济、文化和社会地位越相近的人员之间，越容易形成关系网络。①

布迪厄还研究了社会资本的形成、保存和积累，以及社会资本与其他资本形式的转化关系。布迪厄将资本分为经济资本、文化资本、社会资本和符号资本。经济资本、文化资本和符号资本可以转化成社会资本，但有一定的成本。社会资本的形成需要投资，有一定的投资成本。

① ［美］皮埃尔·布迪厄著. 武锡身译. 资本的形式，1989//薛晓源，曹荣湘编. 全球化与文化资本［M］. 北京：社会科学文献出版社，2005：248－249.

布迪厄扩展了赫里芬和大卫的社会资本概念，强调社会资本对信任的重要作用，强调社会资本对个人和集团获得资源的作用。美国社会学家科尔曼于20世纪80年代末进一步阐述了社会资本对个人和集体获得资源的重要作用。科尔曼继承了布迪厄的功能性定义，强调社会资本对个人获得资源的重要作用。科尔曼将个人"理性行为"假设引入社会组织分析。①科尔曼强调社会资本的资源性质，并从功能的角度定义社会资本，"它不是一个单一实体，而是由一系列拥有两个共同要素的不同实体所构成，这些要素均由社会结构的一些方面构成，而且他们促进了参加者（无论是个人或者法人参加者）的某些行动。"科尔曼认为"社会资本对于参加者而言就形成了某些可利用的资源"。与布迪厄相似，科尔曼认为社会资本是以组织和结构为基础的人际关系，强调社会资本对个人获得资源的重要作用。②

科尔曼于1988年深入分析不同类型的社会资本对个人和集体获得资源的作用，研究社会资本的性质和类型，并分析社会资本对人力资本的作用。科尔曼认为，社会资本是个人或者组织获得利益的资源。"由'社会资本'概念确定的功能在于，作为参与者用来实现其利益的资源在社会结构方面的价值。"③社会资本的价值在于帮助其所有者实现经济利益和社会利益。按照这种定义，社会资本的类型主要有：互惠互利行为、信息交流渠道和社会规范。第一，互惠互利行为是一种社会资本形式。"结构的责任、预期与信用"，指人们"互相提供服务"。人们互相信任，愿意为对方提供帮助或者服务，并认为自己的行为将会得到对方的回报。例如：

---

① 科尔曼认为关于社会行为的描述有两种取向："一种是大多数社会学家的工作特征，把参加者看作具有社会性的，其行动通过社会准则、规则和职责加以规范。这种思想取向的主要优点是，能够在一定的社会环境中描述社会行为，并通过社会环境来解释行为被决定、约束和改变的途径。另一种思想取向是大多数经济学家的工作特征，把参加者看作具有要求独立实现的目标、独立行事和完全利己的。其主要优点在于，具有效用最大化的行动准则。"科尔曼认为这两种分析方法都"存在严重缺陷"，"社会取向的致命缺点在于参加者缺乏'行动引擎'。环境对参加者有重大影响，但是缺乏行为的内在动力，从而向参加者明确目标或者方向"；而"经济学取向倾向于规避所面临的以经验为基础的现实"。[美]科尔曼. 社会资本在人力资本创造中的作用 [J]. 美国社会学杂志，1988；[美]帕萨·达斯古普特，伊斯梅尔·撒拉格尔丁编. 张慧东，姚莉，刘伦，吴京方，申小玲译. 社会资本——一个多角度的观点 [M]. 北京：中国人民大学出版社，2005.

②③ [美]科尔曼. 社会资本在人力资本创造中的作用//[美]帕萨·达斯古普特，伊斯梅尔·撒拉格尔丁编. 张慧东，姚莉，刘伦，吴京方，申小玲译. 社会资本——一个多角度的观点 [M]. 北京：中国人民大学出版社，2005：16－17.

如果 A 为 B 付出了并相信 B 在将来会给予报答，这就建立了一个 A 的预期以及一个有关 B 的部分责任。该责任可以看作由 B 提供的 A 所持有的一张绩效贷款通知单。那么，如果 A 持有大量的这种贷款通知单，那么，对于与 A 有联系的众人而言，针对财务资本的类推是直接的。这些贷款通知单构成了如果 A 需要就能够收回的一大批贷款——当然，除非信用投资是不明智的，那么这些就是将来无法偿还的坏账。

这种互惠互利行为受到社会中的信用度影响，也受到当事人相互信任的影响。个人对他人有付出行为，并期望得到他人回报，这种付出和回报行为是社会资本的重要形式，建立在相互信任的基础上。第二，信息交流渠道是一种社会资本形式。社会组织和网络可以为人们提供信息，成为廉价信息的重要渠道。比如，追赶时尚的女士可以从朋友处获得流行的服饰信息；社会学家在与同事的交流中获得学术进展的最新信息等。通过人际关系网络的交流，人们能够获得有价值的信息。第三，社会规范是一种重要的社会资本形式。社会规范能约束人们的行为，鼓励"好"的行为，排斥和惩罚"坏"的行为。社会规范通过"准则与有效制裁"来约束人的行为，规范社会秩序。符合社会规范的行为会得到别人的赞同与支持，遵守规范的个人会获得较好的社会声誉，得到一定的物质补偿，或者获得社会威望和社会地位。而违背社会规范的个人，将会受到惩罚，如丧失名誉、受到经济罚款，或者降低社会威望和社会地位等。社会规范能够制约个人行为，维护良好社会秩序，是一种重要的社会资本形式。[①]

科尔曼分析了个人拥有的社会资本的数量受到网络形式和个人地位的影响，于1990年进一步研究了社会资本的形式、社会资本的数量、社会资本的形成和消失、社会资本与人力资本的关系，以及社会资本的公共物品性质。科尔曼认为社会资本"在人与人的关系中产生"（Coleman，1990），有助于个人达到目标。在封闭网络中，所有的成员相互都有联系，网络成员的社会资本是相等的，每个人拥有的权利和义务是相等的；而在开放网

---

① ［美］科尔曼. 社会资本在人力资本创造中的作用 ［J］. 美国社会学杂志，1988；［美］帕萨·达斯古普特，伊斯梅尔·撒拉格尔丁编. 张慧东，姚莉，刘伦，吴京方，申小玲译. 社会资本——一个多角度的观点 ［M］. 北京：中国人民大学出版社，2005：16 – 17.

络中，有一部分成员相互没有联系，网络成员的社会资本不相等，一些人的权利比较大，社会资本比较多。另外，科尔曼认为社会资本具有公共物品的性质，强调社会资本的外部性。

科尔曼发展了布迪厄的社会资本理论，具体阐述了社会资本的性质、类型和产生等。社会资本存在于人与人之间的关系之中，不能存在于物质产品中。社会资本产生于社会关系网络和社会组织中。社会资本的类型有责任、规范和准则、信息渠道和社会组织。

20 世纪 90 年代之后，社会学家波茨研究了社会资本在集体行动中的预期作用，并详细分析了社会资本的资源性质及其负作用。波茨将社会资本定义为："集体行动中的行动预期，影响成员的经济目标和目标选择行为，即使这些预期不是以经济领域为导向的。"（Portes，1993）第一，波茨认为社会资本是人们获得资源的工具。首先，社会资本是社会控制的资源。其次，社会资本是家庭支持的资源，即社会资本有助于家庭获得支持和经济收益。家庭可以通过网络获得经济资源和非经济资源，能够帮助家庭渡过难关和控制风险。最后，社会资本是获得网络外部性的资源。网络具有外部性，会有形成正外部性的可能。因此，网络成员及非成员有可能获得资源和好处。第二，波茨借助格兰诺维特"社会嵌入"（embedded-ness）的概念分析社会资本，区分了理性嵌入和结构性嵌入。嵌入是现存的社会关系（social relations）对行为和制度的影响。① 当双方存在互惠预期时，形成"理性嵌入"；而当双方是一个更大网络组织的一部分时，形成"结构性嵌入"。第三，波茨分析了社会资本有害的结果：社区内的团结和信任有一定的代价，强关系可能限制集团外部的人；社区规范限制个人的自由；成功的集团成员有支持其他成员的义务；集团内的团结可能导致对主流社会的敌视和反对（Portes，1993，1998）。波茨发展了格兰诺维特的社会嵌入概念，强调了社会关系、网络对信任的重要作用。波茨总结了社会资本的来源、社会资本的有益作用和有害结果、社会资本的分析单位与研究中的问题。

---

① 格兰诺维特认为现代工业社会中的经济行为受到社会关系的影响，即嵌入社会关系结构中，参见 Granovetter M. Economic Action and Social Structure: The Problem of Embededness [J]. American Journal of Sociology, Reprinted in M. C. Granovetter and R. Swedberg, Eds, The Sociology Of Economic Life, Boulder: Westview Press, 1985, 91: 485 –510.

在此基础上，社会学家博特进一步分析了网络结构对成员经济收益的影响。博特认为网络产生的关系有助于人们获得资源，人们可以通过各种社会关系，如朋友和熟人，以获得经济收益和良好的机会。网络有助于人们将金融资本等其他的资源转化成利润。网络促进人们之间的联系，"社会资本由关系的各方共同拥有"。社会资本有助于人们获得资源，"社会资本与市场生产的收益率有关。通过同事、朋友和顾客关系获得机会，将金融资本和人力资本转换成利润"。另外，博特认为网络本身是一种社会资本，网络本身存在丰富的信息，为信息的流通提供了渠道。社会组织和结构本身是一种重要的社会资本，"社会资本是曾经持有的资源联系（contact）和网络中的结构联系。"（Ronald S. Burt，1992）

博特提出"结构洞"的概念，并分析"结构洞"的数量对成员收益的影响。博特认为网络中人们的联系有直接的联系和间接的联系。博特将直接的网络联系称为"过度联系"；将网络中间接的人际联系称为"非过度联系"，非过度联系指"某种程度的非连贯的联系。在直接联系中，一个人与另一个人没有直接的联系；在间接的联系中，一个人的联系排除了另外一个人。"博特将这种间接联系称为"结构洞"，即"两个联系之间的非过度关系"。

第一，网络的"结构洞"对社会团结和结构平等等因素的影响。社会团结指人们来往非常密切的直接联系，结构平等指相互联系的人们有平等的社会结构和地位等，即"社会团结表示直接的联系；结构平等表示非直接的联系。"社会团结和结构平等程度越高，表示社会中的间接联系越少，"结构洞"越少。首先，"结构洞"的数量受到社会团结的影响。社会团结表示"结构洞"缺乏，社会团结的程度越高，则间接联系越少，"结构洞"越少；反之，则"结构洞"越多。强关系以社会团结为基础，为关系的所有成员提供相同的网络收益。强关系表明缺乏"结构洞"，例如父亲和儿子、兄弟和姐妹、丈夫和妻子、亲密的朋友、长时间的合作伙伴等。以强关系为基础的联系为过度联系。在过度联系的情况下，"结构洞"缺失。强关系的所有成员之间联系频繁，感情紧密。其次，"结构洞"的数量受到人们之间地位是否平等的影响。结构平等也是"结构洞"缺乏的指标，如果相互联系的人们之间的地位和结构平等，其获得的信息资源大致相似，往往会进行直接的联系，即"过度联系"。人们之间的地位越平等，间接联系越少，即"结构洞"越少；反之，则"结构洞"的数量越多。

第二，"结构洞"的数量影响网络的收益性和效率。结构洞的数量较多，网络的规模越大，有利于信息流通，能提高网络成员的收益。首先，"结构洞"能够增加网络的收益。当网络规模不变时，直接联系的收益不变；而间接联系即"非过度联系"越多，能够为成员提供的利益越多，"已经存在的联系中，新的过度联系提供很少的收益。时间和精力可以用来培育新的关系。非过度联系使每个联系的'结构洞'收益最大化"。网络中，间接联系的数量即"结构洞"的数量决定网络的收益，"结构洞"的数量越多，网络的收益越大；反之，网络的收益越小。因为"结构洞"能够为成员带来新的关系和资源。其次，"结构洞"能提高网络效率，促进成员之间的信息、思想和价值观交流。网络成员之间的间接联系，能促进新的思想和行为传播，因为不同网络的人群有不同的思想、观点和信息资源；而网络成员之间的行为和观点具有同质性，网络成员之间的直接联系很难为成员提供新的思想、观点和资源。"非过度联系保证了信息资源的多样性"。非过度联系为成员提供了新的机会，为成员提供了技术和利益保障。例如，美国大型电子公司的总裁通过网络之间的"结构洞"传播新的观点和信息，如晋升的信息、新的价值观和管理思想等。（Ronald S. Burt，1992）

博特的创新之处在于详细分析了网络的结构，提出了"结构洞"理论，并进一步分析了网络结构对网络效率和网络成员收益的影响。博特的"结构洞"理论发展了格兰诺维特的"弱关系"理论。"弱关系"指人们联系比较松散的关系。"结构洞"包含了"弱关系"，但比"弱关系"的范围大，"结构洞"包括人们之间的间接联系，而"弱关系"不包含间接联系。两者有相似之处，"'弱关系'和'结构洞'似乎描述了同一种现象"。①"弱关系"和"结构洞"都能够促进信息流通。但"结构洞"理论

---

① 格兰诺维特将人们之间的关系强度分为强关系、弱关系和无关系三种。关系强度指"人们之间联系的时间、感情深度和亲密度（互相相信），以及互惠服务。""弱关系"是与"强关系"相对应的概念，描述人们之间的关系特征。强关系指人们联系比较紧密的关系，成员花费大量的时间相处，有比较多的共同之处。无关系指人们之间没有联系。参见 Granovetter Mark. The Strength of Weak Ties［J］. American Journal of Sociology，1973，78：1360－1380.

与"弱关系"有一定的区别:"结构洞"和"强关系"都能够促进信息的流通,但"弱关系"对信息流通的影响不明确。

布迪厄、科尔曼、普特曼、威廉姆森、波茨和博特都从不同的角度阐述了社会资本的概念、形式、性质和积累等。这些学者研究了不同层次的社会资本。第一,一些学者从个人和集团的角度研究社会资本,如法国社会学家布迪厄和美国学者科尔曼,以个人和小集团为单位分析社会资本的理论和概念。随后的大多数研究文献则集中于社会关系对个人的生产性作用;美国学者林南认为社会资本是有助于人们获得收益的人际关系:"有预期市场收益的社会关系(social relations)投资"。林南认为社会资本是通过社会关系描述的资本,可以看作网络和集团成员的社会资产,有助于成员获得联系和资源(Lin,2001)。第二,另一些学者则将社会资本作为社区特征。例如,科尔曼认为社区关系是个人获得收益的重要因素。

按照社会资本的作用对象的不同,社会资本相应地可以分为宏观层次的社会资本、中观层次的社会资本和微观层次的社会资本(托马斯·布朗,2002)。宏观社会资本是"一定数量的人们组织起来满足生产、再生产、管理和协作中基本的和基础性的需要(宏观制度层面)",例如信任、互惠和规范等;中观层次的社会资本是"社团单元组织人力资本以及组群单元促生决定一个社会成员待遇地位的社会差别(中观层面)",例如集团和网络等;微观社会资本是"以面对面互动形式包含在社团和组群单元中的各种社会交往(微观层面)"(乔纳森,2005)。

综上所述,这些学者从不同的角度阐述了社会资本的概念,但都有一个共同点,即强调网络和规范(Michael Woolcock,2004),重视网络对个人和集体的资源性质。因此,本书将社会资本定义为以信任、互惠和规范为基础的网络和人际关系,这些网络和人际关系有助于个人和集体获得经济收益和各种资源。

第二节　社会资本的理论来源

社会资本的互惠和规范等建立在社会的文化规范和道德习俗基础之

上，社会资本的形成不仅依靠个人的美德，还必须依靠社会的道德规范
（弗朗西斯·福山，2001）。因此有必要考察文化和道德习俗等因素对经
济活动的影响。关于文化因素和道德习俗等因素对经济活动的影响研究，
可以追溯到古典的政治经济学和古典社会学的研究，例如，马克斯·韦
伯关于新教伦理对资本主义精神影响的研究，亚当·斯密关于道德对经
济活动影响的研究，马克思关于无产阶级团结对资本主义经济的影响研
究等。古典的政治经济学家和社会学家对文化与道德的研究也是社会资
本的重要理论来源。社会资本并不是新的东西，社会资本继承了社会学
先驱的思想，"尽管这个名词现在很流行，但是对于社会学家来说并没
有任何真正的新东西。对于个人和共同体来说，加入和参与团体活动可
能有积极影响是一个常识，这种思想可以追溯到迪尔凯姆和马克思那里。
前者强调团体生活可以矫正失范和自我绝望，而后者区分了原子化的自
在阶级与动员起来的、有效的自发阶级。在这个意义上，社会资本完全
重新继承了社会学先驱的真知灼见。"（Portes，1998）因此，社会资本
的理论渊源可以追溯到马克斯·韦伯、亚当·斯密和马克思等先驱者的
理论中。[①]

一、社会资本的社会学理论渊源

马克斯·韦伯在 1905 年出版的《新教伦理与资本主义精神》[②] 一书，
阐述了西方文化对资本主义经济发展的重要作用。"文化是继承而来的伦
理习惯。伦理习惯可以由一项观念或价值观形成。"文化的形成并不是个
人理性选择的结果，而是习惯的结果。绝大部分人选择遵守伦理规则，不
是出于理性的选择，而是出于习惯遵守社会的道德规则，而这些习惯是人

---

　　① 早期的经济学家如亚当·斯密和马克思等能够将社会学和经济学很好地结合在一起，"他
们能轻松自如地就经济理论和社会制度问题进行写作，并能提出深刻见解。确实，在那个时代，
'经济学'和'社会学'并不作为两门独立的学科单独存在。"亚当·斯密和马克思探讨的美德和
阶级团结等问题为社会资本准备了理论基础。参见［瑞典］理查德·斯威德伯格著. 安佳译.
马克斯·韦伯与经济社会学思想（社会学名著译丛）［M］. 北京：商务印书馆，2003：131－155.
　　② ［德］马克斯·韦伯著. 于晓，陈维刚等译. 新教伦理与资本主义精神［M］. 北京：生
活·读书·新知三联书店，1987：1905.

们在家庭、学校生活和工作单位中慢慢建立起来的。①

马克斯·韦伯认为，宗教改革后形成的新教对西方近代资本主义发展起了重大作用。资本主义"确实等同于靠持续的、理性的、资本主义方式的企业活动来追求利润并且是不断再生的利润。"西方资本主义形成以自由劳动为基础的理性的资本主义组织方式，并形成理性的簿记方式。资本主义精神是"个人有增加自己资本的责任，而增加资本本身就是目的。"资本主义的道德观念也带有功利主义的色彩，因为诚实有用，诚实能够带来信誉；而守时、勤奋和节俭都有用，所以都是美德。资本主义伦理一方面宣扬要尽可能地多赚钱，另一方面又要避免享受生活，这是完全没有理性的。人竟然被赚钱的目标所左右，把获利当作人生的最终目标，使得经济上的获利不再是为了满足人们的物质需要。资本主义精神是一种赚钱的冲动，把获利作为最终目的，"尽可能地多挣钱，是和那种严格避免任凭本能冲动享受生活结合在一起的，因之首先就是完全没有幸福主义的（更不必说享乐主义的）成分搀杂其中""在经济上获利不再从属于人满足自己物质需要的手段了……但它却显然是资本主义一条首要原则"。②

资本主义制度迫切需要人们投身到赚钱的事业当中，资产阶级需要借助宗教形成资产阶级伦理，形成资本主义精神的伦理观念。而新教的世俗禁欲主义原则为资产阶级经济伦理的形成提供了支撑。③ 世俗禁欲主义鼓励获利，同时限制消费和享受。世俗禁欲主义为资本主义提供了勤俭的劳动者，并教育人们接受财富不均的现实。

第一，新教伦理提倡节俭的价值观，促进了资本的积累。世俗禁欲主义提倡获利，反对享受和奢侈浪费，促进了资本的积累和资本主义发展。"这种世俗的新教禁欲主义与自发的财产享受强烈地对抗着；它束缚着消

① [美]弗朗西斯·福山著. 刘榜离等译. 大分裂——人类本性与社会秩序的重建 [M]. 北京：中国金融出版社，2002：33.

② [德]马克斯·韦伯著. 于晓，陈维刚等译. 新教伦理与资本主义精神 [M]. 北京：生活·读书·新知三联书店，1987：37.

③ "在历史上一直有四种主要的禁欲主义新教形式（就这里所说的新教一词的意义而言）：（1）加尔文教，指其在西欧主要是 17 世纪的西欧有较大影响的区域所采取的那种形式；（2）虔信派；（3）循道派；（4）从浸礼运动中分裂出来的一些宗派。"参见 [德]马克斯·韦伯著. 于晓，陈维刚等译. 新教伦理与资本主义精神 [M]. 北京：生活·读书·新知三联书店，1987：71.

费，尤其是奢侈品的消费。而另一方面它又有着把获取财产从传统组织的禁锢中解脱出来的心理效果。它不仅使获利冲动合法化，而且（在我们所讨论的意义上）把它看作上帝的直接意愿。正是在这个意义上，它打破了获利的束缚。这场拒斥肉体诱惑，反对依赖身外之物的运动……并不是一场反对合理的获取财富的斗争，而是一切反对非理性的使用财富的斗争。"①

　　第二，新教伦理提倡勤劳的价值观和反对懒惰的价值观，为资本主义提供了有节制的、态度认真的和工作异常勤勉的劳动者。新教为资本主义提供了理性的"职业"概念②，职业"是指人不得不接受的，必须使自己适从的，神所注定的事"。③因此，"宗教禁欲主义还给他们提供了有节制的、态度认真，工作异常勤勉的劳动者，他们对待自己的工作如同对待上帝赐予的毕生目标一般"④。世俗禁欲主义为资本主义提供了节俭、认真和勤劳的劳动者，符合资本主义的发展需要。"个人的职责可以被称为资本主义文化的最重要的社会道德，从某种意义上说，是它的基础。个人对职业行为的感受是一种义务，无论职业行为是由什么组成的。"⑤

　　第三，新教伦理还为财富分配不均作辩护。世俗禁欲主义教导人们，财富分配不平等是上天的旨意，人们应该各安天命。"禁欲主义还给资产阶级一种令人安慰的信息：现世财富分配的不均本是神意天命；天意在这些不均中，如同在每个具体的恩宠中一样，自有它所要达到的不为人知的秘密、目的。"⑥世俗禁欲主义维护资本主义私有制及其分配制度，符合资本主义精神，促进了资本主义的发展。

　　资本主义精神的形成促进了西方资本主义的迅速发展。新教的世俗禁

　　①　［德］马克斯·韦伯著.于晓，陈维刚等译.新教伦理与资本主义精神［M］.北京：生活·读书·新知三联书店，1987：134.
　　②　"在构成近现代资本主义精神乃至整个近现代文化精神的诸基本要素之中，以职业概念为基础的理性行为这一要素，正是从基督教禁欲主义中产生出来的"。参见［德］马克斯·韦伯著.于晓，陈维刚等译.新教伦理与资本主义精神［M］.北京：生活·读书·新知三联书店，1987：141.
　　③④⑤　［德］马克斯·韦伯著.于晓，陈维刚等译.新教伦理与资本主义精神［M］.北京：生活·读书·新知三联书店，1987：63.
　　⑥　［德］马克斯·韦伯著.于晓，陈维刚等译.新教伦理与资本主义精神［M］.北京：生活·读书·新知三联书店，1987：139.

欲主义对西方资本主义的发展提供了一整套文化价值观——资本主义精神，促进了资本的积累，并为资本主义生产提供了勤劳节俭的劳动者。资本主义精神肯定了资本主义获利的合理性，并为资本主义的获利提供了条件。

资本主义获利必须通过利用市场交换机会谋取利润。资本主义的市场交换是否受到道德和文化等因素的影响呢？一些学者如迪尔凯姆和齐美尔阐述了资本主义交换的道德等制约因素。资本主义的交换中仅有交易的契约是不够的，交易行为还必须受到道德因素的制约。迪尔凯姆分析了"契约的非契约组成因素"，并在道德的基础上对经济交易的社会分析提供了强有力的价值判断，"契约本身是不足够的，但契约的规制也是可能的，因为其社会起源……这表明因为契约的功能很少能够产生新的规范，而是在特殊的场合运用预先存在的多样性的规范"［Durkheim E.，1984（1893）］。经济交易是社会道德的反映，必须以社会道德为基础。经济交易活动行为受到道德的制约，即经济活动中个人的行为并不是纯粹的"赤裸裸的贪婪"，必须适合他人或者集体行动，这成为他人的行动或者集体行动的一种资源。① 这种经济行为中的道德制约有助于限制个人的贪欲，有助于个人的行动，这些行为也是他人或者集体行动的资源。② 经济的交易必须以道德为基础，因为道德能够限制个人的贪欲，也能够促进交易的顺利进行。

市场交换不仅受到道德因素的影响，还应该遵守互惠交换的规范。交易理论③认为社会生活是由一系列主要的交易组成的。个人不仅能够从这些交易中获得他人的满意和赞成等价值观，也能够从社会交易中获得信息；而且可以给予别人满意和赞成等价值观，也能够为别人提供信息。互惠交易以互惠规范为基础，互惠交易包括一系列的"账单"，即先给他人提供好处、后获得他人报酬的规范。在互惠交易中，个人被预

---

① Portes Alejandro and Julia Sensenbrenner. Embeddedness and Immigration：Notes on the Social Determinants of Economic Action ［J］. The American Journal of Sociology, 1993, 98（6）：1320 – 1350.

② 这种关于道德限制经济活动行为的观点被一些学者批评为过度社会化（Wrong, 1961），但反映了当代社会学的倾向，即强调社会结构对经济行为的影响（Swedberg, 1991）。

③ 交易是一个社会学的概念，可以被定义为："两个或多个行动者之间交易资源的一系列的关系。"（Lin, 2001）。

期有更高的道德，而不仅仅是追求私利。与市场行为不同，互惠交易理论不重视货币和物品，而强调无形的社会资产。① 资本主义的交换之所以要遵守互惠的规范，因为互惠能够为交易的双方带来报酬，也能够促进交易的顺利进行。

在古典社会学的研究中，市场经济活动中的个人不仅是理性最大化的个人，其经济行为不仅受到功利因素的影响，还受到伦理文化和道德因素的影响：一方面，资产阶级经济伦理的形成为资本主义的发展扫清了思想障碍，资本主义精神承认资本主义追求利润是合法的、合理的；另一方面，资本主义在追求利润的过程中，必须受到道德等因素的制约，而不仅仅是追求个人的私欲，道德规范的限制有利于个人和他人获得更多的利润。

二、社会资本的经济学理论渊源

亚当·斯密研究了人的"自利性"和"利他性"对道德形成和经济活动的影响。亚当·斯密于 1776 年出版了《国富论》，提出了"经济人"的概念，并阐述了著名的"看不见的手"的原理。斯密所论述的"私利的人"是具有社会道德基础的人，而不是"自私自利"和"贪欲"的人。因为，在写作《国富论》之前，斯密完成了其专著《道德情操论》，并在书中论述了人的社会道德心理，认为人是具有谨慎、仁慈、公正和自制等美德的人。亚当·斯密关于"私利的人"的论述，被新古典经济学继承并发展为"自私、自由和理性人"假设，新古典经济学完全抽象掉了人的社会道德方面的品质，仅仅从私利的角度出发分析经济活动。②

亚当·斯密认为"经济人"是"自利"的个人，正是个人的"自利性"，推动了社会分工和商品生产的发展。"人类几乎随时随地都需要同胞的协助，要想仅仅依赖他人的恩惠，那是一定不行的。他如果能够刺激他

---

① Simmel G. The metropolis and mental life [J]. In the Sociology of Georg Simmel, ed. , New York: Free Press, 1964 (1902): 409 – 424.

② [美] 帕特里夏·沃哈恩著. 夏镇平译. 亚当·斯密及其留给现代资本主义的遗产 [M]. 上海：上海译文出版社，2006：8 – 9.

们的利己心，使有利于他，并告诉他们，给他做事，是对他们自己有利的，他要达到目的就容易得多了。无论是谁，如果他要与旁人做买卖，他首先就要这样提议。请给我所要的东西吧，同时你也可以获得你所要的东西"。正是出于个人私利的考虑，人们愿意进行社会分工，生产产品，满足自己和别人的产品需要。屠户、酿酒师和面包师给人们出售食物，并不是因为屠户、酿酒师和面包师具有恩惠的思想，而是因为他们出于自身利益的思考，为了获得自身的利益。①

亚当·斯密在《国富论》中肯定了人的"自利性"在社会分工、商品生产和交换中的重要作用。但也在《道德情操论》的开始章节中指出，人的"自利性"并不是人性的全部，即使是最自私的人，人性中仍存在怜悯或者同情，"促使他关心他人的命运，使他人的幸福成为他的幸福必备的条件，尽管除了看到他人幸福他自己也觉得快乐之外，他从他人的幸福中得不到任何其他好处。"

个人不仅具有自利的本性，同时具有关心他人利益的本能。个人在关心自己的利益和他人的利益中都能产生美德，个人因为追求自己的利益时产生谨慎的美德，而在关心他人的利益时产生仁慈的美德。第一，个人追求自己和他人幸福时，产生了谨慎和仁慈的美德，"对自己幸福的关心，要求我们具有谨慎的美德；对别人幸福的关心，要求我们具有正义和仁慈的美德。前一种美德是约束我们以免受到伤害；后一种美德是敦促我们促进他人的幸福。"个人的行为受到谨慎、正义和仁慈等美德的制约。第二，个人在追求自己的利益和幸福时，如果违反了谨慎和仁慈的美德，将会感到愧疚。"如果我们过于节俭或者放松了我们的节俭；如果我们过于勤劳或放松了我们的勤劳；如果因为感情冲动和粗心大意我们在什么地方损害了邻人的利益或幸福；如果我们忽视了促进那种利益和幸福的某个明显而又恰当的机会，内心的这个伟大的居住者，就会在傍晚要求我们对所有这些疏忽和违反作出说明，而且他的指责常常使我们在心里，为我们作出有损于自己幸福的蠢事和对这种幸福的疏忽感到羞愧，或许也为我们对他人

---

① ［英］亚当·斯密著. 郭大力，王亚南译. 国民财富的性质和原因研究［M］. 北京：商务印书馆，2005：13 – 14.

幸福更大的冷淡和漠不关心感到羞愧。"① 第三，个人具有的谨慎、正义和仁慈等美德，能够得到他人的赞赏，给自己和他人都能带来愉快的后果和安全的保障。"谨慎、正义和仁慈这些美德除了带来最令人愉快的后果外，不会产生别的倾向。"行动者和旁观者都能感受到这些美德所带来的快乐。谨慎、正直或者仁慈的人给自己和周围的人带来安全感，因此，具有美德的人会受到称赞。"在对谨慎的人的赞同中，我们非常满足地感到他一定享受着一种安全保障——这是他在沉着镇静和深思熟虑的美德的保护下处世时必然能够享受到的。在对正直的人的赞同中，我们同样满足地感到一种安全保障——这是所有同他联系的人，无论是邻居、打过交道的人，还是有生意来往的人，必然能够从他步步留心希望不伤害或冒犯别人的心情中得到的安全保障。在对仁慈的赞同中，我们体会到所有受到他恩惠的人所表示的感激，同他们一起深切地理解他的优点。"② 第四，具有美德的个人能够赢得别人的尊重和信任。人天生希望得到别人的信任，因为得到"受人信任的愿望，使人相信的愿望，领导和指导别人的愿望，似乎是我们所有天生愿望中最强烈的愿望。" 如果受到别人的怀疑，得不到别人的信任，我们会感到耻辱，"不为人所信任总是使人感到屈辱，当我们怀疑这是因为人们认为我们不值得信任，并可能严重而又故意骗人时，更是如此。告诉某人他在说谎，是最不可饶恕的当众侮辱。"但并不是所有的人都能够得到别人的信任，因为赢得信任，意味着得到了尊重和敬爱，因为只有值得敬爱的人才能得到别人的信任，"如果在一些事情上我们信任某人，那么，我们所信任的那个人必然是我们的领袖和指导者，我们也以一定程度的尊重和敬意对他表示尊重。"因此，为了得到别人的尊重和信任，个人努力保持美德，用真诚和坦率取得别人的信任，"真诚和坦率将赢得信任。我们信任愿意信任我们的人。"③

　　亚当·斯密分析了人的私利性和利他性对个人美德产生和保持的作

　　① ［英］亚当·斯密著. 蒋自强，钦北恩，朱钟棣，沈凯璋译. 道德情操论［M］. 北京：商务印书馆，1998：342 - 343.

　　② ［英］亚当·斯密著. 蒋自强，钦北恩，朱钟棣，沈凯璋译. 道德情操论［M］. 北京：商务印书馆，1998：344 - 345.

　　③ ［英］亚当·斯密著. 蒋自强，钦北恩，朱钟棣，沈凯璋译. 道德情操论［M］. 北京：商务印书馆，1998：345 - 347.

用，个人对私利的追求，产生了谨慎的美德；个人对利他性的追求，产生
了仁慈的美德，个人的美德能够为个人赢得信任和内心的愉悦，能够保障
个人和他人的安全。亚当·斯密分析了人的私利性对促进市场经济活动的
重要作用，也肯定了人在追求个人和他人利益中产生的美德的重要作用，
如能够给个人和他人带来愉悦的感觉和社会保障，为个人赢得信任和尊重
等，但没有明确分析人的利他性如何通过道德的作用影响经济活动的
效率。

　　亚当·斯密在《国富论》中充分肯定了人的自利性对劳动分工和商品
生产的重要作用；而在《道德情操论》中，斯密认为人不仅具有自利性，
还有利他性，因此产生了谨慎、正义和仁慈等美德。有学者认为斯密在
《国富论》和《道德情操论》中关于人的动机、行动和道德来源是互相矛
盾的，认为亚当·斯密在《国富论》中将人的动机归结为自私，而在《道
德情操论》中将人的动机归结为同情，指出人的"自私"与人的"同情"
和"美德"是矛盾的，并将之归结为"亚当·斯密问题"。① 这些学者只
看到了人的自利性对经济活动的重要作用，没有看到人的利他性的重要作
用。在《道德情操论》中，亚当·斯密认为人的自利性和人的利他性具有
同等重要的作用，都是形成美德的推动作用；而在《国富论》中，"利他
性则是合作和协作的源泉，如果没有合作与协作，任何社会制度都无法运
行"。因此，《国富论》和《道德情操论》对人的本性分析实际上是一致
的，只是侧重点不同，前者侧重分析人的自利性对经济活动的影响，后者
则强调人的自利性和利他性对美德的重要形成作用。因此，人的利他性和
美德是人性的一个重要方面，是经济合作和社会顺利运行的保障，也是自
利的个人从事经济活动的基础。

　　马克思对资本主义生产、生产关系和阶级关系的研究。与亚当·斯密
不同，马克思明确指出，其所研究的个人不仅是私利的个人，而是社会关
系的人，"不过这里涉及的人，只是经济范畴的人格化，是一定的阶级关
系和利益的承担者。我的观点是把经济的社会形态的发展理解为一种自然

---

　　① ［美］帕特里夏·沃哈恩著．夏镇平译．亚当·斯密及其留给现代资本主义的遗产［M］．
上海：上海译文出版社，2006：9-11.

史的过程。不管个人在主观上如何超脱各种关系，他在社会意义上总是这些关系的产物"。①

马克思考察了资本主义的商品生产，认为资本主义商品生产中的异化劳动形成了无产阶级和资产阶级两大对立的阶级。马克思在《1844年经济学哲学手稿》中，通过对古典政治经济学的批判创立了异化劳动理论。马克思批判了古典政治经济学的"二律背反"：古典政治经济学承认劳动是一切财富的源泉，但又认为资本主义私有制是天经地义的；劳动创造了一切财富，但劳动者只能获得生存所必须的资料，资本并未创造财富，却获得了大量的利润。② 因此，在资本主义私有制条件下，劳动成为一种异化劳动。"劳动的这种实现性表现为工人的失去现实性，对象化表现为对象的丧失和被对象所奴役，占有表现为异化、外化。"③ 劳动的异化有四个基本特征：第一，劳动者与其劳动产品的异化关系，"工人生产的对象越多，他能够占有的对象就越少，而且越受他的产品即资本的统治"。④ 第二，劳动活动本身的异化，工人在劳动中"不是肯定自己，而是否定自己，不是感到幸福，而是感到不幸，不是自由地发挥自己的体力和智力，而是使自己的肉体受折磨，精神受摧残。"⑤ 第三，人同自己类本质的异化，异化劳动使人的生命活动同人相异化。人的类本质包括人与自然界的统一，即人必须依赖自然物才能存活；人与动物的区别在于人能够自觉的活动，特别是劳动。异化劳动也异化了人的类本质，因为异化劳动不仅剥夺了人的生产对象，而且使劳动成为谋生的手段，"人具有的关于自己的类的意识，由于异化而改变，以致类生活对他来说竟成了手段"⑥。第四，人与人之间关系的异化，"通过异化劳动，人不仅生产出自己同作为自己异己的、与之相敌对的力量的生产对象和生产行为的关系，而且也生产出其他人同他的生产和他的商品的关系，以及他本身同这些其他人的关系。"⑦

① 〔德〕马克思著. 资本论第一卷（第二版）［M］. 北京：人民出版社，2004：10.
② 〔德〕马克思著. 马克思恩格斯全集（第42卷）［M］. 北京：人民出版社，1979：135.
③ 〔德〕马克思著. 1844年哲学经济学手稿［M］. 北京：人民出版社，2000：7.
④ 〔德〕马克思著. 1844年哲学经济学手稿［M］. 北京：人民出版社，2000：91.
⑤ 〔德〕马克思著. 1844年哲学经济学手稿［M］. 北京：人民出版社，2000：53–54.
⑥ 〔德〕马克思著. 1844年哲学经济学手稿［M］. 北京：人民出版社，2000：58.
⑦ 〔德〕马克思著. 1844年哲学经济学手稿［M］. 北京：人民出版社，2000：54–59.

　　马克思进一步在《资本论》中剖析了资本主义异化劳动条件下的资本主义分配关系。资本主义的分配是按要素分配，资本所有者占有了劳动者创造的剩余价值，资本主义的分配体现了资本家对工人的剥削关系。第一，马克思按照分配关系，将资本主义社会分为雇佣工人、资本家和地主三大阶层。资本主义按要素分配①，劳动、资本和土地三种要素分别获得工资、利润和地租，"单纯劳动力的所有者、资本的所有者和土地的所有者，他们各自的收入源泉是工资、利润和地租"。因此，按照要素分配关系，"雇佣工人、资本家和土地所有者，形成建立在资本主义生产方式基础上的现代社会的三大阶级"。② 第二，马克思分析了商品价值的组成，剖析了工人阶级受剥削受压迫的秘密。工人获得工资收入，却为资本家创造了无偿的剩余价值。商品价值分为不变资本、可变资本和剩余价值。不变资本补偿生产资料的价值在于可变资本是工人的有酬劳动价值；剩余价值是工人的无酬劳动或剩余劳动的价值。商品的价值又是收入的形式，可变资本形成工人的工资；而剩余价值则分割为资本家的利润和地主的地租。③工人劳动创造的剩余价值被资本家和地主瓜分，而工人只得到工资。剩余价值的产生和分配体现了资本家和地主阶级联合对工人阶级的剥削。

　　资本主义的生产不仅是物质产品的生产，而且是资本主义生产关系和分配关系的生产。第一，资本主义的生产不仅是商品，而且是生产关系的生产：首先，资本主义生产的产品是商品，决定了经济主体是资本家和雇佣工人，资本家和雇佣工人是"资本和雇佣劳动的体现者，人格化，是由社会生产过程加在个人身上的一定的社会性质，是这些一定的社会生产关系的产物"。其次，资本主义生产的直接目的和动机是剩余价值的生产，只有采取资本主义生产和雇佣劳动，价值的一部分才表现为剩余价值，剩余价值才表现为利润。第二，资本主义的生产也是分配关系的生产，"工资以雇佣劳动为前提，利润以资本为前提。因此，这些一定的分配形式是以生产条件一定的社会性质和生产当事人之间的一定的社会关系为前提

　　① 资本主义分配是按"新生产的总价值在不同生产要素的所有者中间进行分配的关系"，参见［德］马克思著. 资本论（第一、二、三卷）［M］. 北京：人民出版社，1975：992.
　　② ［德］马克思著. 资本论（第一、二、三卷）［M］. 北京：人民出版社，1975：1000.
　　③ ［德］马克思著. 资本论（第一、二、三卷）［M］. 北京：人民出版社，1975：964.

的"。资本主义的生产是资本主义生产关系和分配关系的生产，资本主义的生产产生了无产阶级和资产阶级两大对立的阶级，这是资本主义商品生产中异化劳动的必然结果，异化劳动生产出一个"对劳动生疏的、站在劳动之外的人对这个劳动的关系。"第三，资本主义的生产，体现了无产阶级和资产阶级的矛盾，当阶级对立关系发展到一定程度，必然是资本主义私有制的灭亡，"劳动和资本的这种对立一达到极端，就必然是整个关系的顶点、最高阶段和灭亡"。资本主义的生产为资产阶级创造了掘墓人——无产阶级，资本主义的生产决定资本主义私有制终将被共产主义的公有制所取代。资本主义的生产产生了无产阶级和资产阶级两大对立的阶级，资本主义的分配关系体现了资本主义制度的剥削关系。资本主义的生产为自己创造了掘墓人，并最终导致资本主义制度的灭亡。①②③

　　资本主义的生产不仅表现为无产阶级和资产阶级的阶级对立关系，还表现为生产过程中工人之间的协作关系，工人之间的协作是在资本的控制和管理下进行的，体现了资本对工人的剥削关系。协作是指"许多人在同一生产过程中，或在不同的但相互联系的生产过程中，有计划的一起协同劳动。"④ 资本主义协作包括简单协作、工场手工业的协作和机器大生产的协作。简单协作是较多的人同时进行劳动，同规模较大的生产结合在一起的，在工场手工业生产的初期占据统治地位。简单协作与其他协作并存，是资本主义生产方式的基本形式。工场手工业的协作是以劳动分工为基础的协作。机器大生产的协作，是各种机器之间进行生产的协作，协作的性质取决于机器本身的性质和技术水平，机器生产的协作消灭了以分工为基础的协作。第一，资本主义协作能够降低生产费用。"单是社会接触就会引起竞争心和特有的精力振奋，从而提高每个人的个人工作效率"。协作一方面可以扩大劳动的空间范围，如排水、筑堤、灌溉和开凿运河等；另一方面可以在相对缩小的空间范围内进行

---

① ［德］马克思著. 1844 年哲学经济学手稿 ［M］. 北京：人民出版社，2000：61.
② ［德］马克思著. 资本论第一卷（第二版）［M］. 北京：人民出版社，2004：378－379.
③ ［德］马克思著. 1844 年哲学经济学手稿 ［M］. 北京：人民出版社，2000：67.
④ ［德］马克思著. 资本论第一卷（第二版）［M］. 北京：人民出版社，2004：378－379.

生产，因为劳动者的集结、不同劳动过程的靠拢和生产资料的积聚造成生产空间的缩小，能够节约非生产费用。第二，资本主义的协作劳动是在资本的管理、监督和调节下进行的，是为剩余价值的生产服务的。这种管理和监督是维护资本利益的必然产物，因为资本的本质是获取剩余价值，在获取剩余价值的过程中为了压制工人的反抗，必须对工人的生产进行监督和管理，雇佣工人的协作只是资本同时使用劳动的结果，因为劳动的协作，在观念上体现了资本家的计划，在实践上体现了资本家的权威。资本主义的协作一方面表现为减少生产的费用，提高资本的生产力，促进劳动的过程向社会化过程转化；另一方面体现了资本通过提高劳动生产力更多地剥削劳动者。① 第三，资本主义的协作受到劳动者的反抗，表现为工人缺乏劳动纪律。特别是在工场手工业阶段，资本不能完全控制工人的劳动，因为工场手工业的劳动依赖于熟练工人的技术，而熟练工人会反抗劳动纪律。"工业活动的分解降低工人的教育费用，从而降低了工人的价值，但较难的局部劳动仍然需要较长的学习时间，甚至在这种学习时间已成为多余的地方，工人仍用心良苦地把它保留下来。"② "因为手工业的熟练仍然是工场手工业的基础，同时在工场手工业中执行职能的总机构没有任何不依赖工人本身的客观骨骼，所以资本不得不经常同工人的不服从行为做斗争……因此，在整个工场手工业时期，都可以听到关于工人缺乏纪律的怨言。"③ 第四，当资本主义的协作发展到机器大生产的协作阶段时，机器的协作取代了工人的分工和协作。生产不再依赖于工人的熟练技术，资本对劳动的控制增强了。④

资本主义生产中不仅有资本控制下的工人的协作劳动，还存在资本的协作关系，即资本主义的信用。资本主义的信用体现了资本之间的协作关系，能够促进资本主义利润的平均化，减少资本主义的流通费用，促进股份公司的建立和扩大企业的合作，但资本主义的信用也促进了投机活动的

① ［德］马克思著. 资本论第一卷（第二版）［M］. 北京：人民出版社，2004：384－389.

②③ ［德］马克思著. 资本论第一卷（第二版）［M］. 北京：人民出版社，2004：425－426.

④ ［德］马克思著. 资本论第一卷（第二版）［M］. 北京：人民出版社，2004：529.

盛行，加大了资本主义经济活动的系统风险。"信用，在它的最简单的表现上，是一种适当的或不适当的信任，它使一个人把一定的资本额，以货币形式或以估计为一定货币价值的商品形式，委托给另一个人，这个资本额到期后一定要偿还。"① 信用在资本主义制度生产中的作用：第一，信用制度是资本主义利润平均化的推动力，而利润平均化是整个资本主义生产建立的基础。第二，信用制度的发展，减少了资本主义的流通费用。因为货币本身具有价值，通过信用，货币的流通费用可以减少，相当大的一部分交易不用货币；信用会加速商品形态变化的速度，从而加速货币流通的速度；信用促进纸币取代金币，从而加快了资本形态的各阶段的生产过程。第三，信用推动了股份公司的成立，生产的规模扩大了，资本的经营权和所有权分立，私人资本可以控制更大的社会资本，私人资本取得了对社会劳动的支配权。信用制度是私人企业转化为股份公司的基础，也是逐渐扩大合作企业的手段。② 第四，资本主义的信用促进了投机活动，加大了资本主义经济的风险。资本主义的信用是以商品做担保进行贷款，信用中存在大量的投机和欺诈，因为有大量的商品生产目的是为了获得贷款，或者是为了扩大生产以投放到国外的商品市场。③ 一旦出现产品销售不出去，就会出现信用的崩溃。"在恐慌笼罩的时候，一个实业家不会自问，他把自己的银行券投放出去能获得多少……只要他一旦处于恐怖的影响之下，他就不再关心是盈利还是损失，他只求自身安全，不管其他人的死活。"④

资本主义的生产不仅生产商品，也生产资本主义的阶级关系和分配关系。同时，资本主义的生产还表现为劳动之间的协作关系，以及资本之间的协作关系等。马克思肯定了人的社会属性对资本主义生产的影响。

古典社会学和经济学肯定了文化、道德和社会关系等因素对市场经济活动的重要作用。而文化、道德和社会关系等是社会资本形成的土壤，也

---

①② ［德］马克思，恩格斯著. 马克思恩格斯全集（第46卷）［M］. 北京：人民出版社，2003：493–499.

③ ［德］马克思，恩格斯著. 马克思恩格斯全集（第46卷）［M］. 北京：人民出版社，2003：452–458.

④ ［德］马克思，恩格斯著. 马克思恩格斯全集（第46卷）［M］. 北京：人民出版社，2003：466.

是社会资本的重要构成因素，是社会资本的重要理论来源。

第三节　社会资本与传统儒家文化的关系

传统儒家文化作为我国社会资本的形成基础，对社会资本的形成有什么重要影响呢？下面将具体阐述。

一、传统儒家文化的道德规范

我国传统文化中儒家思想是所谓的正统文化，影响最大，持续时间最长。因此，本书的研究以儒家思想为代表，书中提到的传统文化均是指儒家文化。

儒家文化将人际关系分为父子、君臣、夫妇、长幼和朋友等五种关系，并形成了一整套仁义道德，规定人际关系中人的行为准则。仁义道德是人际关系的纽带和做人的准则，其核心和出发点是"孝"。儒家文化认为人际关系是尊卑有序的、和谐的。人际关系可以概括为"五伦"和"六纪"。儒家文化中最基本的人际关系是父子、君臣、夫妇、长幼和朋友关系，即所谓的"五伦"关系，"父子有亲，君臣有义，夫妇有别，长幼有序，朋友有信。"① 加入亲戚和师徒关系，人际关系就演变为所谓的"六纪"关系，即父亲、兄弟、族人、亲戚、老师和朋友等六种关系，"六纪者，谓诸父、兄弟、族人、诸舅、师长、朋友也。"②

人际关系的纽带——仁义道德。儒家文化中，仁义道德是一整套行为规范，规定了父子、君臣、夫妇、长幼和朋友等人际关系中的行为准则。仁义道德不仅是做人的基本准则，也是人与人之间关系的纽带。仁义道德的核心和出发点是"孝"。例如，孟子认为"仁"是指侍奉父母，"义"是指尊重兄长，"仁之实，事亲是也；义之实，从兄是也。"③ 而"孝"则

---

① 孟子著. 万丽华，蓝旭注. 孟子·腾文公上//孟子［M］. 上海：中华书局，2006.
② 班固. 白虎通·三纲六纪//白虎通德论［M］. 上海：商务印书馆，1927.
③ 孟子著. 万丽华，蓝旭注. 孟子·离娄上//孟子［M］. 上海：中华书局，2006.

是做人的根本，"孝弟也者，其为人之本与!"① 第一，仁义道德是做人的基本准则，是人区别于动物的本质特征。人之所以为人，是因为有"仁"有"义"，"仁者，人也"②，"仁也者，人也。合而言之，道也"③，"人之所以为人者，非特以二足而无毛也"④，"禽兽有知而无义"，人"有知且有义"。⑤ 人有仁义道德是一种荣耀，没有仁义则是耻辱，"仁则荣，不仁则辱"⑥，"欲贵者，人之同心也。人人有贵于己者，弗思而。人之所贵者，非良贵也，赵孟之所贵，赵孟能贱之。"《诗》云：'既醉以酒，既饱以德。'言饱乎仁义也，所以不愿人之膏粱之味也；令闻广誉施于身，所以不愿人之文绣也。"⑦ 只有具备仁义道德，才能受到他人敬重，才能成为真正的人。第二，仁义道德是人际交往的行为规范。个人在人际关系中有不同的角色。人不能孤立的存在，只能作为特定的社会角色存在，"男有份，女有归"⑧。个人同时具有多种身份。个人同时处于多种伦理关系中，如一个人同时具有父亲、儿子、丈夫和老师等社会角色，是各种伦理关系的中心和连接点。人际关系中的不同身份，对应着不同的行为规范。君主应该按礼仪对待臣子，臣子也有尽忠的义务，"君使臣以礼，臣事君以忠"⑨。父亲有义务抚养和教育孩子，"养不教，父之过"；儿子则应该孝顺父母，"父慈子孝"；老师的责任是教育学生，"教不严，师之惰"，学生则有义务尊重老师，"一日为师，终身为父"。朋友之间应该互相忠诚和信任，即"为人谋而不忠乎，与朋又交而不信乎？""主忠信，无友不如己者"。⑩ 遵守仁义道德规范，才能得到别人的尊重，否则，得不到别人的尊重。"君之视臣如手足，则臣视君如腹心"⑪，"君之视臣如犬马，则臣视君如国人；

① 孔丘. 论语·学而//论语 [M]. 上海：中华书局，2006.
② 朱熹. 中庸 [M]. 上海：中华书局，1920.
③ 孟子著. 万丽华，蓝旭注. 孟子·尽心下//孟子 [M]. 上海：中华书局，2006.
④ 荀况. 荀子·非相//荀子 [M]. 北京：北京图书馆出版社，2002.
⑤ 荀况. 荀子·王制//荀子 [M]. 北京：北京图书馆出版社，2002.
⑥ 孟子著. 万丽华，蓝旭注. 孟子·公孙丑上//孟子 [M]. 上海：中华书局，2006.
⑦ 孟子著. 万丽华，蓝旭注. 孟子·告子上//孟子 [M]. 上海：中华书局，2006.
⑧ 郑玄. 礼记·礼运//礼记 [M]. 上海：中华书局，1920.
⑨ 孔丘. 论语·八佾//论语 [M]. 上海：中华书局，2006.
⑩ 费孝通. 乡土中国 [M]. 上海：上海观察社发行，1937：34.
⑪ 孟子著. 万丽华，蓝旭注. 孟子·离娄下//孟子 [M]. 上海：中华书局，2006.

君之视臣如土芥，则臣视君如寇仇。"① 总之，人应该履行义务、忠心事主、孝顺父母、尊重师长和诚信交友，即"弟子入则孝，出则悌，谨而信，泛爱众，而亲仁"②。遵从各种"身份"的行为规范，人才能完善，成为圣人，"圣人，人伦之至也"③，"圣也者，尽人伦也"④。

人际关系的特征——尊卑有序。人与人之间是有等级秩序的，有秩序才能和谐相处。第一，人际关系是和谐的。和谐相处是人际关系的重要原则，"和为贵"⑤。只有关系和睦才能创业和持家，"和气生财"，"家和万事兴"，"天时，地利，人和"⑥。第二，人际关系是尊卑有序的。人与人之间有长幼尊卑的差别，"君为阳，臣为阴；父为阳，子为阴；夫为阳，妻为阴。"⑦ "阳"代表尊贵，"阴"代表卑贱，因此，君主尊贵，臣子卑贱；父亲尊贵，儿子卑贱；丈夫尊贵，妻子卑贱；长者尊贵，年幼者卑贱。地位尊贵的人有支配的权利，地位卑贱的人则有服从的义务，"君为臣纲、父为子纲、夫为妻纲"⑧。尊卑的秩序关系是人们和谐相处的基础，"人何以能群？曰：分。"⑨

二、传统儒家文化与社会资本的关系

儒家文化有助于培养和谐的人际关系，促进家庭成员、朋友和熟人之间的合作。家庭是社会资本的重要来源，因此，儒家文化有助于培养社会资本、有助于培养家庭内部的信任，促进家庭成员之间的合作。儒家文化中，仁义道德规范实际上是处理家庭血缘关系的道德规范体系。儒家文化强调"修身"，把"修身""治国""齐家"和"平天下"相提并论，治理好家庭，才能管理好整个国家。"修身"的核心是"孝"，即孝顺父母，遵从兄长。因此，家庭成员的关系是尊卑有序、和睦相处的，晚辈服从长

① 孟子著. 万丽华，蓝旭注. 孟子·离娄上//孟子 [M]. 上海：中华书局，2006.
② 费孝通. 乡土中国 [M]. 上海：上海观察社发行，1937：34.
③ 孟子著. 万丽华，蓝旭注. 孟子·离娄上//孟子 [M]. 上海：中华书局，2006.
④ 荀况. 荀子·解蔽//荀子 [M]. 北京：北京图书馆出版社，2002.
⑤⑥ 孔丘. 论语·学而//论语 [M]. 上海：中华书局，2006.
⑦⑧ 董仲舒. 春秋繁露·基义//春秋繁露 [M]. 上海：中华书局，2011.
⑨ 荀况. 荀子·王制//荀子 [M]. 北京：北京图书馆出版社，2002.

辈，弟弟服从兄长。家庭成员之间是互相信任的，互惠互利，父母养育子女，子女则孝顺父母。

儒家文化有助于朋友和熟人之间的信任，促进朋友和熟人之间的合作。儒家文化强调朋友之间的"忠"和"信"，有利于朋友之间的合作。儒家文化能够促进信任和合作，促进市场经济发展。例如，中国家族企业和民营经济的蓬勃发展，东亚经济的迅速崛起等。

儒家文化能够培养家族内的社会资本，但也有可能限制社会资本的产生。儒家文化中，人际关系不是平行的，有亲疏远近之分。个人的社会关系形成一个网络，距离中心越近，关系越亲密，越容易合作；相反，则关系越疏远。"我们的结构不是一捆一捆扎清楚的柴，而是好像把一块石头丢在水面上所产生的一圈圈推出去的波纹。每个人都是他社会影响所推出去的圈子的中心，被圈子的波纹所推及的就发生联系。每个人在某一时刻某一地点所动用的圈子是不一定相同的。"① 个人的亲属关系形成一个网络，血缘关系越近，关系越亲密，越容易合作；血缘关系越远，则越疏远。"从生育和婚姻所结成的网络，可以一直推出去包括无穷的人，过去的、现在的和未来的人物。我们俗语里有'一表千里'说的就是这个意思。这个网络像个蜘蛛的网，有一个中心，就是自己。我们每个人都有这么一个以亲属关系布出去的网，但是没有一个网所罩住的人是相同的。"② 个人的地缘关系与血缘关系相似。③ 个人的关系网络和亲属网络具有排外性。例如，农村中的新移民很难融入当地的"圈子"，"我常在各地的村子里看到被称为'客边''新客''外村人'等的人物。"④ 仁义道德局限于家族和关系网络内部。人际关系中，个人需要"克己复礼"，"壹是皆以修身为本"，⑤ 对父母孝顺，对兄长遵从，对朋友忠信等。但儒家文化中的仁义道德范围受到限制，"我们所有的社会道德，也只在私人联系中发生意义"。⑥

传统儒家文化作为社会资本的形成基础，对社会资本的形成具有促进

① 费孝通. 乡土中国 [M]. 上海：上海观察社发行，1937：24.
② 费孝通. 乡土中国 [M]. 上海：上海观察社发行，1937：24-25.
③ 费孝通. 乡土中国 [M]. 上海：上海观察社发行，1937：25-26.
④ 费孝通. 乡土中国 [M]. 上海：上海观察社发行，1937：76-79.
⑤ 费孝通. 乡土中国 [M]. 上海：上海观察社发行，1937：31.
⑥ 费孝通. 乡土中国 [M]. 上海：上海观察社发行，1937：30.

作用，能够形成家族内部的网络和社会资本，但也可能限制家族成员对非家族成员的信任，从而限制社会资本的形成。

第四节　社会资本与资本的关系

社会资本的形成受到传统文化、道德和规范的影响，而社会资本一旦形成，能够为其拥有者提供经济资源和收益，这也是资本的共性。社会资本作为资本的一种形式，是否具有其他资本形式的特征呢？是否具有独有的特征呢？下文将进一步阐述资本的几种形式，并研究社会资本与其他资本形式的共同特征，分析社会资本与其他资本形式的转化过程。

一、经济中资本的形式

资本一般指用于投资的物质资源和货币。古典经济学家认为资本包括物质资本和金融资本。例如，亚当·斯密认为资本是能获得利润的货币[①]。

从古典经济学家的资本定义来看，社会资本不是资本的形式之一，但如果扩大资本的定义，资本就可能出现新的形式。一些学者相继引入了人力资本、文化资本和社会资本，并分析了这些资本与物质资本、金融资本的关系。贝克于20世纪60年代提出人力资本的概念，将资本的范围扩大到物质资本、金融资本和人力资本。布迪厄于1979年提出了文化资本的概念，并于1986年首先比较了人力资本，文化资本和社会资本的概念，将资本的范围扩大到文化资本（Bourdieu，1986）。林南于2001年在《社会资本》一书中提出了阶级资本、人力资本和社会资本，比较了三者的异同点（Lin，2001）。莱特于2004年提出，如果扩大资本的定义，将资本定义为有利于个人和集体行动的价值的储存，资本的范围就会扩大，社会资本将成为资本的一种形式，资本可以分为物质资本、金融资本、人力资本、文

---

① 亚当·斯密提出"凡是能从使用货币赚到很多钱的地方，对于货币的使用普通付给的钱越多；凡是从使用货币赚到的钱不多的地方，对于货币的使用普通付给的钱也不多。"参见：[英]亚当·斯密著，杨敬年译. 国富论（上，下）[M]. 西安：陕西人民出版社，2002：114.

化资本和社会资本（Hutchinson J. , 2004）。砝尔于 2004 年提出，19 世纪的政治经济学的资本概念包含"社会性"的含义，社会资本的基础是资本的"社会性"，社会资本是社会观点的资本①。这些学者扩大了资本的定义，将资本的形式从物质资本、金融资本扩大到人力资本、文化资本和社会资本，为经济学框架增加了新的分析工具。

正如当初人力资本的引入引起了一些非议一样，一些学者认为社会资本不是资本的形式。例如，鲍尔斯（Bowles）认为社会资本不是资本；贝克在 1996 年将社会资本并入人力资本；贝茨在人力资本中排除社会资本；讷克等将社会资本纳入发展经济学（Knack S. et al. , 1997）。这些学者认识到社会资本对发展的作用，承认社会资本与人力资本的互补性，但不承认社会资本是一种资本形式。笔者认为不能仅因为社会资本的分析工具不够完善，就否定社会资本的资本性质。

如果说人力资本和文化资本是资本的形式，社会资本也可以看作资本的形式之一。从资本概念的发展来看，资本的内涵有一个扩大的过程，从单纯的物质形式，扩大到无形的人力资本，再扩展到人与人之间的关系，资本的定义经历了一个从有形到无形，从个性到社会性的过程。随着资本内涵的扩大，人力资本，文化资本和社会资本相继成为资本的形式。

物质资本是人类创造的、能产生未来收益的物质资源。物质资本是用于投资的物质资源，这些物质资源能够提供未来收益。物质资本是实物形态的资本，物质资本的形式多样，如建筑、工具、牲畜、卡车等。物质资本是在物质生产过程中产生的，如制造工具、建造工厂、设施和其他物质资源等，而工具、设施等又能生产其他物质产品，或者提供未来收益。物质资本的生产中要消耗人的时间、精力和其他物质资源。物质资本的生产过程也是人们改造和利用自然的过程。

金融资本是用于投资并能获得收益的货币。鲁道夫·希法亭认为金融资本是"归银行支配的和由产业资本家使用的资本"②。列宁认为"金融资

---

① 砝尔认为，马克思的劳动价值论、塞德魏克和马歇尔的效用理论和边际效用理论、克拉克的产出和分配边际理论，挑战了古典的"工资基金"教条，即挑战了资本的非社会性观点，参见 James Farr. Social Capital：A Conceptual History［M］. Political Theory, February 2004：8 – 32.

② ［德］鲁道夫·稀法亭著. 金融资本［M］. 北京：商务印书馆，1994：253.

本就是和工业家垄断同盟的资本融合起来的少数垄断性的最大银行的银行资本"①。鲁道夫·希法亭和列宁都认为金融资本是用于投资的银行资本。现代意义上的金融资本包括银行资本和有价证券等能获得收益的货币资本。金融资本是与物质资本相对应的货币形态的资本。金融资本与物质资本一样，都用于投资，能获得投资收益。

人力资本是增加个人产出能力和货币收入的投资，如训练、教育或工作经验的投资②。人力资本是个人的生产能力，只存在于人的身体中，必须以人为载体。如果一个人生病或死亡，其人力资本将下降或消失。人力资本的投资有成本和收益。人力资本投资的成本主要有货币成本和机会成本，贝克认为教育和培训是"人力资本最重要的投资"。人力资本投资的收益是将来获得比较高的收入，即将来有机会获得较高报酬的工作。个人对物质资本和金融资本的投资能获得利润，对人力资本的投资也能获得收益。③

文化资本是能转化成个人和社会经济利益的高度文化知识。皮埃尔·布迪厄第一次提出文化资本的概念。文化资本是个人拥有的组织和管理能力，能引导团队和集体获得成功，转化成个人和集体的经济利益。例如，一个优秀的经理拥有文化资本，即具有比较强的管理和组织能力，能引导企业达到预期目标，经理的薪水是其文化资本的报酬。文化资本并不是人力资本，文化资本只能提高集体的产出能力，而人力资本只能提高个人的产出能力。文化资本和人力资本都能提高个人收入。

二、社会资本与其他资本形式的共同特征

作为资本的形式之一，社会资本与其他资本形式具有共同特征：社会资本与其他资本形式都有储存价值的能力；都有贬值的风险④；社会资本

---

① ［俄］列宁著. 列宁选集（第2卷）［M］. 北京：人民出版社，1995：650.

② 贝克（Becker）认为人力资本的投资是"教育训练、医疗等基本投资中的支出"，参见 Becker. Accounting for Tastes ［M］. Cambridge：Harvard University Press，1996.

③ Becker. Human capital ［M］. Chicago：University of Chicago Press，1993：17.

④ 伊万·莱特（Ivan Light）指出社会资本、文化资本和人力资本具有物质资本和金融资本的大多数特征，其中一个重要的特征是价值的储存能力，以及价值储存中的风险（Hutchinson J.，2004）。

和其他资本的投资都能产生收益；各种资本形式可以互相转化①，社会资本可以转化成其他资本，金融资本和物质资本等资本形式可以转化成社会资本。第一，社会资本与其他资本形式都有储存价值的能力。社会资本与其他资本形式都可以储存价值。物质资本和金融资本的价值储存是物质资源和货币的积累，两者可以长期储存。文化资本和人力资本的储存是个人知识和工作技能的积累。社会资本的储存是个人、集体社会关系的积累，即网络和规则的形成，传递思想、信息和资源的结构及资源结构的形成。第二，社会资本与其他资本形式都有贬值的风险。各种资本形式在储存的过程中都可能遭受损失，即存在贬值的风险。物质资本有自然磨损和意外遭受损失的风险，如风力磨损、火灾、自然灾害等损失。金融资本有税收风险和意外损失的风险，如通货膨胀、盗窃、银行破产、革命、战争等。文化资本和人力资本也存在损失的可能性，例如，个人失去记忆、知识过时、社会风俗习惯改变、公众价值观改变和公共教育扩大等。社会资本的贬值风险有：宗教和政治变革，网络或组织成员的死亡、离婚、移民、坐牢和名誉损失等（Hutchinson J.，2004：147）。第三，社会资本和其他资本的投资都有收益。社会资本和其他资本的投资都能产生未来收益。拉其曼认为物质资本的投资能产生未来收益。贝克认为人力资本的投资能产生收益，工资是人力资本的收益。布迪厄认为文化资本的投资能产生收益。布迪厄、亚历詹德罗·波茨、林南、罗纳德·博特、科尔曼等强调社会资本有助于网络和组织成员以比较低的成本获得资源，个人和集体能从网络中获得资源，社会资本有利于个人和集体行动（Bourdieu，1986：241 - 260）。第四，社会资本和其他资本形式可以互相转化。金融、物质资本等其他资本形式可以转化成社会资本。金融资本能转化为社会资本，例如，有钱人可以举行宴会等社交活动，认识更多的人，如政客、各界名人等，扩大社会网络，增加社会资本。人力资本可以转化成社会资本，因为拥有人力资本的个人可能获得更高收入的工作，获得更高层次的社会网络。

社会资本可以转化成金融、物质资本等其他资本形式。社会资本可以转化成金融资本，例如，个人利用社会关系找工作、获得资金支持等。扶

---

① 布迪厄（Bourdieu）认为物质资本和金融资本可以互相转化（Bourdieu，1986）。

轮社说明了社会资本向金融资本的转化。扶轮社是第三世界国家普遍存在的民间信用组织，每个成员缴纳一笔资金组成基金，成员轮流使用基金。扶轮社为低收入人群提供信用和储蓄，为社区小企业和家庭企业提供资金，是低收入人群和贫穷社区摆脱贫困的一种资源。扶轮社提供的信用，是社会资本转化成金融资本的一种形式。社会资本也可以转化成人力资本，例如，个人凭借社会关系进入高校深造。社会资本能同时转化成金融、人力和文化资本等，例如，人们投票影响政治，选举政府，要求增加最低工资、改善公共教育、设立音乐厅、公园和博物馆等。

其他资本形式之间可以互相转化。物质资本可以转化成金融资本，金融资本可以转化成物质资本。例如，商人进货时，金融资本转化成物质资本；商人出售货物时，物质资本转化成金融资本。贝克阐述了人力资本转化成金融资本的过程：$F_1 \rightarrow H \rightarrow F_2$，H 代表人力资本，$F_1$，$F_2$ 分别代表人力资本投资前后的收益。F_2 大于 F_1，表明教育投资获得的收入大于成本（Becker，1993）。金融资本也可以同时转化成人力资本和文化资本[①]，例如，个人进入名牌大学学习。文化资本也可以转化成金融资本，例如，个人因良好的声誉而找到高收入的工作（Bourdieu，1986：241 – 260）。

三、社会资本与其他资本形式的区别

社会资本是资本的一种形式，与其他资本形式有相似之处，但社会资本的存量、形成和功能都具有独特的特征[②]。从社会资本的存量来看，社会资本的数量随着使用的增加而增加，随着使用的减少而减少；社会资本难以观察和测量；从社会资本的功能来看，社会资本具有公共物品性质，

---

① 埃里克森（Erikson）认为文化资本只影响美国的餐馆和商业杂志，而美国的企业不重视文化资本，"高度的文化被定义为私人部门工作时间之外的、不相干的浪费时间。"参见 Erikson. Culture, Class and Connections ［J］. American Journal of Sociology, 1996, 102：220.

② 埃莉诺·奥斯特罗姆（Elinor. Ostrom）等认为社会资本同物质资本之间的区别主要有四个方：社会资本的数量不会随着使用的增加而减少，反而随着使用的减少而减少；社会资本难以发现、观察和测量；外部干预难以形成社会资本；政府机构影响社会资本的类型与范围。参见 Elinor Ostrom, T. K. Ahn. A Social Science Perspective on Social Capital：Social Capital and Collective Action ［M］. Mimeo Workshop in Political Theory and Policy Analysis, Indiana University, 2002.

能够改善社会分配①，社会资本具有不可转让的性质②。

第一，社会资本的存量具有独特的特征。社会资本的数量不会随着使用的增加而减少，随着使用的增加，社会资本的数量反而会增加。社会资本的主要组成是网络和规则，以及传递信息、思想和资源的结构，网络和组织成员必须保持一定的联系，才能分享价值和规则，促进信任和互惠，保证信息、思想和资源的传递。反之，社会资本的使用越少，社会资本的数量就会减少。如果网络或组织的成员之间的联系较少，成员之间难以分享价值和规则，也难以分享信息、思想和资源，社会资本将随着人员的流动而消失。社会资本难以观察和测量。社会资本以网络和组织为基础，存在于人与人的关系中，而调查网络、组织的结构和行为方式要付出一定的时间和精力。社会资本的定义不统一，也为社会资本的观察和测量带来了困难③。

第二，社会资本的功能具有独特的特征。社会资本具有外部性，会造成投资不足。社会资本具有正的外部性，网络成员不能完全控制社会资本的收益，网络以外的人有可能分享社会资本的收益，因此，社会资本投资不足。例如，A 迁居外地，中断了原来的社会关系，关系中的其他成员可能遭受损失，因为他们无法控制 A 的迁居。而 A 个人迁居，原来的社会关系将被中断，A 损失了社会资本，但可以从迁居的收益中弥补损失，A 迁居的总的收益是正的；但与 A 中断联系的个人损失了社会资本。因此，A 的迁居造成了他人社会资本的减少。当社会资本作为信息的流通渠道时，明显具有外部性。一个人为了个人利益而搜集各种信息，通过谈话等交流，向别人传递了信息，其他人可能获得利益。④

---

① 伊万·莱特（Ivan Light）认为社会资本的独特特征是易获得性。相对于其他资本来说，穷人比较容易获得社会资本。穷人将社会资本转化成其他资本形式，获得利润，可以改善经济地位（Hutchinson J. et al. , 2004：147 – 149）。

② 洛瑞于 1987 年首先提出这一性质（科尔曼，1999）。

③ 达斯古普塔（Dasgupta, 2000），杜拉夫（Durlauf, 2000），曼斯基（Manski, 2000），泊尔兹（Ports, 1998）都认为社会资本定义不清楚，加大了研究工作的困难。而艾罗（Arrow, 2000）认为应该抛弃社会资本的概念。参见 Ostrom. Social Capital：A Fad or Fundamental Concept? // In P. Dasgupta And I. Seragilden eds, Social Capital：A Multifaceted Perspective［M］. Washington D. C. : World Bank, 2000：176.

④ 卡茨和拉扎斯菲而德认为一些人获取和传递信息，不是为了获得个人利益，而是为了获得别人的尊敬（科尔曼，1999）。

综上所述，社会资本是资本的一种形式，具有其他资本的一些特征，例如，储存价值、有贬值的风险、能够产生收益等。但社会资本的存量、形成和功能都具有独特的特征：社会资本的数量随着使用的增加而增加，随着使用的减少而减少；社会资本具有公共物品性质。社会资本在一定的条件下可以与其他资本形式互相转化。另外，与其他资本形式相比，社会资本不容易被观察和测量，因此有必要进一步研究社会资本的测量指标。

第五节　社会资本的来源及测量

本章节将研究不同层次社会资本的来源和测量指标，为后文的研究奠定基础。

一、社会资本的来源

社会资本的层次不同，其来源也有差异。下面按照社会资本的不同层次，即宏观、中观和微观三个层次分析社会资本的来源。

微观社会资本的来源主要有：个人的人力资本、职业技能和个人流动性等[①]。社会资本是一种资源，有助于个人获得市场和非市场收益。个人特征影响其拥有的社会资本，如社会交往技能和个人魅力等；个人的人力资本对社会资本有重要作用。[②] 第一，个人的人力资本和职业技能是影响社会资本的重要因素，个人拥有的人力资本和职业技能越高，拥有的社会资本越多；相反，人力资本和职业技能越低，拥有的社会资本越少。个人对人力资本的投资可以增加社会资本，人力资本越高，能够认识和接触更高层次的人，拥有更高层次的关系和网络，拥有越多的社会资本。同样，个人的职业技能收入与社会资本成正比。个人年龄影响人力资本，青年和

---

① Glaeser E., D. Laibson, Scheinkman J. and Soutter C. L., et al. Measuring Trust ［J］. Quarterly Journal of Economics, 2000, 115：811 – 846, 815, 818.

② 一些学者认为社会资本和社会交往技能都是人力资本的组成部分（Bowles V. et al., 2002：419 – 436）。

中年人的人力资本相对丰富，老年人的人力资本下降。个人年龄也会影响社会资本，青年和中年人的社会资本比较丰富，老年人的社会资本下降。第二，个人流动性影响微观社会资本的存量。个人流动性越小，居住稳定，微观社会资本越多；相反，流动性越大，微观社会资本越少。个人拥有住房产权，居住比较稳定，社会资本越多；相反，没有住房产权，迁居频繁的人，社会资本越少。另外，人与人之间的距离越远，联系会越少，微观社会资本越少。

中观社会资本的来源：网络、志愿组织和家庭是中观社会资本的主要形式，都有助于成员获得收益。网络和志愿组织是中观社会资本的主要形式。网络是最普通的社会资本形式。网络的成员具有某种相同的社会特征，与志愿组织有关，如保龄球协会、语言学习协会等。志愿组织是社会资本的源泉之一。志愿组织加强了成员的社会联系，而社会联系能够产生互惠和信任。志愿组织能够促进民主制度的有效运行，产生相同的价值和规范，促进合作。志愿组织能够推销民主制度和价值观，例如，定居的殖民者家庭形成的网络通常向殖民地灌输其社会价值观（Putnam R. D.，1993，1995）。网络和志愿组织能够促进市民参与。网络能够传递信息、促进政治参与。网络和志愿组织越密集，市民参与度越高，人与人之间的信任度越高。网络和组织产生外部性（Tocqueville Alexis De，1961，1993）。大多数学者都承认网络和组织具有外部性，一些人认为网络有正的外部性，另一些人则强调网络的负的外部性。第一，网络和组织对成员有正的外部性，但对整个社会有负的外部性。例如，斯托伦（Stolle）认为组织成员只能加强集团内的信任。斯托伦比较研究了瑞典、美国和德国的志愿组织，发现成员身份只影响集团成员的社会技能、信任和行为。因此，网络中的学习技能、道德和行为不能转化为宏观社会资本。网络对新成员有正的外部性，但网络可能损害非成员的利益，对非成员产生负的外部性。第二，网络的外部性与其类型有关。例如，普特曼将网络分为水平网络和垂直网络，水平网络中，成员的权利和义务是平等的；而垂直网络则是等级性的，成员之间的关系是不平等的。水平网络能够产生正的外部性，增加宏观社会资本；但垂直网络产生负的外部性，不能转化为宏观社会资本。①②

　　家庭也是中观社会资本的重要来源。家庭能够产生信任、互惠和规范等道德。家庭的主要功能是抚养孩子，而抚养孩子是关心他人和培养社会道德的过程，能够促进人与人之间的信任。家庭是社会资本的形式之一，能够影响孩子的行为和个人的信任程度。家庭在分工合作、赡养父母和发扬传统等方面对社会资本有重要意义（Coleman，1988：105 – 108，95 – 120）。第一，家庭影响个人的信任程度。父母对孩子的照顾能够产生一般信任，家庭能够影响个人的信任水平。家庭与社会资本的存量有关，可以解释社会资本的下降。家庭成员之间关系和睦，父母双亲健康并相处融洽，家庭中的社会资本就多。因此，可以用离婚率和单亲家庭等指标解释社会资本。离婚率越高，单亲家庭的比率越高，整个社会的社会资本越少；相反，离婚率越低，家庭越稳定，整个社会的社会资本越高。第二，家庭影响孩子的行为。父母互相信任，和睦相处，有助于培养孩子的信任和互惠等道德。父母影响孩子的合作精神与判断他人的能力，父母对陌生人的态度也影响着孩子。如果父母对陌生人比较信任，孩子也会信任陌生人；反之，父母对陌生人采取不信任或排斥的态度，孩子将会模仿父母的行为。

　　宏观社会资本的主要来源为信任、互惠和规范。信任是合作的首要条件。互惠能够培养信任，促进合作。非正式的行为规范是一种重要的社会资本形式。信任是宏观社会资本的主要来源之一。③ 信任是对其他代理人行为的乐观预期。信任分为一般信任和个人信任。一般信任指对大多数代理人的信任，取决于大多数代理人的特征，如受教育程度，激励机制等；个人信任是对经常打交道的代理人的信任，产生于代理人的重复行为。社会资本能够培养信任，而信任能够提高经济行动的效率。信任是不能递减

---

　　① 普特曼认为横向的网络会产生信任和正的外部性，而纵向的网络和家庭不会产生正的外部性（罗伯特·帕特南，2001：201 – 207）。

　　② 格兰诺维特（Granovette）首先提出了这个观点，相对于强关系，重叠的弱关系能够促进社会稳定，解决集体行动问题（Granovetter Mark，1973，1985）。

　　③ 一些社会学家认为信任是人类的天性，一部分人天生值得信任，这种机械信任的观点遭到一些学者的反对，如格兰诺维特（Granovetter）等。而经济学家则认为，信任是一种理性选择行为，会随着环境的改变而改变。

的。信任来源于信任者对被信任者行为的预期。重复联系可以培养声誉，促进信任关系。理性的个人可能选择合作而不是背叛，培养良好的名誉以获得更多的未来收益。

互惠和规范也是重要的宏观社会资本形式①。非正式的行为规范是一种重要的社会资本形式。这些规范反映企业、组织和人们的日常生活，是"潜在的法律规则，理论上属于更大的宪法体系"②。互惠是规范的一种形式。互惠是一种道德，也是公认的交易模式。互惠是个人在集体行动中的策略，例如，识别合作者、考虑合作条件、拒绝合作和惩罚背叛者等。

互惠是有效的合作均衡。在不完全信息条件下，重复的囚徒博弈模型存在有效的合作均衡。在重复的博弈中，个人从背叛中得到的收益不大，接近最后阶段的博弈中，存在合作均衡。持续的交易中，交易者预期现在的损失能够在将来的交易中得到补偿（Putnam R. D.，1993：90）。因此，互惠是预先存在的，以过去的合作为基础。互惠具有正的外部性。互惠能够培养信任，促进合作。遵守互惠规则的人是值得信任的，信任是合作的关键条件，因此，互惠的人更容易与他人合作。

二、社会资本的测量

社会资本的来源与测量指标紧密相关。前者从理论上分析社会资本形成的影响因素，而后者以前者的理论研究为基础，选取一些可观测的变量代替社会资本。研究社会资本的测量，选取合适的测量指标，是研究社会资本理论和社会资本的经济作用的重要一环。下面将从宏观、中观和微观三个层次研究社会资本的测量指标。

微观社会资本主要用个人的社会特征来测量。社会资本受到人的社会特征的影响，如身体状况、个人素质和居住稳定性等。因此，一些学者用

---

① 一些学者认为法律和正式制度会破坏合作，另一些学者则肯定了正式制度的作用。参见 Elinor Ostrom, T. K. Ahn. A Social Science Perspective on Social Capital: Social Capital and Collective Action [M]. Mimeo Workshop in Political Theory and Policy Analysis, Indiana University, 2002.

② Elinor Ostrom, T. K. Ahn. A Social Science Perspective on Social Capital: Social Capital and Collective Action [M]. Mimeo Workshop in Political Theory and Policy Analysis, Indiana University, 2002.

个人特征来预测微观社会资本，其测量指标主要有：个人身体状况的指标为年龄、健康程度；个人居住稳定性的指标为是否拥有房屋产权，流动性、人与人之间的物理距离等；个人素质的指标为人力资本、社会技能收入、时间机会成本等。第一，个人生命周期影响社会资本。年龄与社会资本的关系是倒"U"型，组织身份值①先随着年龄的上升而上升，到了一定的年龄段后，将随着年龄的上升而下降。第二，个人流动性影响社会资本。年龄、婚姻地位和家庭地位可以影响个人流动性，个人流动性与个人组织身份值成反比。个人拥有住房产权，可以降低流动性，从而增加社会资本。另外，人与人之间的空间距离也会影响社会资本，住套间的城市居民与邻居的联系较多。城市扩展与社会资本负相关，因为距离增加了交通成本。居住越远，人们之间的社会联系越少。第三，个人素质影响社会资本。个人职业的社会性越低，社会资本越少，社会资本的收益就越少；职业的社会性越高，社会资本越多，社会资本的收益就越多。个人收入和教育与社会资本正相关，人力资本与社会资本正相关②。个人的时间机会成本与社会资本负相关。例如，家庭主妇的时间机会成本低，有更多的时间参与志愿组织，拥有的社会资本高；人们看电视的时间增加，进行其他业余活动的时间将会减少，人们参与组织和网络的时间越少，社会资本投资将越少。

中观社会资本主要用组织成员的身份进行测量。组织成员身份能够促进成员间的信任与合作，因此网络和志愿组织的成员身份可以测量社会资本，邻居关系也可以用来预测社会资本。人口出生率、结婚率、离婚率和私生子的比率等可以作为家庭特征变量。第一，网络和志愿组织的成员身份是中观社会资本的测量方法之一。组织成员身份与市民的参与行为正相关，能够培养民主和市民道德。组织成员更积极地参与公共事务，对政治和民主的影响更强；组织成员能够更多地参与政治活动。志愿组织成员自

---

① 组织身份指个人参加志愿组织，在志愿组织中的身份。格莱泽（Glaeser）用组织身份值解释个人对网络和组织的参与程度，具体的计算方法为：用个人参加组织的类型的数量来计算组织身份值，例如，一个人是宗教组织的成员，同时也是退伍军人组织的成员，其组织身份值就是2；而如果一个人是三个兄弟会组织的成员，其组织成员身份值则为1（Glaeser E. et al., 2000：16）。

② 海利韦尔（Helliwell）和帕特南（Putnam）提出了相反的观点。

我尊重，有更多的集团意识和公共技能。妇女组织的成员具有多样性，培养了市民的组织技能，促进了人与人之间的交流。组织成员身份有利于成员的交往和合作，促进成员之间的信任。组织身份对一般信任的作用不明显，而信任水平比较高的个人倾向于加入组织，因此，志愿组织不能作为一般信任的测量指标。

许多学者用组织成员身份测量社会资本。普特曼测量了网络和协会的人数，认为美国的社会资本呈下降趋势，原因是人们看电视的时间增加。科斯塔和卡恩（Costa and Kahn）测量了美国的协会人数，发现美国的社会资本的确呈下降趋势，其原因主要有：妇女就业增加，邻居收入、教育、种族和信仰的差异增加，邻居异质性①增加等。但帕克斯顿（Paxton）认为美国的集体行动能力并没有下降。边池（Bian Chi）等发现看电视与员工的地位有强的正相关关系，看电视时间越多，员工了解的信息越多，越容易提高其地位；反之，看电视的时间越少，了解的信息越少，越不易提高地位。因此，看电视有利于提高员工的地位。另一些学者用邻居关系预测社会资本，如芝加哥邻居人类发展项目，以"帮忙"和"信任"等变量测量邻居关系（Putnam, Robert D., 1995, 2000）。

家庭的特征如结婚率和离婚率等也是测量中观社会资本的指标之一。家庭是社会资本的一种形式，家庭规范构成社会资本，家庭对于社会资本的遗传有重要的作用。第一，家庭是社会合作的基本单位，有助于儿童的养育和社会发展。父母共同抚育并教育子女。家庭内部的协作得到了生物学的支持，所有动物都偏爱自己的亲属，愿意将大量资源单向地给予有遗传关系的亲属，有助于亲属内部的互惠和长期合作。家庭成员的合作不仅有助于孩子的养育，而且有利于商业经营等其他社会活动，美国家族企业的就业占私营部门的20%，在新技术和商业活动中发挥巨大的作用。第二，家庭关系产生负的外部性。家庭在现代社会中的地位被削弱，男人在工厂和办公室谋职，老人被送到养老院，商业公司为家庭提供娱乐节目等，几代同堂的家庭逐渐分裂，转化为只有父母子女两代关系的核心家庭。第二次世界大战后，家庭全面衰落（弗朗西斯·福山，2002）。

---

① 邻居异质性指邻居之间的收入差异、教育水平的差异、种族差异和信仰的差异。

家庭特征的变化对工业发展有巨大影响。人口出生率、结婚率、离婚率和私生子的比率等可以作为家庭的特征变量。人口是社会资本的基本来源，没有人口就没有社会资本，但20世纪80年代以来，发达国家的人口增长率趋于下降；西方家庭规模日益缩小，家庭开始出现破裂，非婚生育不断增加，童年时经历父母婚姻破裂的儿童人数增加，核心家庭的衰落给儿童带来了严重的后果。"大萧条"和第二次世界大战破坏了家庭的模式，20世纪50年代，家庭模式逐渐恢复，但七八十年代后，家庭的各种指标逐渐下降，晚婚盛行，婚姻持续时间变短，离婚率上升迅速，再婚率比较低。核心家庭全面衰落，大大减少了社会资本。

宏观社会资本的测量指标主要有对他人是否信任及信任程度等。互惠和规范等社会资本形式不容易测量，但能够产生信任，如规范能够促进信息流通，促进信任，惩罚背叛，提供技术指导和冲突解决机制等。因此，本书主要考察信任的测量。信任是社会资本的重要组成部分。许多学者用"值得信任"和"对别人的信任"作为信任的测量指标。例如，世界价值观调查信任的问题是："一般来说，你认为大多数人是可信的吗？或者你与人打交道时很谨慎吗？"[①] 回答"信任"的个人本身更值得信任，在标准信任博弈中表现出更多的信任。但回答"信任"不等于微观社会资本，值得信任的人不一定获得收益，被信任者获得收益。因此，回答"信任"的比率可以测量宏观社会资本。由于童子军[②]回答"信任"的比率比较低，普特曼认为美国的社会资本呈下降趋势。信任受到个人教育水平与合作伙伴特征的影响。个人教育水平越高，回答"信任"的比率越高；合作伙伴的民族和种族会影响个人的回答（Edward L. Glaeser, 2002）。但一些学者认为很难解释个人对信任问题的回答，例如，个人对"大多数人""信任别人"等概念的理解不同，个人识别可信任的能力有差别，有些人可能说假话等。个人的信任水平受到个人参与、社区特征和文化等因素的影响。个人参与同个人信任、经济地位有强相关关系。社区特征与信任相关，如邻居收入、教育、种族、信仰等差异越大，个人对他人的信任度越低。文

---

① Glaeser E. L., Laibson D., Sacerdote B. The Economic Approach to Social Capital [J]. Economic Journal, 2002, 483 (112): 437−458.

② 童子军是美国的一种志愿组织。

化和社区异质性影响人们对地方政府的信任。政治稳定，跨代的社会封闭网络和互惠交易越多，信任程度越高；社区异质性越大，对孩子的共同照顾越少，相互之间的信任越少。

社会资本分为宏观、中观和微观三个层次，社会资本的层次不同，其理论来源和测量指标也不同。

第三章

社会资本调节机制

市场经济中的主要调节机制是市场机制和政府干预，市场价格机制是经济的主要调节机制，但市场机制本身存在信息不对称和交易成本等市场失灵现象；政府干预能够矫正市场失灵，政府能够为市场经济提供制度保证，但政府干预作为一种协调机制，本身也存在巨大的成本，政府干预经济的能力也受到其认知能力和自身利益的影响。

市场调节机制失灵和政府调节机制失灵，是否有办法来矫正呢？这有必要寻找市场和政府建立的社会基础。市场和政府并不是建立在真空中，也并不是独立的制度，而是建立在一定的文化、习俗和道德规范、行为准则等一系列非正式制度基础之上的，即建立在社会资本基础上。因此，社会资本会影响市场经济活动的效率，并能够部分替代市场和政府的经济调节功能。作为一种经济协调机制，社会资本超越了经济调节的市场和政府二分法，能够弥补市场和政府的不足，矫正市场和政府的失灵。

第一节　市场调节机制和政府干预机制的理论演进

西方主流经济学强调市场机制的决定性作用，只有在市场失灵时，政府干预才能够起到矫正作用。而"二战"后兴起的发展经济学理论，则强调市场机制和政府干预机制的相互作用，强调政府干预对发展中国家工业化的重要作用。

一、主流经济学关于市场机制和政府干预机制的论述

重商主义主张国家对经济的干预，早期重商主义者主张积累和储藏国内货币，而晚期重商主义者鼓励商品输出和出超，主张采取关税保护等政策鼓励商品出口，以获得更多货币财富。

古典政治经济学则反对重商主义的国家干预政策，主张市场自由放任政策。古典政治经济学的奠基者亚当·斯密，反对国家对经济的干预，认为市场机制作为"看不见的手"，能够引导资源的最优配置，促进国民财富的增加①。古典政治经济学认为政府是"守夜人"的角度，即保卫经济的安全和制定法律规则。

在古典政治经济学中，政府和市场之间是一种互动关系，但由于现代经济学和政治学学科的分类，两者的关系出现了市场和政府二分法，即经济学集中研究市场行为，研究理性的个人如何追求效用最大化，价格机制如何有效地配置资源，而政治学则研究政治权利和正式制度如何把政治需求转换为公共政策。这种二分法曾经促进了两个学科的独立发展，但阻碍了对经济发展的宏观经济分析。

这种二分法通常是以一定的假设为基础的，假设市场是自我组织和自我管理的有内在逻辑机制的实体，假设市场在经济调节中有特殊的地位，则自然地对管制市场的政策产生偏见。因此，政策的讨论则是基于这种二分法的思维。

政府什么时候可以干涉私人经济行为呢？大多数的经济学家的回答是"市场失灵"，即私人激励不能有效地引导社会资源，或者不能分配社会公共物品的时候，政府可以干预经济。

但实际上，即使出现市场失灵的时候，也不一定能够得出"需要政府

① ［英］亚当·斯密著. 郭大力，王亚南译. 国民财富的性质和原因的研究［M］. 北京：商务印书馆，1992：27.

干预"这样的判断，因为政府干预可能导致更高的成本。必须分析市场失灵和政府干预的成本和收益才能得出结论（David L.，1999）。

二分法的分析思路经常产生分析困难，如把经济等同于市场，则很难将制度归类于市场。经济社会学中有大量的文献，如经济中有大量的协调组织及其行为，这些组织可能有大量的控制不稳定性和不确定性的治理机制，如贸易协会，连锁董事会，长期合同安排，集体行动协商等，这些安排与经典市场的自发交易和结算行为有很大的差异。另外，二分法不再关心政府在经济行为中的作用。经济不仅仅是货物、贸易和交换的关系，也是根植于政府政策和制度的真实行为（Charles Wolf，1993）。

在经济发展和经济理论研究中，不能避开对市场和政府作用的研究，而关于政府和市场在经济中应该扮演什么角色，不同的经济学派持有不同的观点。

新古典主义学派认为应该尽量发挥市场的作用，而尽可能减少国家在经济中的职能。因为市场是有效的，能够为人们谋取福利，国家应该允许市场发挥作用。新古典主义坚信市场的力量能够促进经济的繁荣和发展，主张自由放任的经济政策，因为政府对经济的过多干预会限制个人的自由（Friedman M.，1962），甚至还会导致个人走向通往奴役的道路（Hayek F.，1944）。

新古典主义学派反对政府对经济的过多干预，但没有否定政府在经济中的重要作用。新古典主义学派认为政府在经济中的作用就是保护产权，制定合适的经济规则，并担任安全保卫的作用，即所谓的"守夜人"的作用。政府的作用就是为市场机制提供基本的法律框架和制度。政府还应该承担反垄断的责任，因为垄断企业会对消费者索取高价，并压低工人的工资。另外，当市场失灵，如存在外部性或者消费者无法获得完全信息时，政府可以采取措施将外部性内部化，提供私人部门不愿意提供的公共物品等。

凯恩斯主义则认为政府干预也是经济活动的一部分，能够提高经济活动的绩效。凯恩斯主义认为市场不是完美的，市场存在缺陷，市场经济活动中，由于边际消费倾向递减和边际投资倾向递减，会造成总需求不足，存在总供给超过总需求的现象。因此，政府应该采取经济政策，以缓解经济中的供给和需求矛盾。当经济中存在失业时，政府应该采用赤字政策，扩大总需求；当经济中存在通货膨胀时，政府应该加税并削减开支，减少通货膨胀的压力。政府通过公共投资政策调整经济，以克服市场的不足，促进经济增长和经济发展。

凯恩斯主义的政府干预思想起源于20世纪30年代，其理论背景是1929~1933年资本主义国家的经济大危机。国家干预经济的思想为当时的经济复苏起到了重要作用。此后，主张国家干预的凯恩斯主义逐渐取代了新古典主义，成为西方国家的主流经济思想，国家干预的经济政策也成为西方国家调节经济的常用手段。国家干预政策促进了第二次世界大战后西方国家的经济复苏和发展，但也带来了60年代中期至70年代的长期的"滞胀现象"。

因此，凯恩斯主义的国家干预思想遭到了广泛的批评和质疑。公共选择学派的代表人物布坎南于1977年指出，凯恩斯主义的国家干预理论有一个基本的假设前提：政策制定者是为公共利益服务的，而不是为自身利益服务的（Buchanan J., Burton J. and Wagner R. E., 1978）。但布坎南指出，经济政策的制定者也是人，与其他人一样有动机和自身利益。如果政策制定者是理性的和自利的，将会实施有利于他们自己的政策。因此，政府的宏观经济政策不会提高整体的经济绩效。另外，政府部门的人偏好政府发挥更大的作用，对提高社会福利感兴趣，政治家也需要周期性地参与竞选获胜，这些因素为大政府、大预算和大赤字奠定了基础。

理性预期学派完全否定了凯恩斯主义的国家干预政策。理性预期学派的代表人物为卢卡斯和萨金特，他们指出，凯恩斯主义的国家干预政策假定宏观经济条件不变，但理性的个人试图追求个人利益最大化，政府实施某种经济政策后，个人并不会保持无动于衷的姿态，而是根据经济政策的变化，调整自己的经济行为，抵消政府干预经济的效果（Robert E.，1978）。

新自由主义则主张自由市场和小政府，反对经济计划和政府干预。新自由主义反对政府计划的理论如下：第一，政府的计划不符合资本主义的道德观。计划必须回答基本的经济问题：经济应该产生什么？这就涉及人的需求、偏好和欲望等，计划的官僚体制对需求、偏好和欲望的回答，难以满足所有人的利益。只有市场才能回答人的需求、偏好和欲望等问题。另外，经济计划追求个人差异和经济公平，但限制了个人的自由，强迫一部分人接受他人的价值观。第二，由于经济活动的复杂性和认识、辨别信息的能力限制，经济计划难以有效的实施。如关于消费、需求和偏好的知识，生产和效率的知识等都具有分散性，计划机构难以掌握这些知识，而市场分散的主体则能够掌握并运用这些信息（Raymond Plant，2010）。

新古典主义经济学继承了古典政治经济学市场自由的理念，主张发挥市场的作用，反对经济计划和政府干预，凯恩斯主义则看到了政府干预在市场失灵时的作用。无论是新古典主义还是凯恩斯主义，都认为市场机制是经济的主要调节机制，两者的争论在于政府是否应该干预经济，但他们都忽视了市场之外的其他因素对经济的影响，是典型的市场和政府二分法的思想。

二、发展经济学对市场机制和政府干预机制的研究

关于政府在经济中的作用问题，主流经济学的观点经历了一个演变过程，从古典政治经济学的"自由放任"政策，到凯恩斯主义的"政府干预"政策，再到新古典主义的"减少政府干预"政策，主流经济学理论承认市场在经济中的主导作用，认为政府干预只是对市场失灵的矫正。

对于经济发展中政府和市场的角色问题，发展经济学理论提出了更加明确和激进的主张。在20世纪40~60年代发展经济学的第一阶段，发展经济学理论主张政府的计划管理，强调国家干预，忽视了市场的作用；而60年代中期之后，发展经济学的新古典主义思路复兴，市场在经济发展中的重要作用被重新认识，高度集中的政府计划管理体制遭到了批评。90年代之后，发展经济学逐渐强调市场经济中政府和市场的相互作用。[①]

第一阶段发展经济学理论强调政府计划的作用。罗森斯坦·罗丹认为市场是有缺陷的。在新古典主义假设的条件下，价格机制在消费品的分配中能够充分发挥作用，但在投资品的分配中不能充分发挥作用，众多的单

---

① 谭崇台. 发展经济学 [M]. 太原：山西经济出版社，2000：490-508.

个决策必然导致资源配置的非最优化，因为单个投资者追求自身利益最大化，而不是追求社会利益的最大化，不能充分开发外在经济效益。而整个行业的互补性是巨大的，它要求同时投资，而不是自发的投资。单个投资者的风险比计划投资的风险更大，错误的投资决策代价很高，单个投资者的错误决策会影响整个经济。由于资本的不可分性，资本投资的增减变动引起经济的变化很大，而价格机制只能调节比较微小的经济变化。另外，自由放任的经济不可能保证总供给与总需求的平衡。平衡总供给与总需求的任务只有依靠深思熟虑的政策去完成。如果总供给与总需求处于失衡状态，价格就不能够指挥经济的运行，价格机制就会失灵。市场经济的价格机制不能保证市场中产品和资源的最优配置，价格机制在消费品的均衡中有一定的作用，但在投资和货币领域中不能充分发挥作用。政府计划则能够弥补价格机制的缺陷，政府计划是理性的和深思熟虑的，能够达到经济政策的目的。政府计划能够对投资者提供短期和长期信息，如行业互补性和投资需求的信息等，这些信息将指引和影响投资构成。罗森斯坦·罗丹认为政府计划能够弥补市场的不足，是促进国民收入最大化的计划工具，政府必须以规划为中心进行干预（Rosenstein – Rodan P. N.，1955）。这与新古典的政府干预主张不同，新古典主义的国家干预政策只是偶然的应急措施，是增加总需求和促进供需平衡的临时措施。

强调政府计划而忽视市场这一观点受到了一些经济学家的批评。如经济学家拉尔强调国家干预经济的发展，认为经济学家对新古典主义的批评是不成立的。强调国家干预的发展经济学家认为，新古典主义对行为、技术和制度的假设，在发展中国家是不现实的，因为新古典主义关心的是既定资源的有效配置，不能解决增长动态变化问题，也不能解决减轻贫困或收入分配不均的问题。拉尔认为上述两点对新古典主义的批评都不正确。拉尔分析了大量经验证明，认为发展中国家与发达国家人民的行为方式在本质上并不存在差异，尽管文化、气候不同，发展中国家未受过教育的农民作为生产者和消费者能够经济地采取行动，对价格变化作出灵敏的反应，新古典主义的这种"经济原则"在发展中国家是可行的。另外，并没有证据证明，新古典主义关于生产中不同投入替代的可能性之类的技术假设不符合发展中国家的实际。新古典经济学不适合分析发展中国家的动态过程的说法，是站不住脚的。正是由于新古典主义只对不同的均衡状态进行比较，而不注意两种均衡之间的调节过程。由于强调商品和生产要素价格的韧性，新古典经济学可能对发展中国家更为适合。因为，相对于富国来说，穷国的经济主体很少有"储备"可以依赖，从而会根据经济环境的变化，通过改变他们愿意交换经济商品的条件，迅速地对价格机制作出反应。

经济学家约翰逊进一步肯定了市场机制在经济发展中的工具作用。约翰逊对比分析了国家计划和价格机制，认为应该重视市场机制，但市场机制只是较为可取的经济发展工具：因为不发达国家的经济特别困难、缺乏效率，所以集中控制和管理所预期的结果很难实现。一方面，约翰逊充分肯定了市场机制的作用，市场能够分配消费产品，消费产品的定量分配受制于消费者的支付意愿。如果收入分配状况没有恶化，这种市场机制分配产品的方式是高效率的，将按照利润最大化的原则进行生产，按照生产要素取得最大报酬的原则配置生产要素。如果市场中存在信息不对称，政府不必代替市场作出配置决策，可以采取措施使知识和信息传播更有效率，并提供相应的教育和训练。过分夸大发展中国家与发达国家社会心理的差异是不可取的，认为发展中国家人民完全不懂收益最大化的原则以及供给和需求都缺少弹性等的观点是没有根据的。另一方面，对于市场造成收入分配不公正，不能促进长期和持续的经济增长等说法，约翰逊认为市场对收入的分配取决于个人的才能、财富和机会，只要个人做出了明智的或幸运的选择，就可以得到较高的收入。约翰逊肯定了市场机制在生产和消费资源分配中的重要作用，肯定了市场在经济增长中的作用，但并不主张完全的自由放任政策，认为市场机制并不能完全代替政府集中规划去促进经济增长和经济发展，认为应当利用市场机制作为经济增长和经济发展的工具（Johnson H. G.，1962）。

发展经济学的第一阶段，市场的缺陷和不足受到了关注，政府在经济计划中的重要作用得到了阐述和承认。发展经济学的主要理论如结构主义理论和激进主义的发展理论，都主张大力发展政府计划，促进工业化和国内经济的发展。"二战"后，许多独立的发展中国家抱着发展民族经济的热情，采用计划化和工业化等政府计划政策，但其效果并不尽如人意。如

　　拉丁美洲国家在 20 世纪 80 年代的债务危机，是其"进口替代"工业化发展模式失败的表现，主要原因是政府在经济中发挥的作用过大，市场机制和私人部门的作用被低估（史寒冰，2012）。相反，另外一些发展中国家注重市场机制，发展出口的国家或地区如亚洲四个经济发展迅速的经济体，却取得了良好的经济发展绩效，迅速成长为新兴的经济实体。

　　这一理论和现实，迫使发展经济学重新思考政府和市场在经济中的作用。发展经济学理论逐渐认识到市场存在缺陷，但并不一定能够推论政府计划政策是一种有效的替代机制。政府高度集中的计划体制的缺陷和不足之处逐渐引起了理论和实践者的重视，20 世纪 60 年代中期以后，政府计划的缺陷得到了理论阐述，政府干预和市场调节关系得到了更加深入的剖析。

　　发展经济学家强调市场机制的作用，但又进一步分析了市场机制的不足之处，认为在市场存在缺陷的地方，政府可以用计划手段调节经济。市场机制的自发作用可能促成企业的联合和集中，形成垄断力量。发展中国家的市场相对狭小，垄断企业会限制产量，提高价格，谋求超正常利润，限制经济效率；基础设施建设难以通过市场进行，因为基础设施建设的成本很高，资本回收速度很慢；市场投机增加市场的交易量，也可能导致经济不稳定和经济波动，投机者可能在总量上作出错误预测，引起市场的巨大波动，造成经济损失；企业往往担心风险过大而不敢投资新项目，政府可以对风险投资产品给予补贴；价格难以反映经济的动态发展，如政府应该保护幼年工业，使其发展壮大；发展中国家的市场机制不完善，政府应该促进教育，促进信息的流通和货币市场的建立（Todaro M. P.，1981）。

　　但这一阶段的发展经济学反对高度集中的计划体制，对其提出了非常尖锐的批评：高度集中的计划管理体制，生产目标是多样的，现实生产中难以兼顾这些目标，如难以实现生产数量、产品质量和生产效益的统一；计划管理体制难以利用有效的信息，决策能力有限等。

　　20 世纪 60 年代后，发展经济学理论意识到政府计划的弊端，并重新认识到市场机制在经济中的作用，主张发挥市场的主导作用，出现了发展经济学中所谓新古典主义的复兴，即主张发挥市场对经济的调节机制，反对政府对经济的过多干预。新古典主义的思路迅速得到了政策实践者的支持和执行，如拉丁美洲国家在 20 世纪 80 年代以后，完全否定了 60 年代至

70 年代的政府计划和进口替代的发展策略，实行以经济自由化为主的激进改革，但自由主义的政策，并没有促进拉丁美洲国家的经济发展，反而造成其日益严峻的债务危机和贫困问题（史寒冰，2012）。

可见，完全抛弃政府计划的作用，实行所谓自由主义的市场化改革，并没有带来预期的经济发展和繁荣，反而带来了更加严重的经济和社会问题。如何发挥市场和政府在经济中的作用，成为摆在发展经济学家面前的重要任务。20 世纪 90 年代以后，政府和市场在经济发展中的作用得到了进一步阐述，政府对经济干预的范围和市场经济体制的不足得到了比较充分的认识。

20 世纪 90 年代以后，世界银行的经济学家们明确提出，发展中国家必须充分利用市场机制，但市场失灵是客观存在的，有必要发挥政府对经济适度的干预。从世界范围看，政府的规模和职责范围都在不断扩大，发达国家由于社会福利和政府干预经济的增加，政府干预经济力量增强；许多发展中国家运用政府主导的发展战略，也扩大了政府的作用。如发达国家政府支出不断增加，政府干预经济的力度增加，政府干预经济的能力受到了重视，人们要求政府干预经济的力度与其能力相符，当政府干预经济的能力很弱时，政府应提高干预经济的能力。政府的作用得到了认可和肯定，但政府的作用与其能力应该相符，政府应该受到规则、制度和民众的监督，政府干预经济的能力应该加强，政府干预经济的副作用应该受到限制。

英国发展经济学家瑟尔沃尔则进一步阐述了政府在经济发展中的作用范围：提供公共品、纠正市场不完全、保护贫弱、保证收入分配公平、为市场繁荣提供制度环境、保持宏观经济的稳定性等（Thirlwall，1999）。瑟尔沃尔分析了市场不完全性的情况，市场价格只能反映企业的成本，不能反映社会使用生产要素的机会成本，不能完全地引导资源社会配置的最优化；市场经济中还自然产生垄断，加上关税、补贴和其他不完全现象的存在，商品价格不能反映其边际生产成本，不利于投资；生产存在正的外部性和负的外部性等。政府有义务保护贫弱，保证各个阶层之间、地区之间和世代之间收入公平分配，这也是社会安宁和政治稳定的基础，如果社会不安宁、政局动荡，那么投资和增长必将会受到阻碍。政府应该为市场提供适当的制度环境，但政府不能代替市场，因为企业可能采取贿赂、欺骗等手段来获取"租金"，政府官员也可能会有力图分享"租金"的举动，不能公正地、规范地执行政策，难以适应经济形势的变化和调整政策。市场不完全时，不存在帕累托最优效率，通过有限的政府干预能够使单个经济效率提高。

经济学家斯蒂格利茨则认为，政府应该对市场特别是金融市场进行监管。他认为东亚危机的根源不是政府的放纵，而是民间部门的决策错误，投资决策最大的失误是投资流入投机性房地产领域和冒险的融资形式，东亚金融监管弱化导致商业不动产过分膨胀。斯蒂格利茨指出不要片面理解金融自由化的含义，金融自由化本身并不是追求的目的，应该系统评估金融自由化对经济的作用，例如在促进稳定与增长、促进竞争、保护消费者和保证投资等方面的作用。政府的作用在于为自由经济体系提供有效运作的监管框架（斯蒂格利茨，1998）。

20世纪90年代后，政府和市场的作用得到了重新评估，极端的政府集中计划体制遭到了理论和实践的批判，而完全的市场自由化思潮也受到了理论和现实的重创。政府适当地干预经济能够弥补市场失灵的作用，并能够对市场体制提供制度管理，这种思想逐渐成为经济学家的共识。

第二节　社会资本作为市场机制和政府干预机制的润滑剂

政府和市场机制都是经济调节的重要机制，但市场机制存在失灵现象，政府机制也有其局限性。市场和政府本身并不是完全独立的制度，也不是建立在真空中的制度，而是建立在一定的规则、习俗、惯例、传统和文化基础之上的，即建立在社会资本的基础上，而作为市场和政府活动主体的行为，难以避免地受到这些非正式制度的规则、习俗、惯例、传统和文化等影响。作为基础支撑作用的社会资本是否作用于市场机制和政府干预机制呢？是否能够弥补市场和政府干预机制的不足之处呢？下面将进行具体阐述。

一、市场交易成本

市场价格机制存在交易成本。新古典经济学假定市场是完全的，理性的个人追求个人利益最大化，整个社会能够达到帕累托均衡，个人收益和社会收益同时达到最大。新古典主义认为只有价格体系重要，而忽略价格之外的其他因素。新古典主义的局限性受到了罗宾斯等学者的批评。罗宾斯认为新古典主义的生产分析方法有严重缺陷，应完全忽略所有生产组织的经济因素——价格与成本的关系（罗宾斯，1932）。科斯则认为，新古典经济学家感兴趣的是市场的事情，包括生产要素和产品的买卖，而忽略了市场之外的事情，即他们不愿关心企业中生产的制度安排和运作机制。新古典经济学家似乎不需要详细地了解实际经济体系，也不需要对实际经济体系的运作进行实证分析，经济学逐渐成为抽象的理论。企业与市场只是名义变量，企业似乎是能够精确计算投入与产出的"黑箱"，关于资源如何在企业中配置，企业绩效与经济体系的效率有何联系等问题，经济学家们都既不了解也不关心。科斯批评新古典主义经济学是"黑板经济学"，可以在黑板上完成高效率的经济体系模型，却不能够解释现实经济体系，对价格机制推崇备至，却对生产的运行置之不理，对市场机制非常热心，对市场的制度和非制度基础却视而不见（邹薇，2000）。

新古典经济学假定理想的市场中交易成本为零。新古典经济学中，唯有市场机制最重要，而作为市场嵌入基础的规则、习俗、文化等制度和非制度因素都是给定的和可以忽略不计的。而这些被忽略的制度和非正式制度在很大程度上决定着生产什么、如何生产等经济发展的根本问题。科斯首先研究了企业如何形成和生产的问题，在其《企业的性质》①一文中，研究发现企业之所以存在，是因为企业运行中存在交易成本。价格机制的成本即为交易成本，包括发现价格、谈判、签订合同、事后监督和解决争端的成本。"正是对通过市场进行交易的成本的规避，才能解释那些在内

---

① Coase R. The Institutional Structure of Production ［M］. American Economic Review, 1937.

部通过管理决策来配置要素的企业的存在。"① 在《企业的性质》一文中，交易成本说明现实中有大量阻碍财富最大化的因素，说明市场并不是唯一的配置资源的途径，有可能存在高额的交易成本，阻碍了交易的实现，也有可能安排其他的制度以代替市场，企业正是作为一种市场的替代制度，其产生的根源是市场交易成本的存在（Coase R.，1937）。

企业产生的原因是市场交易成本的存在，但企业组织作为一种消除交易成本的机制，并不能完全替代市场机制，因为企业组织本身也存在着运行成本。随着企业规模的扩大，会出现企业的"管理收益递减"，或者是管理成本增加的现象。因此，企业的扩张是有限度的，将会扩张到企业内的交易成本等于通过公开市场的交易成本（奥利弗·威廉姆森，2010）。

企业内部组织的交易成本有很大差异。企业内部组织也存在交易成本，企业内部组织的交易成本可能高于市场的交易成本。因此某些交易通过价格机制进行，而市场资源配置之外的部分都可以被组织到一个企业中，但企业的规模会受到组织交易的空间分布、交易的差异性、相对价格的改变等因素的影响（E. A. G，Robinson，1932）。

二、政府失灵及其矫正

企业作为降低市场交易成本的替代机制，能够减少经济中的交易成本，但企业机制本身存在交易成本。因此，企业机制并不能完全解决市场的交易成本问题。特别是当市场存在外部性的情况下，市场机制不能解决外部性的问题，企业机制也难以解决外部性问题，这时要借助于政府干预，借助于政府制定的正式制度如产权制度的界定。科斯在《社会成本问题》② 一文中指出，在零交易成本世界中，不论初始权利如何分配，交易各方之间的谈判都会导致社会财富最大化。但如果交易成本为正，初始产权将会影响经济效率。有效的产权制度将会提高资源配置效率，降低谈判和签约等交易成本（科斯，1960）。

---

① Coase R. The Institutional Structure of Production [M]. American Economic Review, 1937.

② 科斯. 社会成本问题// [美] 奥利弗·E. 威廉姆森，西德尼·G. 温特编. 企业的性质起源、演变和发展 [M]. 上海：商务印书馆，1960.

政府作为市场经济机制的替代机制，是否本身也存在成本呢？公共选择理论认为，政府干预经济也是有成本的，政府也存在失灵的情况（方福前，2000）。萨缪尔森认为，当国家行动不能改善经济效率或当政府把收入再分配给不恰当的人时，政府失灵就产生了。政府干预能提高资源配置效率，弥补部分市场失灵造成的损失，但政府也是利益主体，政府干预经济的过程中会追求自身利益最大化，或者受到利益集团的压力，从而产生政府失灵的现象（P. A. Samuelsonand and W. D. Nordhaus，1989）。

政府失灵的原因主要有：信息不完全、政府人员有私利动机、政府政策受到私人行动的影响等（斯蒂格利茨，1997）。首先，市场信息不完全，政府难以获得完全的信息，从而难以制定精准的政策，如政府难以确定哪些人是需要救助的贫困群体，从而制定相应的救济政策。其次，政府工作人员可能存在自利的动机，会追求自身利益的最大化，从而造成政府失灵。政府政策应该具有公共性，但政府在制定政策的过程中，可能受到工作人员私利的影响，也可能受到利益集团的影响，从而导致政府政策有利于利益集团，而不利于公众。最后，政府政策的效果可能受到私人部门的影响，如政府提供的医疗福利，可能导致对医疗服务的需求过量增加等。

政府失灵主要表现在：政府制定的公共政策可能代表利益集团的利益；政府行为存在短期化倾向，因为民主社会的政客可能只关心短期的选票，从而制定短期化的政策（W. D. Nordhaus，1975）；政府干预经济的行为效率低下等（P. A. Samuelson and W. Nordhaus，1989）。

政府干预经济可能存在低效率的情况，即存在所谓的政府失灵现象（方福前，2000），而市场机制本身也存在失灵现象。是否有矫正政府失灵和市场失灵的机制呢？市场机制和政府干预机制，建立在理性个人经济行为基础之上，而个人行为受到其社会关系网络、社会互惠和规范等非正式制度的影响，即受到社会资本的影响。下面将从社会资本的角度，分析社会资本如何弥补市场机制和政府干预机制的不足。

三、社会资本弥补市场机制和政府干预机制的不足

市场机制和政府干预本身存在缺陷，市场机制和政府干预不能解决所

有的经济问题。社会资本作为市场和政府的基础，如何影响政府和市场的运行效率呢？下面将分析社会资本在经济研究中的兴起，以及社会资本在经济发展中的作用。

社会资本在市场经济中的重要作用逐渐被经济学家所重视，并用来弥补市场机制和政府机制的不足之处。市场机制是经济资源配置的最重要的机制之一，能够引导资源的最优配置，促进经济和谐渐进的发展，这是新古典经济学的主要观点。但如果只看到市场和价格机制的作用，看不到政府在经济发展中的重要作用，就难以应对经济波动和经济危机，也不能提出有效的政策建议。因此，凯恩斯经济学批评新古典主义的狭隘，认为应该重视政府在经济中的作用，主张政府干预经济，以弥补市场的不足。但市场和政府也不能解决所有的经济问题，如为什么同样实行市场经济的国家和地区的经济绩效不同，亚洲四个经济迅速发展的经济体在"二战"后迅速发展崛起，而一些南美洲国家则长期保持经济低迷。原因在于，这些国家的市场机制建立在不同的政治、法律和非正式制度的基础上，市场运行的效率自然受到其所处的基础环境的影响。因此，分析市场经济发展的影响因素，必须考察社会资本对市场运行效率的作用。

市场对经济活动的重要作用，得到了新古典经济学家的高度认可和推崇。在"理性的"和"自私的"人假设条件下，新古典经济学家只关注市场行为，研究在效用最大化条件下，价格机制如何决定市场交易行为。新古典经济学认为市场是无摩擦的，市场价格机制能够使消费者效用最大化，使生产者利润最大化，价格机制能够引导资源的有效配置，政府的作用就是保证市场的自由运行，保证国家的安全。新古典经济学忽视市场以外的因素对经济活动的影响，专注研究市场机制和价格机制对经济的影响。

市场机制本身具有盲目性和自发性，会引起生产和消费的失衡，形成经济的波动。因此，市场经济需要政府的干预。主张市场放任自由的新古典经济学遭到凯恩斯主义国家干预理论的批判和挑战，凯恩斯主义经济学认为市场本身是有缺陷的，市场的运行必然会导致有效需求不足，政府应该采取总需求的管理政策，克服市场的不足，以消除经济的波动。例如，一些学者认为亚洲经济的快速发展，不是自由市场发展的结果，而是政府制定工业政策推动经济的发展，特别是日本经济在"二战"后的迅速发展是政府政策的支持作用，而不是市场的作用；而美国经济竞争力落后的原因是其自由市场的政策不利于提高企业的竞争力（弗朗西斯·福山，2001）。但凯恩斯主义难以解释"滞胀"现象，也难以提出有效的政策措施。借此机会，新古典经济学重新包装，以新自由主义的面孔出现，发动了对凯恩斯主义经济学的讨伐。新自由主义包括货币学派、供给学派和理性预期学派，其理论和政策的核心是减少政府参与，促进市场的自由运行。新自由主义经济政策控制了通货膨胀，但也造成了经济的严重衰退。新自由主义经济理论和政策并没有完全解决资本主义的经济问题，反而造成了收入差距的扩大、市场组织的集中和垄断的增加，以及政府的公信力下降等问题（方福前，2000）。

无论是坚持"市场重要"的新古典经济学，还是坚持"政府重要"的凯恩斯主义，都忽略了市场机制背后的非正式制度的基础研究，忽略了"理性人"背后的社会文化习俗和道德的研究，而把"人"仅当作没有思想、没有文化、没有联系的原子化的个体。"理性人"假设并不能解释人所有的经济行为。第一，根据"理性人"假设，人类在大多数时候追求功利最大化，但也有特例。功利的基本定义是19世纪功利主义者本泰的定义：功利就是对快乐或逃避痛苦的追求。人类在大多数时候是追求功利的，但有时候追求的目标不是功利，如奋不顾身地冲进燃烧的房子抢救他人，战死沙场或舍弃财源滚滚的世俗事业而隐居在山林中。人类有些行为并不是先考虑利益然后理性的选择，就像中国人习惯用筷子吃饭，而欧洲人习惯用刀叉，这是习惯的结果，不是理性选择的结果。有些风俗习惯也不能完全用人的"理性"来解释，人类不仅是功利的理性的个人，而且是社会集团的一部分，其经济行为不仅要考虑个人的私利，还要考虑到集团的利益。用格兰诺维特的话来说，人是融入家庭、街坊、网络、机构、国家等各种社会群体中的，个人必须平衡个人的利益和群体的利益，个人对家庭的责任不仅仅是简单的成本和收益的计算。另外，工人也可以为公司带来团结和忠诚等经济和非经济行为。因此，私利的个人并不一定能够产生最大的效率，只有依靠社会中的道德，个人才能够有效地工作（弗朗西斯·福山，2001）。

市场建立在一定的非正式基础上，如道德、习俗和文化等，因此研究市场经济活动，就不仅要研究市场和政府机制，还要研究市场背后的非正式制度基础，即社会资本对经济活动的作用。20 世纪 90 年代之后，一些经济学家和社会学家开始注意市场和政府之外的经济发展因素，研究社会资本对经济绩效的影响。如普特曼于 1993 年对意大利社会资本与民主制度绩效和经济绩效的研究，福山于 1995 年对信任与大企业规模形成的研究，以及威廉姆森对市场交易成本和信任关系的研究等。这些研究促使大量的经济学家开始关注社会资本这个社会学概念，并将社会资本的概念应用到市场经济活动的研究中，逐渐使社会资本的概念成为经济学等学科的流行概念（Portes Alejandro，1998）。特别是 1997 年世界银行组织了关于社会资本的研讨会，一些著名的经济学家和社会学家都参与了该研讨会，推动了社会资本在市场经济研究中的理论和政策研究。随后，关于社会资本对市场经济影响的文献日益增加，社会资本在经济增长和经济发展中的作用得到了理论和应用研究的证实。

最早将社会资本应用到市场经济研究的学者是美国学者普特曼。普特曼在 1993 年将社会资本定义为："社会组织的特征，诸如信任、规范以及网络，它们能够通过促进合作行为来提高社会的效率"。①

普特曼从 1970 年开始跟踪研究了意大利政府的民主制度改革，认为造成各地区民主政府制度绩效差异的原因是各地区社会资本的不同。从 1970 年开始，意大利政府开始了自上而下的民主制度改革，同时建立起 15 个新的地区政府。中央政府向地方政府分权，新的地区政府都获得了城市管理、农业、住房、医疗保健、公共设施、假日培训，以及经济发展等领域的职能。这些新的地方政府本身具有不同的社会、经济、政治和文化背景。从社会和经济的角度看，一些地区如皮亚特拉佩托萨的巴西利卡塔地区经济落后，而其他地区如瑟维索所在的伦巴地区早已进入后工业时代；这些地方政府在政治传统上也存在差异，如相邻的威尼托区和艾米利亚—罗马涅区的经济水平相近，但威尼托是狂热的天主教区，沉艾米利亚—罗

---

① ［英］罗伯特·帕特南著. 使民主运转起来［M］. 南昌：江西人民出版社，2001：195. 该书根据 Robert Putnam，Making Democracy Work：Civic Traditions In Modern Italy［M］. Princeton，N. J：Princeton University Press，1993 翻译。

马涅区却是意大利中部的"红色地带",一些地区继承了封建时代的庇护与附庸关系的政治,另一些地区则被20世纪五六十年代的移民和社会变革浪潮改变。经过了20年的改革之后,各地区政府的绩效存在很大的差异,北方地区政府的制度绩效好于南方地区的政府。普特曼进一步研究了造成南北意大利政府绩效差异的原因,正是南北意大利社会资本的差异造成政府绩效的不同。南意大利地区的社会资本缺乏,公民之间"不信任,不仅是对外部人不信任,而且对社区内部人也不信任,甚至在小村庄里也是如此。"而北意大利地区,如公民性最强的艾米利亚—罗马涅区,居民有着高度发达的公共生活,形成公民共同体的网络,而这些网络又促进了各种形式的集体行为。①

普特曼进一步分析了南北意大利经济发展差距的原因,认为北方的公民传统促进了经济发展,而南方的较少的公民参与则限制了经济发展水平。普特曼分析了公民参与传统与经济发展的相关关系,发现公民参与能够解释意大利的经济发展,而经济发展水平则不能解释其公民参与传统。因此,普特曼将南北意大利经济发展的差异归结为社会资本水平的差异。社会资本与意大利的宏观经济绩效是正相关的,但社会资本是如何影响经济的微观机制的呢?普特曼认为社会资本通过抑制机会主义,促进竞争与合作并存。"私人经济组织和政治组织的丰富网络……所形成的环境,推动了合作,为小企业提供了它们自身无法负担的基础设施,从而繁荣了市场。"②北意大利工业区的成功,应该归因于互惠的规范和公民参与网络的作用。这些网络促进了各种信息的流通,它们涉及技术发展、未来合作商的信誉以及工人的可靠性等。北意大利的抑制机会主义的社会规范深入人心,"不顾公共义务的机会主义行为,要比那些具有垂直和庇护性网络的地区少得多。大多数观察家认为,对于小企业的工业区来说,至关重要的是互相信任、社会合作以及成熟的公民责任感,简言之,要具备公民共同

① [英] 罗伯特·帕特南. 使民主运转起来 [M]. 南昌:江西人民出版社,2001:98 - 113.(该书根据 Robert Putnam. Making Democracy Work:Civic Traditions In Modern Italy,Princeton [M]. N. J:Princeton University Press,1993 翻译)。

② [英] 罗伯特·帕特南. 使民主运转起来 [M]. 南昌:江西人民出版社,2001:195.(该书根据 Robert Putnam. Making Democracy Work:Civic Traditions In Modern Italy,Princeton [M]. N. J:Princeton University Press,1993 翻译)。

体的各种要素。毫不奇怪，这些高效的小型工业区恰好集中于意大利北部地区。那只是公民传统和当代公民共同体的核心地带，地区政府在那里也表现优异。"①

普特曼强调横向网络、信任、互惠和规范对民主制度绩效和经济发展的作用，也注意到社会资本的负面影响。普特曼指出，"我们有必要研究社会资本的负作用，如同人力资本和物质资本，社会资本可以被用于坏的目的。自由主义者经常在个人机会的旗帜下，破坏社会资本（如中世纪的行会和居住区的学校）。"② 第一，社会资本的分布是不平等的。例如，美国的种族和阶层拥有的社会资本是不平等的，"毫不夸张地说，种族和阶层获得社会资本的不平等，如果准确测量，将与金融和人力资本的不平等一样。"③ 第二，社会资本可能限制个人自由。"如同对社区主义的批评一样，某些形式的社会资本可能会限制个人自由。"④

普特曼最早研究了社会资本对民主发展和经济发展的重要作用，推动了社会资本的应用研究。普特曼的研究引起了政策制定者和实践工作者的兴趣和关注，并将社会资本理论和应用研究推向一个新的高潮。但普特曼的研究只是一种简单的相关关系的研究，即研究社会资本对民主制度的相关关系，研究社会资本和宏观经济发展的相关关系，并由此得出社会资本对民主制度和经济发展正相关的结论。普特曼并没有深入分析社会资本对经济发展的微观机制，也没有从经济理论上证明社会资本对经济的作用机制。经济发展是否还受到其他的因素影响？社会资本是如何影响经济发展的呢？普特曼并没有回答这些问题，也没有从理论上证明这些问题。

弗朗西斯·福山则从微观的角度论述了社会资本对经济发展的作用。弗朗西斯·福山研究了信任和大型企业工业结构形成的研究（弗朗西斯·福山，2002）。⑤ 福山于1995年出版了《信任、社会美德与创造经济繁荣》⑥ 一书，研究了信任和社会资本在创造大型企业中的作用。福山批评

---

①②③④ ［英］罗伯特·帕特南. 使民主运转起来 ［M］. 南昌：江西人民出版社，2001：187－188.

⑤ 该书根据原文 Francis Fukuyama, The Great Disruption: Human and The Reconstitution of Social Order, 1999 年版翻译。

⑥ ［美］弗朗西斯·福山著. 彭志华译. 信任、社会美德与创造经济繁荣 ［M］. 海口：海南出版社，2001：23－26. 该书的英文原文出版于1995年。

新古典主义的"理性人"假设前提，认为"理性地追求个人功利"并不能代表人的所有的本性，人有时会"非理性"的以群体的形式追求功利。人的行为不仅受到"理性"的影响，还要受到其文化背景的影响，特别是信任因素的影响。福山将信任定义为："信任可以在一个行为规范、诚实合作的群体中产生，它依赖于人们共同遵守的规则和群体成员的素质。这些规则不仅包含公正的本质这种深层次的'价值'问题，而且还包括世俗的实实在在的规则，如职业规则、行为准则等。"而"社会资本是社会或社会的一部分普遍信任所产生的一种力量。"即社会资本的形成不仅要依靠个人的美德，而且要依靠社会的美德。因此，社会资本难以改变或者被摧毁。①

一个国家能否形成大型企业的工业结构，取决于该社会的信任度和社会资本。一个国家的工业结构能够反映其文化背景，家庭结构非常牢固，但其成员之间的信任纽带相对较弱的社会，主要是小型家族式企业，而拥有大量私立的非营利的机构如医院、学校、教堂和福利院的国家，也可能出现强大的私营经济实体。第一，美国和日本具有大型的工业结构，主要原因是其社会中有较强的信任和密集的公民网络组织。美国和日本具有相似的大的工业结构，两国的企业都是由大型企业控制，国有企业不多，家族企业在两国发展的早期就已经转向专业管理组织。尽管日本和美国还保持了很大比例的家族企业，但绝大多数的就业岗位仍由大公司提供。两国之所以出现大的工业企业，是因为两国都有更密集的社团网络和社会资本。美国相比于其他西方国家，"有更密集、更复杂的民间组织网络——教会、专业团体、福利机构、私立学校、大学和医院"。这些复杂的社团生活最初是在19世纪30年代末由法国的托克维尔在访问美国期间注意到的。而19世纪末，马克斯·韦伯到美国时也观察到，美国的民主并没有形成一盘散沙的个人，而是形成了制度严谨的自发的社团。而日本社会有密集的自发组织网络，许多组织都是日本人所谓的"家元"社团，即以传统艺术或工艺为中心的团体。这些社团都是等级式的，像大家庭一样，主持者和追随者有很牢固的不同层次的联系，但他们不是凭血缘关系参加的，

---

① ［美］弗朗西斯·福山著．刘榜离等译．大分裂——人类本性与社会秩序的重建［M］．北京：中国金融出版社，2002：29-30．该书的英文原文出版于1995年。

而是在自愿的基础上加入组织。还有许多宗教、政治和专业组织。日本的社团趋于展示高度的虔诚，与神道教、佛教和基督教等属于同一范畴，形成了密集的宗教组织网络。日本人拥有以社团为中心的文化，日本人经常加班到晚上10点后，牺牲与家人共度周末的时间，主要是因为日本人对雇主如私营企业、机构和大学的忠诚。第二，没有大型工业结构的国家，社会信任度相对较低，公民组织网络较少。许多天主教国家，如法国、西班牙、意大利及拉丁美洲国家，其组织呈马鞍形分布，两头是强大的家庭和政府，中间部分则相对较弱。如托克维尔强调法国的家庭和政府间没有群体组织，法国人很难在没有中央政府的协助下，团结一致捍卫自身的利益。而班菲尔德也在《落后社会的道德基础》①中描述了意大利南部农民的社区生活，社会关系和道德责任仅限于大家族中，此外，人与人互相不信任，人们对集体、邻居、村庄和国家都没有信任感。福山进一步分析指出，华人社会在家庭和政府之间缺乏中间组织，没有信任。中国的儒家通过道德教育加强家庭的纽带，因此华人家庭比日本人的家庭更加牢固、更有凝聚力。但这意味着家庭圈外的社会存在相对较低的信任度。因此，华人社会的工业结构与天主教社会的工业结构有相似之处，即企业以家族企业为主，因而大多数企业的规模比较小。企业往往不愿意招进职业经理，因为这样做需要进入家族界限以外的区域，而家族以外的信任比较低。因此大规模的企业组织只能以缓慢的速度被家族企业采纳。这些家族企业本身很有活力，但要成为制度化的企业和持久的企业，而不再依赖家族的财力和能力时，会碰到很大的困难。因此，在天主教和华人社会中，大型企业的存在很大程度上要依靠政府的作用或者外国的投资。②

美国和日本的大型企业规模的形成本身是社会信任作用的重要结果，而信任取决于该社会的文化和公民网络的情况。大型企业一旦形成，又能够利用其等级制度保证成员遵守规则，严厉惩罚不遵守规则的成员。在20世纪90年代以来的信息革命和新技术发展的背景下，美国和日本的大型企业并未受到冲击，也没有被小型公司所取代，因为没有足够的群体组织替

---

① Banfield E. C. The Moral Basis of a Backward Society [M]. Glenceo Ⅱ：The Free Press, 1958.
② ［美］弗朗西斯·福山著. 刘榜离等译. 大分裂——人类本性与社会秩序的重建 [M]. 北京：中国金融出版社，2002：50 - 57.

代大企业的功能。如果大型公司的等级制度解体，则必须由相应群体组织替代，以规范组织成员的行为。①

福山试图从个人行为的群体"非理性"角度，论证大型企业的形成是信任的结果，而信任的形成又受到社会传统文化的影响。福山注意到大型企业的形成与信任和文化之间的关系，但并没有论述清楚信任是如何影响大型企业建立的，也没有说清楚信任对大型企业的经济作用机制。福山一方面认为大型企业的建立是信任的结果，而另一方面又认为大型企业之所以没有被小型公司所取代，是因为社会中的信任不足以建立相应的公民组织，有因果循环论证的错误。

福山从企业的层面论证了信任在经济发展中的重要作用，但并没有梳理信任是如何影响企业绩效的。而威廉姆森则从社会资本弥补市场不足的角度研究了社会资本在经济中的重要作用，即从交易成本的角度研究了信任对市场经济的作用机制。普特曼和福山都研究了社会资本在市场经济活动中的重要作用，前者对社会资本和经济发展绩效做了简单的相关关系的分析，后者借助于案例分析了社会资本在大型企业建立中的作用。福山认为"理性人"只能解释80%的市场经济活动，因为有时人是非理性的。福山从文化和信任的角度解释日本等国家的大型企业的规模，即用社会资本解释经济结果。但普特曼和福山并没有清楚论证社会资本是通过什么机制作用于市场经济活动的。

经济学家威廉姆森则论述了社会资本作用于经济活动的机制，即社会资本能够降低经济活动的交易成本，从而提高经济活动的效率。威廉姆森在1985年出版的《资本主义制度》② 一书中，论述了互惠与可靠的承诺对合同的影响。威廉姆森舍弃了新古典经济学的"理性人"的假定，认为人是"有限理性"和"投机性"的。"有限理性"意味着经济主体主观上虽然希望理性行事，但只能在有限的范围内保持理性；"投机性"意味着不能期望代理人信守承诺，代理人追求自己的目标时会违背合同的精神，因此，市场经济

① ［美］弗朗西斯·福山著. 刘榜离等译. 大分裂——人类本性与社会秩序的重建 [M]. 北京：中国金融出版社，2002：29－30.
② ［美］奥利弗·威廉姆森著. 段毅才，王伟译. 资本主义经济制度 [M]. 北京：商务印书馆，2004：232－234.

活动中存在交易成本。① 威廉姆森研究了专用资产交易市场的情况②，认为在专用资产的市场交易中可以采取抵押、承诺和互惠降低交易成本。将专用资产的交易分为单向交易和双向交易：在单向交易中，可以采取"可靠的承诺和说话算数的威胁"，交易双方可以采取抵押交易，买卖双方由于考虑到担保物被没收的风险，会设法扩展合同关系，形成利害与共的关系③；对于双向的交易，可以采取互惠交易，即交易双方都向对方提供低于市场价格的产品，交易也可以采取抵押交易的方式④。抵押、互惠和可靠的承诺都可以促进专用资产的交易，能够降低交易中的风险和交易成本。

另外，威廉姆森在《资本主义制度》一书中，提到了信任和名誉在经济结盟中的重要作用，而结盟是降低经济活动交易成本的重要方式之一。"在言而无信的社会里，这种结盟的成本要比讲信义的社会高得多。""名誉的效应在于防止违背协议文字内容及精神的行为"⑤。威廉姆森肯定了信任和名誉对经济结盟的正的作用，但并没有深入分析信任和名誉的定义，也没有研究信任和名誉是如何作用于经济活动和经济组织的。

直到 1993 年，威廉姆森在《计算、信任和经济组织》⑥ 一文中，才详细研究了信任的种类和定义及其对商业合同的作用。威廉姆森认为信任对商业合同的作用是有限的，商业交易合同中最重要的是可靠的承诺。威廉姆森坚持人的有限理性和机会主义的假定，并比较了简单的"理性人"假设和"机会主义"假设条件下人的不同表现：在简单的"理性人"假设下，经济代理人会持续地保持其偏好，并能够收集所有的信息，公正地遵

---

① ［美］奥利弗·威廉姆森著. 段毅才，王伟译. 资本主义经济制度 ［M］. 北京：商务印书馆，2004：537 - 540.

② 威廉姆森把企业的产品和服务分为两种，一种是使用通用技术，另一种是使用专用技术，专用技术需要更大的投资去购买专用的固定资产。通用技术的产品和服务是竞争性的，在市场上签订合同即可交易，但重大专用资产的投资具有较大的风险性，交易双方必须进行互惠交易（奥利弗·威廉姆森著，2004：51 - 54）。

③ ［美］奥利弗·威廉姆森著. 段毅才，王伟译. 资本主义经济制度 ［M］. 北京：商务印书馆，2004：232 - 234.

④ ［美］奥利弗·威廉姆森著. 段毅才，王伟译. 资本主义经济制度 ［M］. 北京：商务印书馆，2004：266 - 267.

⑤ ［美］奥利弗·威廉姆森著. 段毅才，王伟译. 资本主义经济制度 ［M］. 北京：商务印书馆，2004：545 - 550.

⑥ Williamson E. Oliver. Calculativeness, Trust and Economic Orgnization ［J］. Journal of Law And Economics，1993，2 (46)：453.

守所有的规则，经济代理人会说出所有的事实，不会说谎，并在自我激励下表现为"负责任"；而在"机会主义"假设条件下，经济代理人的行为则相反，代理人有可能为了自己的利益，说谎或者不遵守规则，代理人具有道德风险。经济中的交易主体必须防止道德风险，不仅要在交易中实行可靠的承诺，还要计量行为的成本和收益。

威廉姆森研究了信任的形式、信任的成本和收益。信任有三种形式："计量的信任""个人信任"和"制度信任"。"计量的信任"指理性的个人通过评估对方是否可信，从而决定对方是否值得信任。"个人信任"指通过人际交往形成的互信。"制度信任"指以制度为基础的对他人的信任，人们认为他人是可信的，因为违约的行为会受到制度的惩罚。第一，计量的信任具有收益性和风险性，其成本和收益是可以计量的。计量的信任以对合作伙伴的估计和预期为基础，是有风险的。如果①信任"是代理人估计的其他代理人或者集团代理人的进行某种行动的特定的概率……当我们说信任某人或者某人是值得信任的，我们暗示他将采取的行动是对我们有利的或者至少无害的，足够使我们与他合作。"（Feffrey Bradach and Robert Eccles，1989）信任是"一个好的名词，但是有风险的。"信任是"进行更多的显然的和操作性的风险计量的一部分。"如果一个人以经验或者其他事实为根据，判断对方值得信任，并决定与对方合作。当这种判断是正确的时候，即合作方确实诚实可信，则不会遭到损失。但如果判断出现错误或者误差，信任了不值得信任的人，则会上当受骗，遭受经济损失。因此，计量的信任是有风险的，判断一旦出现偏差，则会带来损失。第二，个人信任需要特殊的关系作保证，个人信任的成本和收益是不可计量的。威廉姆森认为个人信任需要特殊的人际关系作保证。个人信任是以人际交往为基础的，通过长期而持续的交往，能够准确地知道对方是否诚实可信。个人信任是"非计量性的，独立于政权制度之外"，即个人信任与个人本身的判断能力关系不大，与社会和法律制度的关系也不密切。个人信任主要依靠密切的人际交往来实现和保证。因此，个人信任是一种私人之

---

① 计算指经济中的代理人为了达到利益最大化而理性地估计行为的成本和收益。威廉姆森认为，"假定在有限理性成立的情况下，理性的经济计算方法打开了理解经济组织的大门"，"与其他社会科学相比，经济组织的经济方法更多的是计算方法"（Williamson E. Oliver, 1993）。

间的信任，而商业伙伴之间的信任关系不属于这种类型。个人信任几乎是不可计量的，当交易超出个人关系范围时，信任的成本和收益的边际计量难以实行，而在特殊的关系和团体中，计量是可行的。第三，制度信任受到社会环境的影响，制度信任的成本和收益是可以计量的。人们的信任受到社会制度和环境的影响，"人毕竟是'社会动物'，社会化和社会的满意和制裁也是有关的"。当社会制度能够很好地制裁违约和违背诺言的行为时，人们之间的信任程度会相对高一些；而如果社会制度不能有效地制裁违约和欺诈行为，有些人就会乘机钻空子，此时信任别人就有可能遭到背叛，受到严重的经济损失，因此社会的信任度将会低一些。① 社会文化、政治、制度规范等因素都会影响社会的信任水平，例如，健全的立法和司法体制有助于信任的培养，因为健全的法律制度能够保证合约的履行，惩罚违约和背叛的行为。但法律机制对信任的培养也是有限的，因为法律的执行有一定的成本，如司法和执法人员的腐败将会增加履行合约的成本。另外，社会文化也有可能影响人们的信任水平，但其作用有限②，因为社会文化对背叛和违约行为的制裁比较弱，主要通过社会舆论实现。

威廉姆森肯定了信任在经济交易中的重要作用，但认为信任本身是有风险的，信任也是有成本的，个人信任的成本和收益很难测量，商业合同最好是在双方关系嵌入的情况下进行，交易主体属于同一团体或者互相认识，其价格外的合同风险能够比较容易地识别。因此，信任在经济交易中的作用是有限的，交易主体为了克服机会主义的系统风险，在经济交易中应该实行可靠的承诺，设计出更有效地防护道德风险的机制。

社会资本在市场经济活动中的重要作用，逐渐得到了现代社会学家和经济学家理论和实证研究证明。经济学家逐渐认识到，社会资本能够弥补市场失灵和政府失灵，成为市场和政府之外的第三种经济调节机制。

---

① Williamson E. Oliver. Calculativeness, Trust and Economic Orgnization [J]. Journal of Law And Economics, 1993, 2 (46): 453 – 486.

② 机会主义是"一种自我利益选择假定……机会主义的代理人将会选择用诡计实现自我利益。"（Williamson E. Oliver, 1993）。

第三部分

社会资本视角下城乡融合的
福利效应机制分析

　　社会资本作为一种经济调节机制，能够弥补市场机制和政府调节机制
的不足。社会资本如何影响市场经济效率，如何影响城乡融合的福利？本
部分将研究社会资本降低市场交易成本和增加福利的机制，以及通过城乡
融合增加社会资本，从而增加福利的机制。

第四章
CHAPTER 4

社会资本降低交易成本

社会资本作为一种经济调节机制，能够促进经济信息分享，促进合作，解决公共物品的外部性，并能够培养信任和声誉，提高个人的社会地位，从而降低市场经济活动的交易成本，增加福利。社会资本还能够改善社会经济环境，如增加个人的教育机会、促进民主法治和减少犯罪等，从而提高经济活动的效率，增加个人收入和福利（边燕杰等，2010）。但社会资本也有一些负作用。

第一节　社会资本降低交易成本的机制

市场经济活动中存在着广泛的交易成本问题，高昂的交易成本降低了市场经济活动的效率。虽然法律、正式制度和企业管理等机制可以部分地降低交易成本，但这些机制本身存在很高的成本。社会资本能够有效地降低交易成本，为市场经济发展创造良好的经济环境，提高经济活动的效率。

一、社会资本能够降低交易成本

企业、法律制度和政府干预等机制，都不能完全解决市场交易成本问题，因为企业、法律制度等都有运行成本，制度制定和改变都有很高的成本，政府本身也存在失灵等问题。因此，有必要分析市场和政府之外的因素对交易成本的影响。作为市场和政府建立的基础，社会资本是降低交易成本的重要机制。社会资本能够促进合作，通过信任和声誉机制影响市场交易成本。[①]

第一，社会资本能够促进经济信息分享，降低经济中的交易成本。社会资本可以传递技术信息、市场信息和代理人的声誉信息，促进信息分享[②]，提高经济活动的效率[③]。企业家网络可以传递新技术的信息，商业网络能够传递就业和市场机会的信息（Cheong et al.，2015；Franzen et al.，2017）。格兰诺维特研究了美国的劳动市场，认为工人很难通过市场获得职位的完全信息，大部分工作是通过网络找到的。商业网络传递了违约的信息，有助于商业集团惩罚骗子，例如，对马达加斯加的农业贸易商的研究，发现网络能够提高商人的收入。社会资本能够传递个人是否努力的信息，减少激励成本，一些工业组织理论的文献证明工人互相监督能增加经济效率。社会资本能够自动调整不完全的市场，但并不能取代正式市场。专业的信息公司，图书馆和劳动就业局等都可以促进信息分享（Fafchamps M. and B. Minten. 2002；Fafchamps，2004）。

第二，社会资本可以促进合作，降低经济中的交易成本。经济学假定个人的偏好是自利的，因此，人与人之间存在冲突的利益关系。社会资本则可以改变个人的偏好，形成利他主义，促进合作，提高经济活动的效率。社会资本可以提高代理人交易的概率、形成共同的道德和模仿行为，形成利他主义，增加经济效率。首先，社会资本可以提高代理人交易的概率，促进合作。坎多里（Kandori）将社会资本嵌入重复囚徒的博弈模型中，证明代理人交易的概率是合作均衡的关键变量。交易的概率越高，双

---

① Coase R. 1995 The institutional structure of production. nobel lecture//Williamson O. E., Masten S. E., Transaction cost economics. Volume Ⅰ ［M］. England：Edward Elgar Publishing Company，1991：199.

② 一些专门机构也能够收集和传递信息，如图书馆等。

③ 法夫尚普斯（Fafchamps）认为社会资本可能传递错误的信息，以损害竞争者或者掩盖个人的缺点，社会资本要准确地传递信息，必须建立有效的惩罚机制，如惩罚错误报告的机制等（Fafchamps，2004）。

方在未来相遇的概率越高，未来的合作可以补偿今天合作中的损失，合作均衡能持续存在。代理人交易的概率越低，合作均衡的概率越小。因此，社会资本可以影响代理人的交易概率，改变个人偏好，提高经济活动的效率。其次，社会资本能够形成共同的道德规范，从而促进交易的顺利进行。共同的道德规范是市场机制有效运行的重要条件。勤劳和节俭的道德是资本主义精神的重要组成部分，促进了资本主义生产的迅速发展。勤劳互助的儒家道德，是"二战"后东南亚经济发展的重要动力。互惠是现代社会发展的中心角色。道德规范可以弥补缺失的正式制度（Platteau J. P.，1994：753－817）。没有道德规范，生产和贸易的规模和范围将受到严格限制，局限于狭小的网络和集团中①。社会资本能形成共同的道德，促进合作。组织成员能够形成共同的道德，成员违反组织的利益时，会产生犯罪感。组织和网络的身份有助于形成利他主义。组织和网络的身份通常能改变一个人的偏好，增加组织的有效性。最后，社会资本能够形成良性的模仿效应，从而促进经济交易。社会资本可以通过模仿影响偏好，即所谓的"羊群效应"。科尔曼对教会学校的研究表明，父母对学校事务的参与影响了孩子的偏好，促使孩子模仿父母的行为。模仿好的行为可以促进合作，提高经济活动效率。

第三，社会资本能够解决公共物品的外部性，增加公共物品的提供。公共物品具有外部性，供给不足，主要由政府和自愿组织提供。政府比较容易提供公共物品，但发展中国家的财力有限，政府不可能提供所有的公共物品；政府不便介入一些具有特殊性质的公共物品。因此，一些自愿组织也会提供公共物品。社会资本能够解决外部性的问题，减少利益冲突，提供公共物品。我国最典型的例子是"希望工程"对贫困学生的资助。自愿组织能够增加社区的信任度，促进公共产品的提供。

信任能够降低交易成本，促进合作，促进经济发展。信任可以控制经济中的道德风险，降低交易成本。信任能够减少道德风险问题，惩罚不诚实的行为，奖励诚实的人，减少管理成本。

---

① 班菲尔德（Banfield）认为南意大利的家族主义是"不道德的"，人们不信任直系亲属之外的人。参见 Banfield E. C. The Moral Basis of a Backward Society［M］. Glenceo Ⅱ：The Free Press，1958.

社会资本能够提高经济效率，但社会资本只是促进经济发展的一个因素，其他因素如法律和教育也能促进经济发展。完善的法律制度和政府机构是达到帕累托最优的第一选择，社会资本是良好制度的补充。①

二、社会资本降低经济交易成本的机制

社会资本对市场经济发展的影响途径有：促进信任；培养声誉；有助于地位获得等。

（一）社会资本通过信任机制降低经济活动的交易成本

信任是市场经济交易的条件，交易的双方如果缺乏信任，交易将很难进行。首先，信任是合作的基础，有利于解决"集体行动问题"②。其次，信任可以形成良性循环，促进社会发展。合作促进人们的相互信任。"社会网络使得信任可以传递和扩散：我相信你，是因为我相信她，而她向我保证，她信任你。""人们发现，轮流信用组织与合作社和其他一些互助团结形式相连。在某种程度上，这是因为，所有自愿合作形式都是由同样的基本社会资本所滋养的。"参与轮流信用组织的活动有助于社会资本形成，从而促进合作。③

社会资本通过培养信任，促进市场经济的发展。社会资本能够培养信任，而信任的形成受到社会资本的影响，信任不仅是社会资本的形式，也是社会资本作用的结果。第一，信任是一种重要的社会资本形式。"信任是社会资本必不可少的组成部分"，信任是经济交易的前提条件，缺乏信任将造成经济落后（Arrow K.，1972：357），而信任度较高的地方，其经

---

① Bowles Vein and Gintis. Social Capital and Community Governance [J]. Economic Journal, 2002, 112 (483)：419 –436.

② 政府与组织、个人之间需要合作问题，但个人理性可能导致集体行动的非理性。霍布斯提出，国家作为公正的第三者强制合作和信任。但 North 等认为国家执行的成本太高。参见 Vpietr Kropokin, Mutual Aid. A Factor of Evolution [M]. London：Heinemann, 1902；Douglass C. North, Institutions, Institutional Change and Economic Performance [M]. New York：Cambridge University Press, 1990：58.

③ ［英］罗伯特·帕特南著. 王列，赖海榕译. 使民主运转起来 [M]. 南昌：江西人民出版社, 2001：197 –200.

济发展较快，政府运行也更有效率①。第二，其他社会资本形式能培养信任，促进合作。信任是社会资本的重要形式，也是其他社会资本的表现和结果。互惠、规范、网络和家庭等社会资本能培养信任，提升经济活动的效率。首先，互惠和规范能培养信任。社会规范通过习惯、教育和惩罚等方式扩散，能规范人的行为，控制人的行为的外部性，培养信任，降低交易成本，从而促进合作②。互惠也能培养信任，促进合作，提高经济效率（Coleman James，1990：251）。其次，网络和志愿组织也能培养信任，促进合作。网络包括横向网络和纵向网络：横向网络包括邻里组织、合唱队、合作社、体育俱乐部、政党等，能促进合作，有利于传递有效信息，促进信任（James K.，1983：281－316）。但垂直网络只产生内部信任和合作（罗伯特·帕特南，2001：204－205）。志愿组织培养共同的价值观和规范，产生信任。志愿组织可以产生一般信任，当所有的人属于同一组织并互相信任时，将产生完全的一般信任；只有一部分人属于组织并互相信任时，才能产生有限的一般信任，如纽约珠宝批发商之间的信任。志愿组织促进了成员面对面的交往，促进了社会各阶层的联系，有助于解决集体行动问题。组织产生的信任有空间限制，只能在国家范围内产生信任，不能产生全球范围的信任。最后，家庭可以产生信任。家庭是社会合作的基本单位，是信任的最初源泉（弗朗西斯·福山，2002：42－53）。亲属关系能够解决集体行动的困境，促进合作，例如，中国的家族企业和欧洲的犹太人网络，对经济起到重要的作用（罗伯特·帕特南，2001：205－206）。家庭关系有助于儿童认知，是社会发展的资源③。但解决集体行动问题时，"弱关系"的作用比"强关系"重要④。家庭产生的信任局限于家族内部，有可能形成负的外部性（弗朗西斯·福山，2002：42－53）。但家庭内部的信任在一定的条件下可以转化为一般信任。例如，晚婚、

---

① 公开精神与公民传统的解释一样。

② Douglass C. North, Institutions, Institutional Change and Economic Performance［M］. New York: Cambridge University Press, 1990: 36－45.

③ James S. Coleman, Foundations of Social Theory［M］. Cambridge, Mass: Harvard University Press, 1990: 300.

④ Mark S. Granovetter. The Strength of Weak Ties［M］. American Journal of Sociology, 1973, 78: 1360－1380.

婚后离开家庭、离开家庭寻找工作等因素促进家庭内部信任向一般信任转化。

总之，社会资本能够培养信任，互惠、规范、网络和家庭等社会资本形式可以产生信任，增加集体行动的效率。网络和志愿组织也可以培养信任。家庭是社会合作的基本单位，是信任的最初源泉。

（二）社会资本通过培养声誉机制，从而保证信任和合作，促进市场经济的发展

第一，声誉机制是信任的重要保证。信任是市场交易的重要条件，但信任本身会存在风险，如果信任了不值得信任的人，可能会造成损失。而声誉机制是信任的保证。声誉是指个人得到社会公认的履行承诺的意愿和能力。[①]

第二，网络、互惠和规范等社会资本都能够培养个人的声誉，从而保证个人的可信性。网络、互惠和规范能惩罚违约的个人，使违约者丧失声誉，从而促使人们保持声誉。"声誉的不确定性和违约的风险，被强大的规范和密集的互惠性参与网络降到了最低，反对背叛的规范是如此强大，据说接近违约边缘的成员，有的卖女为娼来筹措资金，有的选择自尽一了百了。"网络和规范能有效地惩罚不遵守规范的人。"在如当代的墨西哥城一类的更为分散、更加非私人化的社会里，要想维持轮流信用组织的存在，必须编织出更为复杂的互信网络……它们从社会网络扩展而来，其基础是普遍的互惠和互信。"（罗伯特·帕特南，2001：197－200）因此，网络等社会资本有助于培养声誉机制。

（三）社会资本通过提高个人地位影响市场的交易活动[②]

个人地位影响其经济交易，地位获得是"个人为了获得经济社会的身

---

① 林南对声誉的定义："声誉被定义为一种机制：（1）债权人维持不平等交易（人力资本和社会资本）的能力；（2）保持债权——债务的关系；（3）债务人的倾向（意愿或能力），通过他或她的社会网络（认知）了解的关系；（4）社会网络的倾向，（一般网络——大众网络）传播或传递的认知"（Lin，2001：151）。

② 信任和声誉对经济交易的重要作用得到了许多学者的赞同（Williamson，1993），而地位获得对经济的作用却受到一些学者的质疑，因为个人的地位获得可能对他人造成负面作用等。例如，爱德华·格莱泽（Edward L. Glaeser，2000）认为地位获得虽然能够帮助一些人获得非市场收益，但会产生负的外部性。个人地位的积累会降低他人的地位。

份而动员和投资的资源"。①

个人地位的提升受到社会资本的影响，网络和家庭等都会影响个人地位的获得。第一，网络有助于个人地位获得。个人的人际关系网络有助于传递工作信息，帮助个人找到更满意的工作，从而获得更高的地位。格兰诺维特研究了网络对寻找工作的重要作用（Granovetter M.，1974）。格兰诺维特调查了马萨诸塞州的282名自由职业者和管理人员，研究表明，关系渠道能够帮助个人找到更满意的和更好的工作。网络能够传递个人的职业技能信息，有助于个人获得管理等工作，因为管理工作要求很高的人际沟通能力，而正式的职业技术训练不能保证个人的人际沟通能力（Lin，2001：93-94）。网络是个人寻找工作、提升地位的桥梁，但网络对个人地位获得的作用受到关系的紧密程度、网络的教育和声望等特征的影响。网络对个人地位获得的作用也受到个人性别的影响。首先，个人拥有的网络可以按照联系的紧密程度分为弱关系和强关系，弱关系更有助于个人寻找工作、获得有价值的信息，而这些信息是个人的强关系中所没有的，但从弱关系中获得的帮助不一定能使个人获得更高地位的工作（Granovetter Mark S.，1973）。强关系对地位获得的作用不是直接的，因为对等级地位的接近是地位获得过程中的重要因素。弱关系可能更有助于个人通向更高的社会等级，而社会等级有助于个人的工具性行动。社会关系对地位获得具有重要作用，父亲的地位与个人地位获得正相关，而强关系则与个人地位获得负相关。理论和实证研究表明，网络中的弱关系更有助于个人地位的获得。其次，网络成员的教育水平等特征影响个人地位获得。网络与地位获得正相关。网络中的平均教育水平和平均声望越高，个人的职业声望和家庭收入等地位越高；反之，网络中的平均教育水平和平均声望越低，个人的职业声望和家庭收入等地位越低。最后，网络对个人地位获得的帮助作用受到性别因素的影响。第二，家庭能够支持个人的地位获得。同时，个人的教育水平、工作经验和最初的工作地位等与现在的工作地位正相关，教育水平越高、工作经验越丰富、最初的工作地位越高，个人目前

---

① 关于地位获得的文献可以追溯到蓝和邓肯（Blau and Duncan，1967）的研究。蓝和邓肯的研究表明，考虑到归因地位（父母地位）的直接和间接作用，个人达到（achieved）的地位（教育和优先的职业地位）是最后获得的地位的最重要影响因素（Lin，2001：78）。

的工作地位越高；反之，个人目前的工作地位越低。社会资本有助于个人获得比较高层次的工作和提升个人的社会地位。林南总结了社会资本对个人地位获得的重要作用：个人的社会网络和社会关系、父母地位等是个人提升地位的重要资源①。

三、社会资本能够促进经济增长和经济发展

社会资本能够促进经济增长和经济发展。社会资本为社会和经济观点提供了一个桥梁，通过社区和制度的社会联系，能够更好地解释经济发展。② 社会资本与经济增长呈正相关关系，例如，纳克（Knack）和基弗（Keefer）研究了社会资本与经济增长的关系，认为社会资本能培养信任，而信任与经济增长正相关。讷克发现信任与投资和经济增长率正相关，控制法律制度的质量后，这种相关关系仍然存在（Knack S. and Keefer P.，1997：1253 - 1287）。第一，组织参与能促进经济增长，如意大利的市民社区、制度行为、市民对政府的满意度等，证明社会资本与经济增长正相关。信任能促进经济发展。普特曼等测量了意大利各种俱乐部和组织的成员，指出北意大利丰富的社会资本促进了经济发展，而南意大利由于社会资本缺乏，经济发展缓慢③。内拉（Neira）、伊莎贝尔（Isabel）等对欧洲 1980 ~ 2000 年进行的研究发现，社会资本和人力资本都能促进经济增长。信任可以解释市场经济国家的工业结构：美国、日本和德国有高水平的信任，因而产生了控制国民经济的大公司；法国、意大利的信任程度比较低，因此工业结构中，小型企业和家族企业占主导地位。泊塔认为信任和国内的大型组织有强相关关系（Fukuyama F.，1995）。第二，社会资本可以控制经济中的道德风险，减少管理成本。

---

① 林南认为社会资本对个人地位获得的作用有限，因为只有没有竞争力的个人倾向于用网络等非正式机制提升地位，如妇女、文化水平比较低的人和缺乏工作经验的人，而没有竞争力的个人的社会资本通常受到种种因素的限制（Lin，2001：93 - 94）。

② Woolcock M.，Narayan D. Social capital：implications for development theory，research and policy [J]. The World Bank Research Observer，2000，15（2），225 - 249.

③ 帕特南（Putnam）认为社会资本对发达国家的经济发展作用不明显，美国的社会资本与经济发展没有关系（Putnam R. D.，2000：414）。

信任能够减少道德风险问题，惩罚不诚实的行为，奖励诚实的人，减少管理成本。

社会资本能够促进经济发展，因为金融合同的交易中存在一定的交易成本，交易者由于种种原因，可能会违约，社会资本能促进信任，提升金融合同的交易率，促进金融交易的进行和经济发展。因为社会资本水平越高的地区，社会网络能惩罚不遵守规范的个人，从而提高网络成员的信任水平（Coleman James，1990）。而金融合同的交易建立在交易设防的信任的基础上，社会资本正是通过培养人们的信任基础，降低金融合同违约的概率，提升金融合同交易频率，促进金融交易和金融发展。因此，社会资本通过提高人与人之间的信任水平，降低交易成本，从而促进经济发展和提高经济活动的效率。第一，社会资本与正式金融合同的交易数量成正比，即社会资本水平越高，人们使用支票的频率、储蓄、贷款和股票等正式金融合同的数量越高；反之，则持有的金融合同的数量越低。第二，社会资本与非正式金融合同呈负相关关系，社会资本水平越高，人们持有的现金数量越少，人们持有的非正式借款越少；反之，社会资本越低，人们持有的现金数量和非正式借款越多。第三，教育水平与经济发展正相关，即人们的受教育程度越高，其持有的正式金融合同数量越多，持有的现金和非正式贷款的数量越少；反之则相反。因此，社会资本是意大利经济发展的重要因素，特别是在法律制度不完善和教育不发达的地区，社会资本是促进经济发展的重要因素。[1]

社会资本可以改善社会分配，改善低收入人群的经济地位。一些社会资本与经济地位正相关。第一，相对于其他资本形式来说，低收入人群更容易获得社会资本，获得社会资本网络内的经济和社会支持。低收入人群可能有一些朋友，这些朋友可能包括一些精英人物。第二，低收入人群可以将社会资本转换成其他资本形式，获得利润，改善社会经济地位[2]。如邻居有更多的组织成员，长期失业的概率比较小，成员可以

[1] Guiso Luigi, Paola Sapienza and Luigi Zingales. The role of social capital in financial development [J]. The American Economic Review, 2004, 94 (3), 526-556.

[2] 梅西（Massey）认为"人们通过社会网络和社会制度，获得社会资本并将其转化成其他形式的资本，改善经济社会地位。"

通过网络获得信息，且更容易找到新的工作。第三，个人的社会资本受到阶层地位的影响，而社会资本又影响个人的经济和社会地位。例如，边燕杰关于中国五城市的"春节拜年网"的调查研究得出，个人的社会资本与经济地位呈正相关关系：个人的社会网络和社会资本总量差异很大，而社会资本的差异受到人们阶级阶层地位和职业的社会关联度的影响。而阶级阶层地位和职业交往的优势，将转化为社会资本的优势；而社会资本能提升个人收入和地位（边燕杰，2004）。人们的个人关系网络跨越国有经济和非国有经济两种体制时，产生跨体制的社会资本，而这种社会资本将获得经济回报（边燕杰，2012）；在跨阶层代际流动的群体中，无论是向下阶层的流动，还是向上阶层的流动，其个人关系网络均增加（边燕杰，2017）。社会资本与个人的社会经济地位相关，因为低收入人群的朋友较少，更少参加志愿者组织，所以社会资本较少；相反，高收入人群的朋友更多，参加的志愿组织较多，拥有的社会资本也更多（Banfield，1968）。

第二节　社会资本能改善经济制度环境，增加福利

社会资本能够降低市场经济中的交易成本，也会影响经济发展的相关制度环境。下面将分析社会资本对教育发展、民主发展与和谐社区发展的影响。①

一、社会资本增加教育机会

社会资本有助于个人获得教育机会，提高个人地位。教育组织、家庭

---

① 社会也可能会产生负作用：一些志愿组织可能扰乱公共政策，"集团内的团结通常以对集团外的成员的敌视为代价"；负面的合作是有风险的，如犯罪集团中有互惠和合作；社会资本可能被滥用。社会资本对经济的负面影响主要有：可能限制个人自由，阻止个人创新和事业的进一步发展，迫使有创新精神和有抱负的成员退出封闭、反主流的网络和社区，可能限制网络成员以外的人获得收益（Portes Alejandro，1998）。

背景、宗教信仰和网络等社会资本形式影响个人的教育机会和教育水平
（Emily Hannum，2002）。

家庭影响孩子的教育水平。家庭的经济地位、社会和文化资源能够影
响孩子的成绩。家庭的非经济资源是孩子学习成功的重要因素。孩子与其
他家庭成员的关系、家庭的文化资本、家长和学校对教育的重视程度等都
会影响孩子的成绩。家庭越贫困、家庭的孩子越多，孩子的成绩相对
越差。家庭的资源和教育制度的不平等也会影响孩子的教育水平，例如，
全球的教育阶层化、美国和东亚的家庭辅导等都会影响孩子的教育水平
（Claudia Buchmann，2002）。

父母的道德水平和对教育的态度也会影响学生的教育水平。家庭的道
德和实践支持孩子的教育，例如，亚裔美国人有比较高的储蓄倾向和较强
的进取性，有比较强的经济能力支持孩子教育，从而影响子女的学习期
望，激励子女努力学习（Grace Kao，2002）。

网络和组织能够影响学生的教育机会和教育水平。熟人等弱关系有助
于孩子获得家庭外的教育资源。学校内的社会关系和宗教组织的参与也会
影响学生的成绩。例如，学校内的宗教组织影响移民孩子的学习成绩，是
孩子教育成功的资源之一；学校和教师的种族划分导致了教育资源和学生
成绩的不平等，教室中的社会关系转化为不平等的教育经历。教育组织能
够影响学生成绩，促进社会分层，例如，学校的教育投资和学生成绩有重
要关系。学校外的教育也是孩子学术成功的重要因素（Claudia Buchmann，
1999）。

二、社会资本促进民主

社会信任影响民主，不同层次的社会信任与不同类型的民主制度相对
应（Newton K.，1997）。信任分为强信任、弱信任和广泛信任①，分别对
应原始民主、次级民主和现代民主等民主形式。第一，强信任对应着原始

---

① 托克维克（Tocqueville）认为正式组织成员创造了节制、合作、信任和互惠的公民道德，
参见 Tocqueville, Alexis De. Democracy in America［M］. London：Fontana, 1968：355 - 359.

民主。强信任存在于同一宗族、阶级、种族集团和地方社区中。强信任产生于广泛而紧密的社会关系网络中，即所谓的"封闭"网络中（Coleman，1988：105 – 108）。集团、种族和社区具有同质性，但具有孤立性，对成员有很强的社会控制力。强信任对应着原始民主，是原始民主的重要特征之一。原始民主是社区和集团内的民主，成员之间有很强的信任，讲究回报、博爱，但限制成员的自由。原始民主一般限于封闭和小型社区，实行等级制度，强调服从和默契。原始民主在现代西方社会中仍然存在，如社会中存在同质、小而孤立的社区，社会中存在小教派、教堂和少数民族社区等强信任的小群体。第二，弱信任对应着次级民主工业社会，包括原始民主和次级民主两种民主类型。现代西方社会是由松散、不定型和稀疏的社会联系构成的，如工作、学校、地方社区和志愿组织等。现代社会产生的不是强信任，而是弱信任。弱信任是弱关系的产物。弱信任和弱关系是现代社会整合的强大而持久的基础（Granovetter，Mark，1973：1360 – 1380）。第三，广泛信任对应着广泛民主。现代社会民主制度的基础是广泛信任。现代社会中仍然存在次级民主和原始民主，与之相对应的分别为强信任和弱信任，但其地位在下降。广泛信任的主要来源是教育和大众媒体。教育是广泛信任的重要来源。教育宣传信任、公正、平等和普遍主义等原则，引导人们替他人着想；倡导优雅文明的待人方式，为人们提供一整套文化参照物；培养孩子的合作技能，例如，学校用大量的时间和精力组织团队游戏、比赛和各种集体活动，而孩子对学校活动的参与，将影响其成年后对政治和社区活动的参与。教育有助于社会团结，例如，教育促进了欧洲共同体内部的人际信任。大众媒体是广泛信任的另一个来源。大众媒体重复宣传共同的社会价值观，有助于广泛信任和社会团结。大众媒体逐渐走向多样化，以吸引不同的群体，如媒体强调成功、财富、形体美、种族和性别等。①

　　志愿组织和市民参与也能够促进民主发展。志愿组织和市民参与能够促进信任，是民主发展的动力之一。许多学者研究了参与行为和民主发展

---

　　① Newton K. Social capital and democracy ［J］. American Behavioral Scientist, 1997, 40 （6），575 – 586.

的关系。研究了美国的协会和市民参与行为，发现在过去三十年中美国的社会资本逐渐下降，出现了"独自打保龄球的现象"①。一些学者认为协会参与行为并没有减少，如芬兰的志愿协会参与没有下降，荷兰的政治和志愿协会参与呈上升趋势（Foep De Hart and Paul Dekker，1999）。另一些学者认为，传统的协会参与减少了，但新型的协会参与增加了②，例如，支票参与行为对民主有一定的贡献③。新型组织在民主中有重要作用，这是动态民主的重要表现。西班牙的社会资本与民主发展有重要关系，西班牙低水平的信任导致了低水平的社会资本，影响民主政治的发展。社会资本对低水平的政治参与和政治非均衡有重要作用（Mariano Torcal and Jose Ramon Montero，1999）。社会资本和民主相互影响，社会资本影响民主，民主也影响社会资本。

三、社会资本与犯罪的关系

社会资本能够减少暴力犯罪。第一，社会资本降低社会交易成本，有助于和平解决冲突；第二，社区成员联系密切，能够克服集体行动中的"搭便车"问题。一些学者从理论上研究了社会关系对犯罪行为的影响。志愿组织、宗教组织的参与对暴力犯罪有重要影响（Daniel Lederman，2002）。贫穷和收入不平等是暴力犯罪的重要因素，因为收入差距降低社会凝聚力，减少了社会资本，从而增加杀人和暴力犯罪（Bruce P. Kennedy ct al.，1998）。收入不平等破坏了社会组织和亲戚关系，减少了社会资本，

---

① "独自打保龄球的现象"指美国的市民对协会和民主参与度降低（Putnam R. D.，1995a，1995b）。

② 例如，"第三种协会"的参与增加了。"第三种协会"与职员集团（Hayes，1986），邮购集团（Mundo，1992），商业保护集团（Jordan and Maloney，1997）相似。

③ "支票参与"是指参与一些有政治影响的集团，如老年人协会等，类似签署支票，成员之间一般采取垂直联系，横向联系很少。一些学者认为支票参与是社会资本的来源，是积极政治参与的补充，参 William A. Maloney. Contracting Out The Participation Function Social Capital And Cheque - Book Participation//In Jan W. Van Deth，Marco Maraffi，Kenneth Newton And Paul F. Whiteley，et al. Social Capital AandEurope Democracy［M］. Routledge Taylor & Francis Group，London and New York，1999；另一些人认为这些组织在政治决策中有重要影响，但对民主的贡献不大（Putnam R. D.，1995a：71）。

从而增加了社区犯罪。社会资本对犯罪可能有负作用（Glaeser Sacerdote，1997）。通过社会联系，个人更容易参与犯罪，交流信息，降低犯罪成本。但社会资本对犯罪的负作用并不是普遍的，而是在特定的集团内发生作用，如犯罪集团、极端种族集团和紧密的邻居关系等。

暴力犯罪有可能减少社会资本。例如，丹尼尔·莱德曼（Daniel Lederman）等用杀人比率替代犯罪率，研究了社会资本与犯罪的关系。研究表明，暴力犯罪有可能影响社会资本，社区成员之间的信任与犯罪负相关（Daniel Lederman，2002）。

社会资本能够增加教育机会，促进民主发展，减少犯罪等，为经济发展创造良好的环境。社会资本能够增加教育机会，提高国民素质。教育组织、家庭背景、宗教信仰和网络等社会资本形式影响个人的教育机会和教育水平。社会信任是民主发展的重要因素。社会资本和民主是相互影响的。社会资本能够减少暴力犯罪，降低社会交易成本，和平解决冲突，解决集体行动问题。

综上所述，市场中存在交易成本，市场的价格机制本身存在交易成本。社会资本能够降低交易成本，提高经济活动的效率。社会资本能够促进经济信息分享，促进合作，提高交易的概率；能够形成共同的道德和良性模仿效应；能够解决公共物品的外部性，增加公共物品的提供等。社会资本对市场经济的作用机制主要有：第一，社会资本能够促进信任。信任是社会资本的产物，其本身也是一种重要的社会资本形式。第二，社会资本能够培养声誉。第三，社会资本有助于地位获得。社会资本能够降低经济中的交易成本，提高经济活动的效率。

另外，社会资本能够为经济发展创造良好的环境，可以增加教育机会，促进民主发展和减少犯罪等。教育组织、家庭背景、宗教信仰和网络等社会资本形式影响个人的教育机会和教育水平。社会信任是民主发展的重要因素。社会资本和民主是相互影响的。社会资本能够减少暴力犯罪，降低社会交易成本，和平解决冲突，解决集体行动问题。社会资本能够增加教育机会，促进民主发展，减少犯罪等，为经济发展创造良好的环境。

第五章

城乡融合提升福利的机制

前文分析了社会资本降低交易成本、增加福利的机制。本章将分析城乡融合如何增加社会资本，从而增加福利的机制。下面将分析城乡融合理论演进，阐述城乡融合减少收入差距的作用，分析城乡融合促进经济增长的作用，研究城乡融合通过培育社会资本，从而增加福利的机制。

第一节　城乡融合理论演进

经济发展中，城市和农村之间存在要素、资源和产品的联系，包括人、财、物、技术、知识、信息、废弃物及工农业产品的流动和交换（Tacoli，1998），即存在城乡融合。城乡融合发展的思想，最早来源于经济地理学的城市区位中心理论。城市周边产业布局理论和城市中心理论认识到，城市和周边农村是互相依存的，农村为城市提供产品市场和所需的生活资料。但该理论并没有具体阐述城市和农村如何发展，农业和工业如何融合发展。发展经济学理论则较明确地阐述了城市和农村、农业和工业融合发展的关系，如工业化理论，农业支持工业化理论，农业和工业平衡发展理论等。

一、区位中心理论认识到城市和农村是互相依存的关系

(一) 城市和周边产业布局理论

城市和周边产业布局理论认为，城市附近应该依次布局畜牧产业、木柴业、谷物生产和大农场等，以节约运输成本和土地租金。经济地理学家杜能于 1826 年提出城市和周边产业空间布局的思想，认为产业布局的决定因素是运输成本和土地租金，第一层次应该从事牛奶场和畜牧业，第二层次应该从事木材和木柴业，第三层次应该从事谷物生产，第四层次应该从事大农场和活禽养殖 (Von Thunen，1826)。

城市空间布局理论认为，为了合理降低运输和土地租金等成本，应该合理布局城市和周边的牧业和农业，以促进城市和周边农业、牧业和服务业等的交换。城市空间布局理论认为城乡发展是相互依存的，合理的城市和周边产业的布局，能够达到城市和农业产品的交换，促进经济的有效运行。

(二) 城镇中心理论

城镇中心理论认为，城镇是地区的中心，能为周围地区提供商品和服务。城镇中心建立的原则是综合考虑市场、交通和行政管理等因素，追求利润最大化。德国地理学家克里斯泰勒 (Walter Christaller) 于 1933 年出版了《德国南部的中心地》①，提出"中心地理论"，认为城镇是地区的中心，可以向周围其他地区提供商品和服务。城镇中心建立的模式有三种：有利于销售商品和服务的市场最优原则、交通最优原则和行政职能最优原则。廖什 (Lösch，1940) 认为工业区位选择的标准应该是利润最大化，工业区位的选择受到消费者、供给者和其他相关经济个体的影响，各个经济个体在空间区位达到均衡时最佳的空间范围是正六边形。

城镇中心理论认为城镇中心通常建立在市场大、交通便利和行政管理

---

① Christaller W., Baskin C. W. Translated from Die zentralen Orte in Süddeutschland [J]. Central Places in Southern Germany. 1966.

良好的区位，以实现利润最大化和成本最小化。城镇中心也认为城镇和周边农业的发展是互相依存的，城市为周边地区提供产品和服务，而城市本身也需要周边的农业提供粮食等产品，城市和农村是融合发展的。

城市空间布局理论和城市中心理论认识到城市和农村是融合发展、互相依存的，但并没有阐述城市和农村如何融合发展，也没有分析城市产业和农业如何融合发展。

二、农业支持工业化发展理论

发展经济学具体阐明农业和工业的关系，强调发展中国家应该实现工业化，强调农业对工业化的支持。

（一）工业化的理论基础

发展经济学认为，发展中国家实现工业化是经济发展的必经之路，工业化指"一系列生产函数连续发生变化的过程"（张培刚，1984）。工业化理论在第二次世界大战后得到了经济学理论和政策制定者的支持，工业化成为发展中国家追求的首要目标，"在全世界，工业化实际上已成为本世纪中叶一个使人着魔的字眼。"

（1）工业化的理论基础是恩格尔消费规律：当人均收入很低时，人们的食物和必需品支出占总支出的比重较高，而舒适品和奢侈品支出占总支出的比重较低；当人均收入提高后，人们对食物和必需品的支出占总支出的比重下降，而对舒适品和奢侈品的支出占总支出的比重上升。随着收入水平的上升，农业部门的产值占经济的比重将下降，而工业和服务部门的产值占国民经济的比重将上升。因此，为了促进工业发展，必需促进生产资本品的工业迅速增长。①

（2）工业化能够提高劳动生产率。刘易斯提出二元模型，认为农业部门的劳动生产率较低，而工业部门的生产率较高，将部分农业劳动力转移到工业部门，能提高社会劳动生产率（Lewis W. A.，1954）。库兹涅茨的

---

① 本部分内容参见：谭崇台. 发展经济学［M］. 太原：山西经济出版社，2000：235 - 251.

实证研究也表明，工业化能够提高劳动生产率（库兹涅茨，1959）。库兹涅茨考察了经济增长与行业结构的关系。第一，使用横截面数据，根据人均国民收入指标对不同收入的国家进行分组考察。库兹涅茨按人均收入把国家分为7组，最高收入国家为第1组，最低收入国家为第7组，计算每组国家农业、工业和服务业在劳动力和国民收入中各自所占的相对份额。其主要结论有：在发达国家，农业部门的劳动力占总劳动力的比重低，而工业和服务业部门的劳动力比重高，不发达国家的情况则相反；高收入国家农业部门的产值占国民总产值的比重低，而低收入国家农业部门的产值占国民总产值的比重高；当人均收入提高时；农业部门的产值占国民经济的比例下降；与工业劳动生产率相比，发展中国家的农业劳动生产率相对较低。第二，从时间序列的角度，考察长期的经济增长中职业结构和部门收入结构的变化趋势。库兹涅茨选择了15个发达国家为样本，结论如下：农业部门的劳动力占总劳动力的比重下降，农业产值占国民总产值的比重也下降，大多数国家工业部门的劳动力比重上升，工业产值占总产值的比重上升，工业产值的比重上升幅度相对比较大；非农业部门劳动生产率提高，农业部门劳动生产率提高的幅度更大。

（3）工业化能改善国际贸易环境。普雷维什和辛格在20世纪50年代提出贸易条件恶化论，认为在国际贸易中，初级产品价格长期呈相对下降趋势，而工业品价格则呈相对上升趋势。发展中国家出口的主要是初级产品，而发达国家主要生产工业品。因此，发展中国家在国际贸易中长期处于受剥削的地位。发展中国家只有发展民族工业，以代替进口工业品，才能摆脱贫困和受剥削的处境。

（4）工业化能扩大产品的联系效应，促进经济发展。赫尔希曼于1958年提出"不平衡增长战略"，认为发展中国家应该利用有限的资本，优先发展工业部门，特别是优先发展资本品工业部门，因为工业部门的联系效应更大（Hirschman，1958）。

（二）农业在工业化中的作用

（1）农业为工业发展提供剩余劳动力。刘易斯于1954年提出二元经济结构模型，认为发展中国家的经济部门由传统农业部门和现代化的城市工业部门组成，传统农业部门存在大量生产率极低的剩余劳动，农村剩余劳动力将逐渐转移到生产率比较高的现代工业部门（Lewis W. A.，1954）。库兹涅茨的实证研究，证明工业化的过程是劳动力从农业部门向非农业部门转移的过程。

（2）农业为工业提供资本积累，通过政府计划实现农业剩余向工业的转移。罗森斯坦·罗丹（Rosenstein-Rodan，1943）认为农业能为工业提供资本积累，并主张通过政府的计划实现农业对工业和城市化的支持，实现农业剩余向工业部门的转移（Rosenstein-Rodan P. N.，1943）。

农业支持工业的思想和政府干预的思路，正好符合"二战"后发展中国家发展经济的迫切愿望。20世纪50~70年代，很多发展中国家采取转移农业剩余和支持工业发展的政策，从农业征收重税为工业发展提供资金，通过工农业价格剪刀差控制农产品价格，补贴工业和城市的发展（Adelman，2001；Schiff and Valdés，1992）。

（3）农业对工业化过程贡献产品、市场、要素和外汇等资源（加塔克，英格森特，1987）。第一，农业能够为工业化提供产品贡献，但产品贡献是以农产品增长率为条件的。只有当农产品保持一定的增长速度时，工业部门增长率才能相应提高，因此农业部门和工业部门必须保持一定比例的扩张，反之，如果农业原料不足，则必须花费大量的外汇进口所需原料，对多数发展中国家来说代价很大。第二，农业能够为工业化提供市场贡献。由于农业部门的规模很大，农村市场是国内工业品的主要市场，如农民购买的消费品和农业投入品，扩大了工业品的需求，刺激了工业生产的扩张。另外，农民必须在市场上销售农产品，农业的市场贡献还应包括出售粮食和其他农产品给非农业部门的生产者和消费者。农业与工业之间的交换关系是不可能取消的，农业在工业化过程中的市场贡献始终是存在的。第三，农业能够为工业化提供要素贡献。要素贡献指农业资源的转移，即资本和劳动向非农业部门转移，工业化需要大量的资本投资，而工业化初期工业部门比重很小，工业部门自身的积累资金远远不够，农业部门成为资本积累的一个重要来源。第四，农业为工业提供外汇贡献。农业对工业化的重要贡献可以概括为农业剩余的贡献，指农产品剩余，即农业总产量与农民总消费量之间的差额。

发展中国家工业化理论，以及农业对工业化支持的理论，在 20 世纪
50～60 年代得到很多发展中国家的支持。很多发展中国家纷纷采用计划方
法，促进农业剩余向工业的转移，促进本国工业化的发展。

三、农业和工业共同发展的理论

（一）工业中心的政策和城市倾向的政策形成城乡分割

农业为经济发展积累了巨额的资本，而把资本从农业部门转移到工业
部门的方法有两种：一种是依靠市场力量自动转移；另一种是依靠政权力
量强制转移。如果依靠市场力量自动转移，那就必须具备三个条件：农业
必须有市场剩余，农民必须是净储蓄者，农民的储蓄必须超过其在农业上
的投资。西方发展经济学家认为，要满足这些条件，就必须给农民以适当
的刺激，使他们增加市场剩余，愿意节制消费，愿意将其储蓄转为非农业
投资（Ruttan V. W. et al.，1974）。

在许多发展中国家，政府为了加速工业化，用政权力量强迫农民把农
业剩余转到工业部门投资，即所谓的城市倾向的政策。政府采取的城市倾
向的政策主要有两种：一种是间接控制，如价格控制、间接税及汇率调整
等，其目的在于改变工农产品贸易条件使其有利于工业；另一种方式是直
接控制，这包括对农民和地主的直接征税，对农产品强制性按低价收购。
20 世纪 50～70 年代，很多发展中国家采取转移农业剩余的政策，以支持
工业发展（Adelman，2001；Schiff and Valdés，1992）。

政府采用的城市偏向的政策，将大量的农业剩余转移到工业和城市的
同时，扩大了城乡之间的差距，形成和加剧了农村和城市发展的二元形态
（Fan et al.，2005）。政府干预形成的城乡经济发展差异，并不会随着经济
的发展而自动消失，反而会产生"循环累积因果关系"，产生"因为穷所
以更穷""因为富裕，所以更富"的现象①。因为经济比较富裕的地区和工
业化发达的地区，容易形成前向和后向的经济联系，形成经济的空间聚
集，吸引更多的企业集聚，从而进一步促进经济的发展；而比较贫穷的地

---

① Myrdal G.，Rich Lands and Poor [M]. Harper，1957.

区则因为条件相对比较差，难以吸引和集聚经济资源和企业，其发展能力更低（Venables，1996）。富裕地区和城市能为居民提供比较高的工资和多样化的商品，为工厂提供更大的市场，更容易形成人、财、物向城市的聚集，从而产生集聚效应（Krugman，1991），而富裕地区的经济集群，可以提高生产率和创新利益，有自我扩张的能力（Porter，1998）。反之，贫穷地区则难以形成集聚，不能享受经济的集聚效应和集群的自我创新能力，其发展能力则进一步受到限制。

城市偏向的政策是城乡分割和城乡经济不平等发展的重要原因，得到了大量的经验证明。发展中国家把大量的人力和资本投资于制造业部门，而农业部门投资很少，在1950～1985年的35年间，发展中国家作为一个整体人均粮食生产和农业生产年增长率极低，任何一个10年都未达到1%，而20世纪60年代的粮食生产增长率远低于50年代，60年代人均粮食年增长率每年仅增加0.1%，而人均农业生产处于完全停滞状态①。这表明10年间发展中国家人民的生活几乎没有得到改善。我国城乡分割的二元经济形成的原因，主要是农业支持工业发展的政策所造成的，即所谓的工业中心和城市偏向的政府政策造成的（蔡昉，2000）。我国在新中国成立后，确立了农业支持工业化发展的目标，并形成一系列城乡二元政策，如城乡二元产业政策、二元就业政策、二元财税政策，农业生产合作化、人民公社化、农产品统购统销、城乡二元户籍管理制度等一系列政策和制度安排。改革开放后，城乡二元分割的体制有所改变，但没有从根本上改变农村以低价资源和劳动力支援城市发展的关系（郑有贵，2008）。工业中心的政策直接导致国民收入分配向城市倾斜：如1949～1978年，实行工农业价格"剪刀差"政策，国民收入从农业向工业转移大约为6000亿元或8000亿元以上（陈锡文，2005），扩大了城乡收入差距（林毅夫等，2009）；城乡二元税收制度加大了农民负担；二元财政供给体制导致公共资源向"三农"分配过低；二元户籍制度也是城乡收入差距扩大的重要因素（陈钊等，2008）。我国的城乡分割和城乡收入差距的扩大，也是城市倾向和工业中心的政府政策的结果，农业为我国工业化和经济发展提供了

① 谭崇台. 发展经济学［M］. 太原：山西经济出版社，2000：235-251.

大量剩余和源源不断的劳动力，为我国工业体系建立和城市化发展做出了重要贡献，但也由此形成了城乡二元经济和城乡分割的局面，造成城乡收入差距的扩大（蔡昉等，2003；陆铭和陈钊，2004）。中国的城乡收入差距扩大的原因是城市倾向的政策造成的（宋洪远，2004，蔡昉等，2003），如对人口流动的城乡户籍限制政策（陈钊和陆铭，2008），其形成的深层次原因是中国在人口多和资本少的情况下实行工业化和赶超战略的必然选择（林毅夫等，1994）。

城市倾向的政策为工业化提供了大量的农业剩余，对工业化的发展做出了很大贡献。但以损害农业为代价的工业化，形成了城乡分割的政策制度体系，扩大了农村和城市的收入差距。

（二）农业本身成为经济发展的目标

理论和政策制定者逐渐认识到农业在经济发展中的重要作用，农业经济学家速水佑次郎和弗农·拉坦总结说："关于农业和工业发展对国民经济增长的相对贡献的经济学说已经历了明显的转变。从早期'惟工业化论'转到强调农业生产和生产率的增长对一般发展过程的意义。"①政府强制性地转移农业剩余，严重地挫伤了农民的生产积极性，导致农业效率低下和生产停滞，反过来又影响了工业的资本积累，使资本积累的源泉逐渐枯竭。20世纪60年代，由于农业长期处于停滞状态，农业的发展逐渐受到重视，但农业发展的目的是为工业化提供剩余，因为农业部门的资源投入，不是为了提高农村的经济福利，而是为了支持城市工业增长②。到了70年代，很多发展中国家的城乡发展极不平衡，收入分配严重不均，城市失业严重，低收入人群更加贫穷，以工业化为中心的发展理论出现了转折。70年代以前，经济发展的目标是国民收入增长，进入70年代末以后，改善低收入人群生活状况、创造就业机会、公平地分配收入和财富、经济增长等成为经济发展的目标。而要实现这些

---

① ［日］速水佑次郎，［美］弗农·拉坦著. 郭熙保，张进铭等译. 农业发展的国际分析［M］. 北京：中国社会科学出版社，2000.

② Meier G. M. Emerging from poverty：The Economics That Really Matters［M］. Oxford University Press，1984：439.

目标，必须大力发展农业和农村经济。因此，从 70 年代开始，西方发展经济学家开始认为农业发展不仅是加速工业化的一种工具，农业发展本身也是发展的目的，为低收入人群提供更多的就业和收入成为经济发展的目标之一。发展经济学家迈耶指出："如果在过去发展的几十年中，农业发展具有工具价值，那么，在未来几十年里，它必须具有本身的内在价值。"①

农业支持工业化理论，在促进工业化的同时，农业和工业共同发展理论逐渐兴盛起来。

农业和农村发展成为经济发展的目的。从 70 年代开始，发展理论学理论认为，农业发展能提供更多的就业岗位，能增加收入，农业发展也是经济发展的重要目的。迈耶提出："如果在过去发展的几十年中，农业发展具有工具价值，那么，在未来几十年里，它必须具有本身的内在价值（迈耶编，1984）。"

第二节　城乡融合政策能缩小城乡居民收入差距，增加福利

城乡融合理论经历了农业支持工业化理论阶段，以及农业和工业共同发展理论阶段。农业支持工业化是发展中国家在资金短缺时发展工业的必然选择，我国在工业化发展初期也采取了农业支持工业发展的政策。我国采用计划、农业剩余转移和城乡二元的教育等社会保障制度，保障工业化的顺利进行。农业支持工业的政策，为我国工业化顺利进行提供了资金保障，是我国完成工业化的重要手段。但随着我国工业化发展，农业支持工业化的政策，也造成了城乡居民收入差距和城乡发展差距。因此，在我国进入工业化中期以后，工业实力增加的情况下，我国逐渐采用了农业和工业共同发展理论，逐步取消价格剪刀差等农业剩余转移政策，逐渐取消城

---

① Meier G. M. Emerging from poverty: The Economics That Really Matters [M]. Oxford University Press, 1984: 431.

乡二元的教育、医疗和社会保障制度，以促进城乡共同发展，缩小城乡居民收入差距，增加社会福利。

一、取消农业剩余转移，缩小城乡居民收入差距

第一，农业剩余向工业转移，促进了发展中国家工业的发展。

第二，农业剩余转移的政策造成城乡居民收入差距扩大。农业剩余向工业的转移，促进了工业化的同时，扩大了城乡居民收入差距。

第三，取消农业剩余转移，将缩小城乡居民收入差距。在我国已经进入工业化中期的情况下，有必要取消农业剩余转移政策，以减少城乡居民收入差距：我国取消粮食的统购统销制度，在 20 世纪 90 年代放开粮食价格，采用保护价格收购粮食；取消工业产品价格"剪刀差"等，有利于保护农民利益，减少城乡居民收入差距，促进农村发展。

二、逐步取消城乡二元政策，缩小城乡居民收入差距

第一，城乡二元的政策，促进了工业化的发展。城乡二元的政策是中国在人口多和资本少的情况下实行工业化的必然选择（林毅夫等，1994），这一政策可以促进农业剩余转移，促进工业化发展。我国在改革开放后，仍然以农村低价资源和劳动力促进工业和城市发展（郑有贵，2008）。

第二，城乡二元政策也导致城乡居民收入差距扩大。我国城乡二元的政策，扩大了城乡居民收入差距（宋洪远，2004，蔡昉等，2003，2008；林晨，陈斌开，2018），城乡二元户籍制度是城乡居民收入差距扩大的重要因素；城乡二元税收制度加大了农民负担；城乡二元财政供给体制导致公共资源向"三农"分配过低（陈钊等，2008）。

第三，逐步取消城乡二元的政策，能促进劳动力流动，缩小城乡居民收入差距。随着我国工业化的推进和经济实力的增强，我国逐步取消城乡二元的政策，以缩小城乡居民收入差距：我国于 2006 年取消农业税，并加大农业补贴的力度；并于 2014 年出台《国务院关于进一步推进户籍制度改革的意见》，宣告取消"农业"和"非农业"二元户籍管理模式，2017

年实行户籍制度全面改革，重点推出农业转移人口市民化、加快实施居住证制度等。逐步取消城乡二元的政策，有利于促进劳动力的流动，增加农村居民收入，缩小城乡居民收入差距（蔡昉等，2008，2017）。

第三节　城乡融合能促进经济增长，增加福利

取消农业剩余转移和城乡二元的政策，实现城乡融合发展，不仅能缩小城乡居民收入差距，还能减少贫困的累积效应，促进经济增长，增加福利①。

一、城乡融合政策能缩小城乡居民收入差距，减少贫困的"循环累积因果效应"

第一，城乡居民收入差距会产生"循环累积因果效应"，进一步扩大收入差距。农业支持工业的政策和农业剩余转移政策，扩大了城乡居民收入差距和发展差距（Fan et al.，2005）。而城乡发展差距不会自动消失，反而会产生"循环累积因果关系"，产生"因为穷所以更穷""因为富裕，所以更富"的现象（Myrdal G.，Rich Lands and Poor Harper，1957），导致城乡发展差距进一步扩大。首先，富裕的城市地区形成企业的空间聚集效应，可能扩大城乡居民收入差距。其次，富裕的城市地区能够吸引人财物的聚集，扩大城乡居民收入差距。最后，富裕的城市地区容易创新，扩大城乡居民收入差距。

第二，采取城乡融合政策，减少贫困的"循环累积因果效应"，缩小城乡居民收入差距。促进农村和贫困地区的发展，将改善贫困地区的条件，吸引企业和经济聚集；提高农民收入，将为工厂提供较大的市场，吸引人财物的聚集，产生积聚效应；提高农民收入，促进贫困地区发展，还

---

① 陆铭，陈钊，万广华. 因患寡而患不均：中国的收入差距、投资、教育和增长的相互影响[J]. 经济研究，2005（12）.

可以增强其创新能力，增强经济活力，从而进一步缩小城乡居民收入差距，促进农村地区和贫困地区经济发展，提高农民收入。

二、城乡融合政策能缩小城乡居民收入差距，促进经济增长

第一，城乡融合政策能缩小收入差距，稳定经济和社会环境，从而促进经济增长。因为城乡居民收入差距缩小，将促进社会和政治稳定，减少保护产权的资源，创造良好的投资环境，促进经济增长；反之，城乡居民收入差距扩大，将需要更多的资源保护产权，造成经济环境和社会投资环境不稳定，降低物质资本的积累和社会投资水平，从而限制了经济的发展水平（Benhabib J. and Rustichini A. ，1996：129 - 146）。

第二，城乡融合政策能缩小收入差距，减少社会再分配政策，减少税收，从而促进经济增长。城乡融合的政策，将通过缩小城乡居民收入差距，减少需要救助的低收入群体，从而减少社会再分配政策，有利于减少税收，促进经济增长；反之，收入差距扩大时，需要救助的低收入群体增加，需要更多的税收收入用于转移支付，损害经济发展能力。

第三，城乡融合政策能缩小城乡居民收入差距，促进物质资本和人力资本的积累，从而促进经济增长。城乡融合政策能缩小城乡居民收入差距，减少低收入群体，减少信贷约束，促进物质资本和人力资本投资，因为低收入群体通常存在信贷约束，人力资本和物质资本的投资受到限制（Fishman A. and Simhon A. ，2002：117 - 136；Galor Oded and Joseph Zeira，1993）。陆铭等（2005）发现，发展农业的支出和城市化等有利于缩小城乡间收入差距，而城乡居民收入差距缩小，能促进资本投资和教育投资，从而促进经济增长。

第四，城乡居民收入差距缩小，能促进经济增长，得到经验研究的证明。

首先，城乡居民收入差距在短期内可能有利于经济增长（Forbes Kristin J. ，2000：869 - 887；Li Hongyi and Heng-fu Zou，1998：318 - 334）。也有少数研究认为收入差距可能对短期的经济增长有利。例如，帕特里奇（Patridge，1997）使用美国州一级的面板数据，控制了固定效应后，发现

收入差距与经济增长呈正相关的关系（Patridge Mark D., 1997: 1019 -
1032）；李和邹（1998）的研究表明，在民主社会，收入越平均，表明中
产阶级占有更多的财富，而中产阶级倾向于支持较高的税收政策，而高税
收政策将会限制经济增长（Li Hongyi and Heng-fu Zou, 1998: 318 - 334）。
收入差距的扩大反而有利于经济增长，因为高收入人群阶层的储蓄倾向更
高，投资倾向更高，从而促进经济增长。汪同三、蔡跃洲（2006）等对我
国的实证研究也证明了这一点，发现城乡居民收入差距扩大与重工业比重
增加正相关。

其次，城乡居民收入差距在长期内不利于经济增长（Alesina Alberto
and Dani Rodrik, 1994: 465 - 490; Persson Torsten and Guido Tabellini,
1994: 600 - 621）。（Ghosh and Pal, 2004）运用印度州级的面板数据，研
究发现城市收入差距与经济增长正相关，而农村和城乡间的收入差距与经
济增长负相关。拉瓦里翁（Ravallion, 1998）对中国农村的调查研究发现，
财富不平等不利于人均消费的增长，从而限制了经济增长能力。而本杰明
等（Benjamin et al., 2004）运用中国村一级的面板数据，研究发现长期的
收入差距和经济增长呈负相关关系。有些学者认为，存在促进经济增长的
所谓最优的收入差距（杨天宇，柳晓霞，2008；吕炜等，2011）。

城下融合政策能缩小城乡居民收入差距，稳定社会经济和政治环境，
有助于减少社会再分配政策，有助于减少税收，有助于促进人力资本和物
质资本投资，从而有利于长期经济增长。

第四节　城乡融合有利于社会资本形成，增加福利

城乡融合能缩小城乡居民收入差距，促进经济增长，增加社会福利。
而城乡居民收入差距缩小和经济增长，也有利于社会资本形成，从而提高
经济效率，增加福利。

一、城乡融合政策能缩小城乡居民收入差距，增加社会资本

城乡融合政策能缩小收入差距，减少低收入群体，从而提高整个社会

的社会资本。因为收入水平越高的人，对社会的信任度越高，收入水平越低的人，对社会的信任度越低。信任指存在不确定性的情况下，对其他经济行为者合作行动的乐观预期（Fafchamps Marce，2004；Luo J.，2005：437–458）。帕特南（Putnam，2000）对美国的研究发现，收入最低的阶层比收入最高的阶层的信任水平要低得多，在控制了收入水平后，非洲裔美国人是信任水平最低的人群。阿莱西娜和费拉拉（Alesina and Ferrara，2002）与山村（Yamamura，2008）的研究表明，收入水平的提高对信任有促进作用；文建东等（2010）的研究表明，人们的经济状况满意程度对人们的社会信任水平有显著影响，而对家庭经济状况满意程度与实际收入正相关，而与收入不平等则负相关，验证了收入不平等对普遍信任有显著的负面效应（Alesina，Ferrara，2002；Bj rnskov，2007；Yamamura，2008；Clark et al.，2015）。城乡融合政策通过提高收入水平，减少低收入群体的数量，从而提高整个社会的社会资本水平。

二、城乡融合政策本身能增加社会资本

城乡融合政策通过缩小城乡居民收入差距，能增加社会资本。而城乡融合政策，本身能够促进城乡融合，减少对农业和农民的歧视性政策，从而增加社会资本。城乡二元的政策，是对农民采用一些歧视性政策，如城乡二元户籍制度，限制了农民就业等权利，不利于社会资本形成（汪汇等，2009）。因为，在异质性程度较高的环境中，人的信任水平就越低，长期受到社会歧视的人，其社会信任水平限制较低（Alesina and Ferrara，2002）。

第一，取消城乡二元的户籍制度，将促进城乡融合，促进流动农业人口融入城市和当地社会，能提高信任水平。取消城乡户籍限制，将有助于流动农业人口流动，促进流动人口融入城市和当地社会，促进信任（Alesina and Ferrara，2002；Lewicki and Bunker，1995；Cheong et al.，2015；Franzen et al.，2017）。

第二，取消城乡户籍限制，取消城乡二元的教育、医疗和社会保障等政策，将促进城乡融合，提高农民的公民权利，提高其社会资本水平。因

为信任来源于过去生活经验的总结（Inglehart，1999；Putnam，2000），在过去的生活中受到公正和慷慨对待的人，比那些在生活中遭受歧视和排斥的人更容易信任他人（Delhey and Newton，2003；Alesina and Ferrara，2002）。没有本地城市户籍的人常常受到政策的歧视，或者受到本地人不友好的对待（蔡昉等，2001；Wang，2005；陈钊和陆铭，2008），没有本地户籍者对小区居民、社会以及政府的信任水平会相应下降。因为非城镇户籍群体的收入和教育水平相对较低，减少了其社会资本，例如，吴和特里曼（Wu and Trieman，2004）的研究表明，在14岁时没有城镇户籍的人和同龄的拥有城镇户籍的人，其所接受的教育少半年；惠利和张（Whalley and Zhang，2007）认为中国的户籍制度显著阻碍了收入的平均分配；严善平（2007）对1995~2003年上海的调查数据研究发现，外来流动人口的人力资本收益提升较慢，而本地居民人力资本收入提升较快；张和孟（Zhang and Meng，2007）的研究发现，外来流动人口的教育回报低于本地居民。

取消城乡二元的户籍和教育等政策，促进城乡融合的政策，将提高农村居民的教育、医疗和社会保障水平，减少其与城市户籍者的差异，减少社会的异质性，从而提高整体社会资本水平，提高农村户籍者的信任水平（Putnam R.，2000）。

三、城乡融合政策通过社会资本的"同群效应"，扩大社会资本

城乡融合政策，促进城乡居民的流动和融合，促进外来流动人口融入城市，提高外来流动人口的社会资本水平，并通过相互影响的"同群效应"，进一步增加社会资本。"同群效应"指个人的社会资本会受到周围环境的影响，处于低信任水平环境中，个人信任水平较低，反之，处于高水平信任环境中，个人的信任水平较高（Alesina and Ferrara，2002）。汪汇等（2009）的研究表明，个人收入水平提高，不能减少城乡二元户籍对信任水平的负面影响，经济发展也不能抵消户籍分割对信任的不利影响，户籍分割对信任的影响持续存在，将对城市的和谐发展造成持久的损害。其原因在于非本地户籍人口在城市内部相对聚居，非本地户籍人口的低信任会

因为"同群效应"而放大，加大了城市内部居民社会融合的难度。反之，如果政府减少由户籍造成的社会分割，促进信任的提高，那么同群效应也能够放大信任的积极效应。王桂新等（2011）研究了我国城市农民工与本地居民社会距离的影响因素，研究发现社会资本显著影响本地居民和外来农民工之间的社会距离，证明"同群效应"强化城市农民工和本地居民群体价值判断，从而影响二者之间的社会距离。

政府逐步取消城乡二元的政策，采取促进城乡融合的政策，将减少城乡居民收入差距，从而增加整个社会的社会资本，因为"同群效应"的放大作用，较高的社会资本会形成自我增强和扩大的效应，整个社会的社会资本水平会进一步提高。

第四部分

社会资本视角下城乡融合的福利效应模型及实证分析

前文分析了城乡融合政策对缩小城乡居民收入差距、促进经济增长和培育社会资本的重要作用。城乡融合政策，将促进农业和工业共同发展，加大工业对农业的反哺；城乡融合的过程，是取消农业剩余转移和取消城乡二元政策的过程。城乡融合政策，将缩小城乡居民收入差距和城乡发展差距，促进经济持续增长，培育社会资本，增加经济福利。

本部分将分别构建城乡融合的福利效应静态模型和动态模型，利用我国的宏观数据和调查数据，分别实证分析城乡融合对社会经济福利和个人经济福利的影响。第六章将实证分析城乡融合对社会经济福利的影响，社会经济福利指城乡收入增长和城乡居民收入差距缩小；第七章将实证分析城乡融合对个人经济福利的影响，个人经济福利指个人消费、个人劳动力供给、个人财富和个人资本等。

第六章

CHAPTER 6

社会资本视角下城乡融合的
福利效应静态模型及实证分析*

本章根据前文理论分析，构建社会资本、城乡融合和经济福利的静态模型，分析城乡融合、社会资本对社会经济福利的影响，并分别利用我国宏观数据和微观调查数据进行实证分析。

第一节　模型

本章节的研究采用二元经济模式，整个经济分为城市和农村两个部门，农村部门为整个经济提供农业产品，存在过剩劳动力；而城市部门为整个经济提供工业产品。本章节构造了包括生产函数、工资函数、消费函数、资本积累函数和投资函数的联立方程模型。

一、生产函数

假定农村和城市部门的生产函数都为 C－D 型，

---

* 本书的模型和实证研究只分析社会资本对市场经济的有益作用。

农村的生产函数为：

$$Y_r = A_r k_r^{\alpha_1} (L_r - L_m)^{\beta_1} \tag{6-1}$$

Y_r 为农村部门的产出，A_r 为农村的技术进步利率，k_r 为农村部门的资本存量，L_r 为农村劳动力，L_m 为农村流向城市的劳动力（$0 \leqslant L_m \leqslant L_r$），$\alpha_1$ 为农村部门的资本—产出弹性系数（$0 < \alpha_1 < 1$），β_1 为农村部门的劳动—产出弹性系数（$0 < \beta_1 < 1$）。

假定农村部门没有资本积累，剩余劳动力转移完成之前，农村人口流动不会减少农业产出，农业的有效劳动力数量 L_e 为常数，有效劳动产出弹性不变，则农村的生产函数为：$Y_r = A_r k_r^{\alpha_1} L_e^{\beta_1}$。

城市的生产函数为：

$$Y_u = A_u k_u^{\alpha_2} (L_u + L_m)^{\beta_2} \tag{6-2}$$

假定城市部门没有资本积累，Y_u 为城市部门的产出，A_u 为城市的技术进步率，k_u 为城市部门的资本存量（$k_u = K$，K 为整个经济体的资本存量），L_u 为城市劳动力，L_m 为农村流向城市的劳动力，α_2 为城市部门的资本—产出弹性系数（$0 < \alpha_2 < 1$），β_2 为城市部门的劳动—产出弹性系数（$0 < \beta_2 < 1$）。

农村人口与城市人口之和等于总人口 L，$L_r + L_u = L$。

整个社会的产出 Y：

$$Y = Y_r + Y_u = A_r k_r^{\alpha_1} L_e^{\beta_1} + A_u k_u^{\alpha_2} (L_u + L_m)^{\beta_2} \tag{6-3}$$

二、工资决定

劳动力的工资等于边际产出：

农村劳动力的实际工资等于农村的边际产出：

$$w_r = \frac{\partial y_r}{\partial L_e} = A_r \beta_1 K_r^{\alpha_1} L_e^{\beta_1 - 1} \tag{6-4}$$

城市劳动力的实际工资等于城市的边际产出：

$$w_u = \frac{\partial y_u}{\partial (L_u + L_m)} = A_u \beta_2 K_u^{\alpha_2} (L_u + L_m)^{\beta_2 - 1} \tag{6-5}$$

农村流动到城市的人口即农民工的工资，应该大于或者等于其在农村

的实际收入，因为农村人口流动到城市有一定的成本，如存在一定的信息
和交通费用，在城市工作可能受到歧视待遇等。假定农村人口流动的成本
与城乡融合负相关，即，城乡融合程度越高，阻碍城乡融合的制度和政策
障碍越少，信息和交通费用越低，在城市工作可能受到的歧视待遇越少。
农民工在城市的工资应该大于或等于农村的收入与流动成本之和。

$$co(li) = W_u - W_r \geq 0 \qquad (6-6)$$

c_o 指农村劳动力流动到城市的成本，而 l_i 指城乡融合的程度，有 $\partial co/\partial li < 0$，劳动力流动成本与城乡融合水平成反比例，城乡融合指城乡户籍统一管理，歧视农业人口的政策和法律逐步取消，城乡劳动力等资源自由流动。

令 $W_u - (W_r + co(li)) = \varphi$，则 $\varphi = \varphi(L_m)$，$\partial \varphi / \partial L_m > 0$，那么：

$$\frac{\partial \phi}{\partial Li} = \frac{\partial \phi}{\partial co} \cdot \frac{\partial co}{\partial li} > 0 \qquad (6-7)$$

所以，$\dfrac{\partial L_m}{\partial Li} > 0$，

$$Lm = Lm(Li) \qquad (6-8)$$

即城乡融合水平越高，流动到城市的农民工数量越多。

同理，农民工流动数量与城乡居民收入差距成正比例：

$$\frac{\partial L_m}{\partial (W_u - W_r)} > 0 \qquad (6-9)$$

三、消费函数

消费是收入的函数；农村的消费函数。

C_r 为农村的消费函数，ϕ_0、ϕ_r 为参数，其中 $0 < \phi_r < 1$，则有：

$$C_r = \phi_0 + \phi_r Y_r = \phi_0 + \phi_r A_r k_r^{\alpha_1} L_e^{\beta_1} \qquad (6-10)$$

城市的消费函数：

$$C_u = \phi_1 + \phi_u Y_u = \phi_1 + \phi_u A_u k_u^{\alpha_2} (L_u + L_m)^{\beta_2} \qquad (6-11)$$

C_u 为城市的消费函数，ϕ_1，ϕ_u 为参数，其中 $0 < \phi_u < 1$。

整个社会的消费函数如下：

$$C = \phi_2 + \phi_3 Y = C_r C_u \qquad (6-12)$$

C 为整个经济体的消费，ϕ_2、ϕ_3 为参数，其中 $0 < \phi_3 < 1$。

四、资本积累函数

$$\dot{K} = I - \delta K = Y - C - \delta K \qquad (6-13)$$

其中，I 为投资，δ 为资本折旧率，$\delta = 0$，$K = Ku + Kr$，$K(0) = K_0$。[①]

五、投资函数：将社会资本和城乡融合引入投资函数

个人是有限理性的，存在机会主义倾向，经济中存在交易成本。社会资本、有效的法律体制和高水平的教育能够降低交易成本（卢燕平，2007，2012），城乡融合可以通过增加社会资本，从而增加信任，减少交易成本。

则有 $L_i = L_i(S_0)$，且 $\partial L_i / \partial S_0 > 0$。

下面将交易成本引入企业的投资函数，得出：

$$I = I(R, T) \qquad (6-14)$$

其中，R 表示实际利率，等于名义利率减去通货膨胀率，T 表示交易成本。

$$\partial I / \partial r < 0; \ \partial I / \partial T < 0 \qquad (6-15)$$

其中，$T = T(\pi)$，$\partial T / \partial \pi > 0$，$\pi$ 是代理人逃避债务的概率。交易成本与代理人违约的概率呈正比例变化。

假定代理人在一定的概率下逃避债务。投资者害怕代理人骗取资金，预期收益是 $(\pi \times 0 + (1 - \pi) \times \pi)$。投资者对代理人的行为预期取决于代理人的行为。

代理人逃避债务的效用可以表示为 $V = V(a, S_0, L_i, L_a, E, F)$，而 $a \in \{0,1\}$ 为是否逃避债务的行动，S_0 是代理人所在国家的社会资本，L_i 代表城乡融合的水平，L_a 是法律体制的质量，E 是代理人所在国家的平均教育水平，而 F 是同一国家代理人逃避债务的固定成本。城乡融合能够增加社会资本，而比较高的社会资本对法律效率和教育水平有正的影响。假定高

[①] 这里省略了变量的时间 t，不做特别说明，下文均省略了变量的时间 t。

的法律效率，高水平的社会资本，高的平均教育水平、高的逃债成本和高的城乡融合水平将减少逃避债务的效用①。

代理人逃避债务的合适成本为：$F = \bar{F}(L_a(S_o), E(S_o), L_i(S_0), S_0)$，其中，$\partial L_a/\partial S_o > 0$；$\partial E/\partial S_o > 0$，$\partial L_i/\partial S_0 > 0$。

所以，$F = \bar{F}(L_a, E, L_i, S_0)$，设：

$$a = \begin{cases} 1 & \text{如果 } F < \bar{F} \\ 0 & \text{其它} \end{cases} \qquad (6-16)$$

$\partial \bar{F}/\partial S_0 > 0$，$\partial \bar{F}/\partial L_a > 0$，$\partial \bar{F}/\partial E > 0$，$\partial \bar{F}/\partial L_i > 0$

$\bar{F}$ 随着 S_0、L_a、L_i 和 E 的上升而上升，社会资本越高，法律机制效率越高，教育水平越高，城乡融合水平越高，代理人逃避债务的成本越高，代理人逃避债务的概率越小。

代理人预期的违约概率为：

$$\pi = h(L_a, E, S_0, L_i) \qquad (6-17)$$

其中，$\partial \pi/\partial L_a < 0$，$\partial \pi/\partial E < 0$，$\partial \pi/\partial S_0 < 0$，$\partial \pi/L_i < 0$。

因此，投资者的预期交易成本为：$T = T(L_a, E, S_0, L_i)$，$\partial T/\partial L_a < 0$，$\partial T/\partial E < 0$，$\partial T/\partial S_0 < 0$，$\partial T/L_i < 0$。

投资者的投资需求为：

$I = I(R, T)$
$= I(R, T(L_a, E, L_i, S_0))$
$= I(R, L_a, E, L_i, S_0)$，$\partial I/\partial L_a > 0$；$\partial I/\partial E > 0$；$\partial I/\partial S_0 > 0$，$\partial I/L_i > 0$

$$(6-18)$$

法律机制越强，教育水平和社会资本越高，城乡融合越紧密，投资需求越大；反之，投资需求越小。

假设城市和农村的法律体制效率一样，利率一样，城市和农村的社会资本分别为 S_{0_u}，S_{0_r}；城市和农村的教育水平分别为 E_u，E_r。

因此，城市的投资函数为：

$$I_u = I_u(R, L_a, E, L_i, S_0) = I_u(R, L_a, E_u, L_i, S_{0_u}) \qquad (6-19)$$

---

① 因此，$\partial \pi/\partial La < 0$，$\partial \pi/\partial E < 0$，$\partial \pi/\partial So < 0$，$\partial \pi/L_i < 0$。

农村的投资函数为：

$$I_r = I_r(R, L_a, E, L_i, S_O) = I_r(R, L_a, E_r, L_i, S_{O_r}) \quad (6-20)$$

六、产品市场均衡

则农村的生产函数为：

$$Y_r = C_r + I(R, T(L_a, E, L_i, S_O))$$

$$= \phi_0 + \phi_r A_r k_r^{\alpha_1} L_e^{\beta_1} + I_r(R, L_a, E_r, L_i, S_{O_r}) \quad (6-21)$$

城市的生产函数为：

$$Y_u = C_u + I(R, T(L_a, E, L_i, S_O))$$

$$= \phi_1 + \phi_u A_u k_u^{\alpha_2} (L_u + L_m(L_i))^{\beta_2} + I_u(R, L_a, E_u, L_i, S_{O_u}) \quad (6-22)$$

七、模型理论预测

命题 6.1：社会资本能够促进城乡经济增长，增加经济福利。则有：

$$\frac{\partial Y_r}{\partial S_{O_r}} = \frac{\partial Y_r}{\partial I_r} \frac{\partial I_r}{\partial S_{O_r}} > 0 \quad (6-23)$$

$$\frac{\partial Y_u}{\partial S_{O_u}} = \frac{\partial Y_u}{\partial I_u} \frac{\partial I_u}{\partial S_{O_u}} > 0 \quad (6-24)$$

命题 6.1 说明，随着社会资本的增加，社会信任水平增加，投资的交易成本降低，从而增加投资，农村收入和城市收入同时增长，国民收入增加。

社会资本的数量不仅受到城乡融合的影响，还会受到一个国家教育水平和法律体制效率的影响。教育水平越高，法律体制效率越高，则一个国家的社会资本水平越高，信任水平提高，经济交易成本下降，从而经济增长。由此得出以下命题。

命题 6.2：教育水平与城乡经济增长成正比例，教育水平提高，能增加经济福利。则有：

$$\frac{\partial Y_r}{\partial E_r} = \frac{\partial Y_r}{\partial I_r} \frac{\partial I_r}{\partial E_r} > 0 \quad (6-25)$$

$$\frac{\partial Y_u}{\partial E_u} = \frac{\partial Y_u}{\partial I_u} \frac{\partial I_u}{\partial E_u} > 0 \quad (6-26)$$

教育水平越高，一个国家的社会资本水平越高，信任水平越高，交易成本越低，经济增长越快。

命题6.3：一个国家的法律体制效率与城乡经济增长成正比例，法律体制效率提高，能增加经济福利。则有：

$$\frac{\partial Y_r}{\partial L_a} = \frac{\partial Y_r}{\partial I_r} \frac{\partial I_r}{\partial L_a} > 0 \tag{6-27}$$

$$\frac{\partial Y_u}{\partial L_a} = \frac{\partial Y_u}{\partial I_u} \frac{\partial I_u}{\partial L_a} > 0 \tag{6-28}$$

法律体制效率越高，一个国家的社会资本水平和信任水平越高，交易成本降低，城乡收入增长越快。

命题6.4：城乡融合能够促进城乡经济增长，增加经济福利。则有：

$$\frac{\partial Y_r}{\partial L_i} = \frac{\partial Y_r}{\partial I_r} \frac{\partial I_r}{\partial L_i} > 0 \tag{6-29}$$

$$\frac{\partial Y_u}{\partial L_i} = \varphi_u A_u k_u^{\alpha_2} \beta_2 \frac{\partial Y_u}{\partial L_m} \frac{\partial L_m}{\partial L_i} + \frac{\partial Y_u}{\partial I_u} \frac{\partial I_u}{\partial L_i} > 0 \tag{6-30}$$

城乡融合水平提高，能够降低劳动力流动的成本，促进农村剩余劳动力的转移，从而促进城乡经济增长；另外，城乡融合增加，能够增加社会资本，促进社会信任，从而降低交易成本，促进城乡经济增长。

命题6.5：城乡融合能够缩小城乡人均可支配收入差距，增加社会经济福利。

第一，城乡融合能减少劳动力流动的成本，促进城乡劳动力流动，提高农村剩余劳动力的收入，因为农村人口流动不会减少农业产出，农村剩余劳动力流出后，农村劳动力的实际工资将上升。另外，农村劳动力流入城市，将增加城市工人供给水平，降低城市均衡工资水平，从而减少城乡居民收入差距，增加社会福利。

第二，根据命题6.2，城乡教育公共资源的均等化，将提高农村教育水平，从而促进农村的投资和收入增加，缩小城乡居民收入差距。

第三，城乡医疗和社会保障资源的均等化，将直接提高农村医疗水平和社会保障水平，直接提高农村的收入水平，从而缩小城乡居民收入差距。

总结上述理论，社会资本水平、城乡融合水平、教育水平和法律体制效率分别与城乡经济增长成正比例增长，能提高收入水平，提升福利水平；城乡融合，能缩小城乡居民收入差距，提高福利水平。

第二节　构造便于实证研究的计量模型

为方便进行实证分析，下文将对前面的模型进行对数变形，并说明各指标的替代变量。

根据产品市场的均衡：

$$Y_r = C_r + I(R, T(L_a, E, L_i, S_0)) = \varphi_0 + \varphi_r A_r k_r^{\alpha_1} L_e^{\beta_1} + I_r(R, L_a, E_r, L_i, S_{0_r})$$

$$(6-31)$$

$$= \varphi_0 + \varphi_r Y_r + I_r(R, L_a, E_r, L_i, S_{0_r})$$

$$Y_r = \frac{\varphi_0}{1 - \varphi_r} + \frac{1}{1 - \varphi_r} I_r(R, L_a, E_r, L_i, S_{0_r}) \qquad (6-32)$$

因为 $0 < \varphi_r < 1$，所以，令农村生产函数为：

$$Y_r = \rho + \gamma_0 L_e + \gamma_1 I_r + \gamma_2 R + \gamma_3 L_a + \gamma_4 E_r + \gamma_5 L_i + \gamma_6 S_{0_r} \qquad (6-33)$$

$\rho, \gamma_0, \gamma_1, \gamma_2, \gamma_3, \gamma_4, \gamma_5, \gamma_6$ 均为常数系数。

同理城市的生产函数为：

$$Y_u = C_u + I(R, T(L_a, E, L_i, S_0))$$

$$= \Lambda + \varphi_1 L_u + \varphi_2 L_m + \lambda_1 I_r + \lambda_2 R + \lambda_3 L_a + \lambda_4 E_u + \lambda_5 L_i + \lambda_6 S_{0_u} \qquad (6-34)$$

$\Lambda, \varphi_1, \varphi_1, \lambda_1, \lambda_2, \lambda_3, \lambda_4, \lambda_5, \lambda_6$ 均为常数系数。

令城乡人均可支配收入差距为 GAP，IN_u，IN_r 分别为城市和农村人均可支配收入；E 为教育水平；IS 为社会保障水平。

$$GAP = IN_u - IN_r = GAP(L_m, L_i, S_0, E, IS)$$

$$= GAP(L_m, L_i, S_0, E, IS) = \omega_1 L_m + \omega_2 L_i + \omega_3 S_0 + \omega_4 E + \omega_5 IS$$

$$(6-35)$$

$\omega_1, \omega_2, \omega_3, \omega_4, \omega_5$ 均为常数系数。

第三节　基于宏观统计数据的实证研究

本章节将采用中国的宏观经济数据，对模型进行实证分析。

一、变量及数据说明

第一，社会资本的测量指标：本书选取工会会员人数（万人）、互联网普及率（%）、互联网上网人数（万人）、移动电话普及率（部百人）、固定电话用户（万户）和社会捐赠款（万元）等作为社会资本的指标。工会会员代表网络、协会的人数（Putnam，1995，2000），社会捐赠款可以作为社会互惠和信任等社会资本，互联网普及率（%）、互联网上网人数（万人）、移动电话普及率（部百人）和固定电话用户（万户）等可以代表社会交往和联系的方便程度。

第二，城乡融合的测量指标有三个：农产品价格比工业品出厂价格指数（%）、农业税占财政收入比重（%）和农业支出占财政支出的比重（%）。农产品价格比工业品出厂价格指数（%）、农业税占财政收入比重（%）代表负的城乡融合，而农业支出占财政支出的比重（%）代表正的城乡融合。

第三，经济变量的测量指标如下：国内生产总值采用生产法计算；投资为全社会固定资产投资额；劳动力为年末就业人员，农业劳动力为第一产业劳动力，城市劳动力等于第二、第三产业劳动力之和（单位：万人），包括农村流向城市的劳动力。人口流动为城镇单位使用的农村劳动力年末人数（单位：万人）。农村固定资产投资指农村农户固定资产投资和建房；城乡居民收入差距指城乡人均收入差距；利率为实际利率，利率 = 名义利率 – 通货膨胀率。

第四，法律效率是中国人民法院一审案件的受理案件数；人均教育的计算方法为：人均教育 = [（不识字人口 + 小学以下人口）×0 + 小学文化的人口 ×6 + 初中文化的人口 ×9 + 高中文化的人口 ×12 + 大专及以上文化的人口 ×16]/当年6岁以上人口总数。

详细变量及其指标说明如表6.1所示。

表 6.1　　　　　　　　　　　　变量代码及其含义

	变量	指标代码	指标	对因变量的作用
全国变量	产量	GDP	GDP（亿元）	因变量
	劳动力	L	从业人员数（万人）	正
	投资	I	固定资产投资额（万元）	正
	教育	E	平均教育水平（年）	正
	法律效率	LA	人民法院审理的一审案件（件）	正
	社会资本	SO1	工会会员人数（万人）	正
		SO2	互联网普及率（%）	正
		SO3	互联网上网人数（万人）	正
		SO4	移动电话普及率（部百人）	正
		SO5	社会捐赠款（万元）	正
	城乡融合	LI1	农产品价格比工业品出厂价格指数（%）	负
		LI2	农业税占财政收入比重（%）	负
		LI3	农业支出占财政支出的比重（%）	正
	社会保障	ISU	年末参加基本养老保险人数（万人）	正
	利率	RATE	实际利率（%）	负
城市变量	产量	YU	二三产业产值（亿元）	因变量
	投资	IU	城镇固定资产投资额（万元）	正
	劳动力流入	LM	其他产业农民就业人员（万人）	正
	劳动力	LU	城镇从业人员数（万人）	正
	社会资本	SOU	城市电话用户（万户）	正
农村变量	产量	YR	第一产业增加值（亿元）	因变量
	投资	IR	农村固定资产投资（亿元）	正
	劳动力	LE	第一产业就业人员（万）	正
	社会资本	SOR	农村电话用户（万户）	正
城乡收入差距	收入差距	GAP	城乡人均收入差距（元）	因变量
	教育	E	平均教育水平（年）	负
	社会保障	ISU	年末参加基本养老保险人数（万人）	负
	劳动力流入	LM	其他产业农民就业人员（万人）	负
	城乡融合	LI1	农产品价格比工业品出厂价格指数（%）	正
		LI2	农业税占财政收入比重（%）	正
		LI3	农业支出占财政支出的比重（%）	负
	社会资本	SO1	工会会员人数（万人）	负
		SO2	互联网普及率（%）	负
		SO3	互联网上网人数（万人）	负
		SO4	移动电话普及率（部百人）	负
		SO5	社会捐赠款（万元）	负

注：自 2012 年 8 月起，新型农村社会养老保险和城镇居民社会养老保险制度全覆盖工作全面启动，合并为城乡居民社会养老保险。

第六章
社会资本视角下城乡融合的福利效应静态模型及实证分析   171

二、描述统计分析

采用 1990～2016 年的数据，实证分析城乡融合的福利效应，表 6.1 至
表 6.6 的统计分析均采用 EViews6.0 统计软件。表 6.2 对变量进行描述统
计分析。所有变量的观察值均为 27 个，个别缺失值采用趋势插值法补齐。
描述统计分析如表 6.2 所示。

表 6.2   描述统计分析

	变量	指标代码	均值	中值	最大值	最小值	标准差
全国变量	产量（亿元）	GDP	243334.30	136565	741140	18668	226681.20
	教育	E	7.72	7.83	9.08	5.63	0.97
	投资	I	1300000000	435000000	5620000000	606466	1660000000
	劳动力	L	72612.37	73736	77603	64749	4090.62
	法律效率	LA	6012522	5344934	12088800	2901685	2355242
	城乡融合1（%）	LI1	102.13	102.08	117.07	89.59	7.19
	城乡融合2（%）	LI2	3.48	3.61	5.35	1.73	1.04
	城乡融合3（%）	LI3	8.94	9.30	10.70	7.10	1.01
	利率	RATE	7.50	6.68	22.55	-5.93	6.93
	社会资本1	SO1	16831.47	13397.80	31428.60	8689.90	7933.21
	社会资本2	SO2	16.44	6	53	1	18.40
	社会资本3	SO3	21000.89	7950	73125	80	25886.13
	社会资本4	SO4	33.11	21	96	0	35.43
	社会资本5	SO5	2137963	410000	8270000	13000	2829500
城市变量	产量（亿元）	YU	316389.10	119596.40	3350457.00	13605.00	634470.10
	投资	IU	125000	35500	552000	59.65	165000
	劳动力流入	LM	128580000	134870000	151530000	87940000	17363100
	劳动力	LU	27425.81	26230.00	41428.00	17041.00	7944.59
	社会资本	SOU	12948.34	15619.20	25132.90	538.50	8507.27
农村变量	产量（亿元）	YR	25944.74	16968.00	63671.00	5062.00	18584.62
	投资	IR	10519.37	9089	36725	1243	8607.84
	劳动力	LE	32328.56	34830	39098	21496	5511.60
	社会资本	SOR	12948.34	15619.20	25132.90	538.50	8507.27
	城乡收入差距（元）	YG	8194.66	5850.20	21253.20	824.20	6609.79

第一，1990~2016 年，我国经济总量不断增长，城乡收入不断上升，城乡居民收入差距不断缩小。全国总产量最大值为 741140 亿元，最小值为 18668 亿元；城市总产值最大为 3350457.00 亿元，最小值为 13605.00 亿元；农村第一产业产量最大值为 63671.00 亿元，最小值为 5062.00 亿元；城乡人均收入差距最大值为 21253.20 元，最小值为 824.20 元。第二，我国城乡融合不断加强，城乡劳动力流动数量不断上升。农产品价格比工业品出厂价格指数最大值为 117.07%，最小值为 89.59%；农业税占财政收入比重最大为 5.35%，最小为 1.73%，农业支出占财政支出的比重最大值为 10.70%，最小值为 7.10%。第三，我国教育水平和法律效率不断提高，城乡社会资本水平不断提高（见表 6.2）。

三、统计分析

（一）格兰杰因果检验

格兰杰因果检验的零假设为：自变量 A 不是因变量 B 的原因。如果格兰杰因果检验的 F 统计量在 10% 以上的水平显著，表明应该拒绝原假设，自变量 A 是因变量 B 的原因。

表 6.3 检验了城乡融合等变量对经济增长影响的格兰杰因果关系。其中，零假设为：自变量不是因变量的原因。表 6.3 表明，教育等大多数变量的格兰杰因果检验的 F 统计值在 10% 以上的水平显著，表明教育等自变量是经济增长的原因，模型是稳定的；教育等自变量对城市收入的格兰杰因果检验统计显著，表明教育等自变量是城市收入的原因，模型是稳定的；教育等自变量对农村收入的格兰杰因果检验统计显著，表明教育等自变量是农村收入的原因，模型是稳定的。

表 6.3　　　　　　　　　城乡融合对经济增长的格兰杰因果检验

自变量	GDP	YU	YR
	F 统计量	F 统计量	F 统计量
E	0.45678(1)	0.26525(2)	3.39793 * (6)
L	4.54830 ** (2)	—	—

续表

自变量	GDP	YU	YR
	F 统计量	F 统计量	F 统计量
LA	3.05260 * (1)	6.93264 *** (2)	6.97595 *** (1)
RATE	2.33110(6)	6.50545(8)	1.21821(1)
I	10.0524 *** (1)	—	—
LI1	4.17733 * (1)	0.65244(2)	6.74275 ** (1)
LI2	2.40566(1)	4.04149 ** (4)	2.91796(7)
LI3	8.23728(8)	0.26033(2)	0.11910(2)
SO1	9.05773 *** (1)	—	—
SO2	4.84564 ** (2)	—	—
SO3	4.84564 ** (1)	—	—
SO4	2.80754 * (4)	—	—
SO5	2.59617 * (2)	—	—
LU	—	0.03786(2)	—
LM	—	3.13515 * (5)	—
IU	—	14.4977 *** (2)	—
SOU	—	2.60744 * (5)	—
LE	—	—	1.97747(1)
IR	—	—	4.58129 ** (2)
SOR	—	—	2.92327 * (2)

注：表格中的 F 检验值指格兰杰因果检验 F 统计量，零假设为：自变量是因变量的原因。
*** 表示在 1% 的统计水平上显著，** 表示在 5% 的水平上统计显著，* 表示在 10% 的统计水平上显著，括号内的数字表示格兰杰因果检验的滞后期。

（二）统计分析

表 6.4 至表 6.7 实证分析了城乡融合对福利的影响。表 6.4 分析了城乡融合对全国经济增长的影响，表 6.4 分析了城乡融合对城市收入的影响，表 6.6 分析了城乡融合对农村收入的影响，表 6.7 分析了城乡融合对城乡居民收入差距的影响。

表6.4   城乡融合对全国经济增长的实证分析

自变量	方程1	方程2	方程3	方程5	方程6	方程7	方程8
	GDP	GDP	GDP	GDP	GDP	GDP	GDP
E	12931.75 (1.17)	15064.27 (1.27)	13257.25 (0.78)	2929.36 (0.22)	8948.63 (0.65)	-37427.33 *** (-4.27)	51287.55 (1.42)
L	-4.21 *** (-3.46)	-5.25 *** (-4.97)	-5.36 *** (-2.83)	2.58 (0.12)	-0.56 (-0.37)	1.32 (1.35)	-7.67 * (-1.88)
LA	0.03 *** (11.29)	0.04 *** (11.87)	0.04 *** (11.66)	0.01 (1.57)	0.01 (2.29)	0.04 *** (16.29)	0.05 *** (4.87)
RATE	-814.63 * (-1.82)	-1004.49 ** (-2.29)	-1090.77 ** (-2.43)	-142.48 (-0.39)	-86.41 (-0.20)	-272.39 (-0.84)	-1216.30 (-0.81)
I	0 (0.48)	0 (0.66)	0 (0.73)	0 (-1.30)	0 (-1.16)	0 (-0.99)	0 *** (3.14)
LI1	-783.24 (-1.60)			167.41 (0.41)	-176.98 (-0.38)	616.74 * (1.82)	425.56 (0.26)
LI2		-3473.72 (-0.89)					
LI3			195.84 (0.05)				
SO1	19.41 *** (18.02)	18.47 *** (15.83)	18.85 *** (14.61)				
SO2				8981.57 *** (6.37)			
SO3					7.25 *** (11.03)		
SO4						5020.06 *** (25.44)	
SO5							0.02 *** (3.26)
AR（1）				0.98 *** (5.42)	0.68 *** (3.89)		
调整的 R^2	0.9961	0.9968	0.9956			0.9980	0.9565
残差 ADF	-4.66 ***	3.8 ***	6.21 ***	-17.37 ***	-3.80 ***	-5.76 ***	-3.94 **
DW	1.92	1.77	1.63			1.97	1.59

注：表6.4至表6.7中，*** 表示统计量在1%的水平上显著，** 表示统计量在5%的水平上显著，* 表示统计量在10%的水平上显著；数据年限为1990～2016年。

表 6.5 城乡融合影响城市收入的实证分析

自变量	方程 1	方程 2	方程 3
	YU	YU	YU
E	−450698. 50 *** (−4. 88)	−422012. 70 *** (−5. 60)	−453915. 70 *** (−5. 91)
LU	153. 07 *** (5. 96)	149. 96 *** (6. 69)	180. 10 *** (5. 52)
LM	−48. 94 (−1. 65)	−28. 08 (−0. 96)	−33. 99 (−1. 12)
LA	0. 18 *** (3. 30)	0. 16 ** (3. 68)	0. 12 * (2. 00)
RATE	2194. 68 (0. 50)	2392. 98 (0. 61)	3444. 26 (0. 83)
IU	0 *** (−13. 58)	0 *** (−15. 25)	0 *** (−14. 05)
LI1	489. 06 (0. 10)		
LI2		−59481. 01 (−1. 64)	
LI3			−40614. 95 (−1. 13)
SOU	−31. 76 *** (−3. 78)	−32. 55 *** (−5. 00)	−44. 44 *** (−3. 49)
调整的 R²	0. 9559	0. 9614	0. 9586
残差 ADF 的 F 值	−4. 01 ****	−4. 43 ***	−4. 44 ***
DW	1. 50	1. 62	1. 45

表 6.6 城乡融合影响农村收入的实证分析

自变量	方程 1	方程 2	方程 3
	YR	YR	YR
E	3488. 25 ** (2. 26)	767. 68 (0. 69)	7518. 40 *** (4. 48)
LE	−1. 02 *** (−4. 04)	−1. 41 *** (−3. 13)	−1. 74 *** (−9. 13)

续表

自变量	方程1	方程2	方程3
	YR	YR	YR
LA	0 *** (4.26)	0 (0.05)	0 (1.23)
RATE	-101.89* (-1.91)	-14.03 (-0.45)	-70.76 (-1.07)
IR	-0.11 (-1.52)	-0.09** (-2.10)	-0.21** (-2.59)
LI1	75.55 (1.29)		
LI2		-326.69 (-0.93)	
LI3			2297.89*** (5.07)
SOR	0.31 (1.05)	-0.36* (-1.98)	0.03 (0.17)
AR (1)	0.84**** (5.71)	1.02*** (107.15)	
调整的 R^2	0.9889	0.9952	0.9860
残差 ADF 的 F 值	-5.32****	-50.39****	-4.22****
DW	1.53	2.02	1.70

表6.7　　　　　　城乡融合影响城乡人均收入差距的实证分析

自变量	方程1	方程2	方程3
	GAP	GAP	GAP
E	494.19 (1.21)	342.57 (0.89)	360.47 (0.95)
LM	0.30* (1.91)	0.19 (1.15)	0.19 (1.16)
ISU	0.02 (1.36)	0.04** (2.15)	0.04** (2.20)
LI1	-115.55*** (-5.30)		

续表

自变量	方程 1	方程 2	方程 3
	GAP	GAP	GAP
LI2		26.31 (0.20)	
LI3			25.46 (0.23)
SO1	0.69 *** (9.35)	0.42 *** (4.92)	0.42 *** (4.65)
AR（1）		0.96 *** (30.29)	0.96 *** (31.10)
调整的 R²	0.9822	0.9951	0.9961
残差 ADF 的 F 值	- 4.05 ***	- 3.35 **	- 18.89 ***
DW	1.43	1.51	1.56

表 6.4 至表 6.7 中，各方程调整的 R^2 均在 0.95 以上，表明方程的整体拟合性较好；各方程的残差通过了单位根 ADF 检验，其检验 F 值均在 5% 以上水平显著，表明方程的时间序列间存在稳定的相关关系，能够进行回归分析；各方程 DW 值均在 1.43～2.02，且各方程残差均通过了 LM 相关性检验，LM 检验值均不显著，表明方程的变量之间不存在线性相关。

表 6.4 至表 6.7 中的实证分析表明：第一，社会资本能够促进城乡经济增长，增加经济福利。社会资本能促进全国的经济增长。表 6.4 中，方程 1～方程 8 表明，社会资本显著促进全国经济增长，统计在 1% 以上的水平显著。

第二，城乡融合能够促进城乡经济增长，增加经济福利。表 6.6 表明，城乡融合方程 3，即政府对农村的财政支出显著促进农村收入增长。

第三，教育水平与城乡经济增长成正比例，教育水平提高，能增加经济福利。教育能提升农村收入，如表 6.6 方程 1 中，教育每上升 1 个百分点，农村产量提升 3488.25%，且在 1% 的水平上统计显著。

第四，一个国家的法律体制效率与城乡经济增长成正比例，法律体制效率提高，能增加经济福利。表 6.4 中，法律效率与全国经济增长成正比，如方程 1 中，法律效率每上升 1%，经济增长上升 0.03%；法律效率与城市产量成正比，如表 6.5 所示，方程 1～方程 3 表明，法律效率上升，能提升城市产量，且在 10% 以上的统计水平显著。

第五，劳动力增加，能增加社会福利。劳动力增加，城市产量上升，如表 6.5 方程 1 所示，劳动力每增加 1%，城市产量上升 153.07%，且在 1% 的水平上统计显著。

第六，利率对全国经济增长和农村产出有负的影响，如表 6.4 和表 6.6 所示。

实证分析中，存在与理论不符合的情况：第一，教育对全国经济增长的影响为正，但统计不显著（见表 6.4）；教育对城乡居民收入差距的影响不显著（见表 6.7）；教育对城市产量的影响为负。第二，劳动力对全国经济增长的影响不显著（见表 6.4）。劳动力流动对城市产值影响不显著（见表 6.5）；劳动力对农村产值的影响为负（见表 6.6）。第三，法律效率对农村产出的影响不显著，且系数接近于 0（表 6.6）。第四，劳动力流动对城乡居民收入差距影响不显著（见表 6.7）；教育对城乡居民收入差距影响不显著；社会保障对城乡居民收入差距影响是正的。城乡融合对城乡居民收入差距的影响不显著。第四，投资对全国经济增长、城市和农村增长影响不显著。第五，城乡融合对全国经济增长和城市经济增长影响不显著。第六，社会资本对农村和城市增长影响不显著。

第四节　基于微观调查数据的实证研究

为进一步实证研究城乡融合、社会资本和经济福利的关系，本章节将利用中国微观调查数据，对模型进行实证分析。

一、数据来源及说明

微观调查数据的时间为 2017 年 7 月 1 日至 9 月 30 日。调查的形式：通过腾讯问卷软件发放电子问卷，通过即时聊天软件微信和 QQ 填写电子问卷，每个用户只能填写一份问卷。发放问卷 8035 份，回收有效问卷 1682 份。除广西、海南、云南、西藏、吉林、甘肃和青海外，问卷样本覆盖我国其他 24 个省份。其中，样本回收来源为：通过微信回收 57.5% 的样本，通过手机 QQ 软件回收 19.5% 的样本，通过电脑 QQ 软件回收 17.7% 的样本，通过其他设备回收 5.3% 的样本。

由于微观调查数据分析，各指标均为微观变量，因此去掉模型中的一些宏观变量，如利率、劳动力和投资等变量。具体模型变量及指标说明如表 6.7 所示。表 6.8 至表 6.12 的统计分析均采用统计软件 SPSS 19.0。

表 6.8 　　　　　　　　　　　　　**变量及指标说明**

变量	指标代码	指标
收入	Y	个人 2016 年的工资或劳动收入
相对收入	GAP	个人工资收入与平均收入的比率（%）
教育	E	个人受教育年限
社会资本	SO1	是否参加过自愿免费献血（参加过 =1；其他 =0）
	SO2	认为社会上大多数人是否可以信任（信任 =1；其他 =0）
	SO3	每天花费在微信和 QQ 等通信软件上聊天的时间
	SO4	微信朋友的好友人数
城乡融合	LI1	户籍（农业户籍 =1；其他 =0）
社会保障	ISU1	是否参加养老保险（参加 =1；每参加 =0）
	ISU2	是否参加医疗保险（参加 =1；每参加 =0）

二、描述统计分析

描述统计分析数据如表 6.9 至表 6.10（收入变量中有少量缺失值，填补为中值）。该项微观调查中，男性占比 41.9%，女性占比 58.1%；年龄构成主要是 18~45 岁的中青年，这部分人群占 85.3%，而 46~60 岁人群占 12.9%，60 岁以上人群占 1.8%。第一，社会资本描述分析：40.50% 的人群表示参加过免费献血；85.34% 的人群表示社会上大多数人是可以信任的，14.66% 的人群表示大多数人不能信任。第二，城乡融合描述分析：农业户籍样本占比为 36.80%；其他户籍占 63.20%。第三，社会保障描述分析：参加医疗保险的占比 94.72% ，只有 5.28% 的人群没有参加医疗保险；参加养老保险的占比 76.25% ，没有参加养老保险的占 23.75% 。

表 6.9   描述统计分析

变量	观察值	最小值	最大值	均值	方差
教育	1682	6.00	19.00	14.83	3.18
党员身份	1682	0	1.00	0.56	0.50
户籍	1682	0	1.00	0.37	0.48
信任	1682	0	1.00	0.85	0.35
献血	1682	0	1.00	0.40	0.49
医疗保险	1682	0	1.00	0.95	0.22
养老保险	1682	0	1.00	0.76	0.43
微信朋友	1682	0	5000.00	246.75	360.96
聊天时间	1677	0.10	60.00	2.76	3.48
个人相对收入	1682	0	17.10	1.00	1.09
个人收入	1682	0	1000000.00	58492.35	63693.30
家庭收入	1682	1000.00	2000000.00	104748.10	130306.61

表 6.10   描述统计的频率分析

变量	选项	百分比（%）	有效样本
党员身份	党员身份	55.72	1682
	群众	44.28	1682
户籍	农业户籍	36.80	1682
	其他户籍	63.20	1682
信任	信任	85.34	1682
	不信任	14.66	1682
献血	献过血	40.50	1682
	没有献过血	59.50	1682
医疗保险	有医疗保险	94.72	1682
	无医疗保险	5.28	1682
养老保险	有养老保险	76.25	1682
	无养老保险	23.75	1682

表 6.11 分户籍的描述统计分析

变量	户籍	样本	最小值	最大值	均值	方差
教育	非农户籍	1063	6.00	19.00	15.77	2.64
	农业户籍	619	6.00	19.00	13.20	3.37
党员身份	非农户籍	1063	0	1.00	0.60	0.49
	农业户籍	619	0	1.00	0.49	0.50
信任	非农户籍	1063	0	1.00	0.87	0.34
	农业户籍	619	0	1.00	0.82	0.38
献血	非农户籍	1063	0	1.00	0.41	0.49
	农业户籍	619	0	1.00	0.40	0.49
个人收入	非农户籍	1063	1000.00	500000.00	66522.24	55660.01
	农业户籍	619	1000.00	1000000.00	44903.24	73567.91
个人相对收入	非农户籍	1063	0.02	8.55	1.14	0.95
	农业户籍	619	0.02	17.10	0.77	1.26
家庭收入	非农户籍	1063	1000.00	2000000.00	123135.84	136219.18
	农业户籍	619	2000.00	1500000.00	73173.95	112931.18
医疗保险	非农户籍	1063	0	1.00	0.95	0.21
	农业户籍	619	0	1.00	0.94	0.24
养老保险	非农户籍	1063	0	1.00	0.84	0.37
	农业户籍	619	0	1.00	0.63	0.48
微信朋友	非农户籍	1063	0	2500.00	243.25	303.86
	农业户籍	619	0	5000.00	252.75	442.77
聊天时间	非农户籍	1062	0.10	15.00	2.54	2.32
	农业户籍	615	0.20	60.00	3.15	4.87

三、统计分析

统计分析的结果如表 6.12 所示，主要结论如下：

第一，个人教育水平提高，能提高个人收入水平。如表 6.11 的方程 1～方程 4 所示，个人教育水平对收入有显著正的影响，且在 1% 以上的水平统计显著。

第二，个人社会资本显著提高收入水平，见方程 1～方程 4，个人微信朋友数量显著与收入正相关，且在10%以上的水平统计显著。

第三，城乡融合水平提高，显著提高个人收入水平，见方程1~方程4，个人农业户籍对收入有负的影响，且统计显著。

第四，社会保障提高，能提高个人收入水平，见方程3~方程4，个人的养老保险与收入水平正相关，且统计显著。

第五，个人教育水平、社会资本、城乡融合和社会保障等都能提高个人相对收入水平，提升个人相对收入地位，缩小个人之间的收入差距，见方程5~方程7。

但也存在一些与理论不符合的情况，如个人的信任、是否献血和党员身份对收入影响不显著，个人微信聊天时间对收入影响是负的；个人医疗保险对收入影响不显著。

表6.12　　　　　　　　　　　　　　统计分析

自变量	方程1	方程2	方程3	方程4	方程5	方程6	方程7
	收入	收入	收入	收入	相对收入	相对收入	相对收入
教育	0.19 *** (4.69)	0.19 *** (4.77)	0.19 *** (4.78)	0.20 *** (4.34)	0.19 *** (4.69)	0.19 *** (4.77)	0.19 *** (4.23)
党员身份				0 (−0.07)			0 (0.01)
户籍	−0.09 ** (−2.15)	−0.09 ** (−2.15)	−0.07 * (−1.76)	−0.07 * (−1.69)	−0.09 ** (−2.14)	−0.09 ** (−2.14)	−0.07 * (−1.74)
信任	0.02 (0.66)				0.02 (0.65)		
献血		0.03 (0.73)				0.03 (0.70)	
医疗保险	0.02 (0.63)	0.03 (0.68)			0.02 (0.63)	0.03 (0.68)	
养老保险			0.07 * (1.81)	0.07 * (1.85)			0.07 * (1.79)
微信朋友	0.09 ** (2.29)	0.09 ** (2.29)	0.08 ** (2.26)		0.09 * (2.30)	0.09 ** (2.30)	0.08 ** (2.26)
聊天时间	−0.07 * (−1.82)	−0.07 * (−1.86)	−0.07 * (−1.78)		−0.07 * (−1.81)	−0.07 * (−1.85)	−0.07 * (−1.76)
调整的 R^2	0.065	0.057	0.077	0.060	0.065	0.065	0.068
DW	1.93	1.98	1.97	1.96	1.97	1.98	1.97

注：系数均为标准化后的系数，标准差后的系数=原始系数/标准差。

第五节　我国城乡融合的福利效应
静态效应分析结论

根据前文的理论分析，以及我国宏观经济数据统计分析和微观调查数据统计分析，得出以下结论：

第一，教育水平提高，能促进经济增长，也能提高个人收入水平，提高个人相对收入地位。

第二，城乡融合的政策，能促进经济增长，提高个人收入水平，提高个人相对收入地位。

第三，社会资本水平提高，能促进经济增长，提高个人收入水平，提高个人相对收入地位。

第四，社会保障政策的完善，将提高个人收入水平。

第五，法律体制效率提高，能促进经济增长，从而提高福利水平。

第六，社会投资增加，劳动力的增加等，都能促进经济增长，从而提高福利水平。

第七，教育、城乡融合、社会资本和社会保障等，都能提高个人相对收入水平，缩小城乡居民收入差距。

理论与实证不符合的原因有以下三点：

第一，教育和城乡融合是提高个人收入，缩小收入差距的重要因素。但在宏观分析中，教育和城乡融合对城乡居民收入差距影响不显著，主要因为农业人口中受过良好教育的人群，绝大部分流入城市工作，转变为非农业户籍，其个人收入水平提高了，其相对收入地位也提高了，但对城乡居民收入差距的影响不大。微观调查中，69.9%农业户口人群表示农业户口不影响找工作，59.3%的农业户口人群认为农业户口不影响本人或者其子女上学，而有46.4%的非农业户籍是通过升学获得的[①]。这表明，通过

---

① 资料来源：本课题的微观数据，采用统计调查法获取（调查数据的时间为2017年7月1日至9月30日）。

城乡融合，很大一部分农业人口通过受教育和找工作，流动到城市，其个人收入水平提高了，其个人相对收入地位也提高了，但对城乡居民收入差距的影响不显著。

第二，社会资本是促进经济增长和提高个人收入的重要因素，如社会网络（工会会员）和个人网络（微信朋友数量），显著提高收入水平。但如献血和信任等社会资本，具有显著的外部性，能提高整个社会的效率，但对个人的收入影响不显著。

第三，宏观分析中，社会保障并没有缩小城乡居民收入差距。因为城乡人群所享受的社会保障水平是不同的，城市人群享受的养老和医疗保障水平更高。微观调查数据中，认为农业户口和城市户籍享受的养老保险政策没有差别的只有16.3%的人群，83.7%的人群认为农业人口享受的养老金较低或者没有养老保险；62.7的人群认为城市人群和农村人群享有的医疗保障没有差别，37.3%的人群认为农业人口享受的医保较低或者没有医疗保险[1]。

---

① 资料来源：本课题的微观数据，采用统计调查法获取（调查数据的时间为2017年7月1日至9月30日）。

第七章

社会资本视角下城乡融合的福利效应动态模型及实证分析

前文构建了社会资本、城乡融合和经济福利的静态模型，并利用我国的宏观和微观调查数据进行实证分析，验证了城乡融合和社会资本对社会经济福利的正向作用。为更好地证明城乡融合和社会资本对个人经济福利的作用，本章将进一步构建城乡融合、社会资本和个人经济福利的动态模型，并分别利用我国的宏观统计数据和微观调查数据进行实证分析。①

第一节　理论假设

本章节将根据前文的理论分析，给出模型的理论假设。理论假设如下：

理论假设 7.1：城乡融合政策能促进农村剩余劳动力转移，提高收入，缩小收入差距，提高福利水平。

推论 7.1：户籍限制政策，不利于劳动力流动，不利于农业户籍人口收入提高，降低农业户籍人口的福利水平。

推论 7.2：减少对农村家庭的税收，有利于提高农村家庭的收入，缩

---

① 本章参考史振华. 社会资本视角下城乡融合的福利效应研究 ［J］. 制度经济学研究，2017（1）.

小收入差距，提高农村家庭的福利。

理论假设 7.2：政府对教育、医疗和社会保障等公共资源的支出，有利于提高城乡居民收入水平，缩小收入差距，增加福利。

理论假设 7.3：社会资本能降低交易成本，提高经济效率，提高收入和福利水平。

推论 7.3：社会资本有利于就业信息分享，促进农业劳动力转移，增加福利。

理论假设 7.4：城乡融合通过培育社会资本，能提高经济效率，从而提高福利水平。

推论 7.4：对农村居民的歧视性政策不利于社会资本的形成，对福利有负面影响；对农村居民的歧视性政策减少，将缩小收入差距，有利于社会资本形成，增加福利水平。

第二节　模型

根据上述分析和理论假设，下面以约翰·哈里斯和迈克尔·户太郎（John R. Harris and Michael P. Todaro，1970）的城乡二元模型为基础，构建城乡二元动态分析模型，研究社会资本、城乡融合对城乡福利的影响。假设没有债务；没有折旧；社会资本的成本为零；城市处于充分就业状态，农村存在剩余劳动力。下面将社会资本和政府公共资源支出引入城乡二元生产函数和家庭消费函数，进行宏观均衡分析和动态均衡分析，分析城乡融合的短期均衡和长期均衡福利效应，最后分析政府支出变化对社会福利的长期影响。

一、将社会资本引入城乡二元生产者的生产函数

将社会资本引入生产函数，因为社会资本是降低交易成本、提高经济效率的重要因素（卢燕平，2005，2007；严成樑，2012）。假定生产函数为新古典生产函数，满足一阶齐次性假设。

城市生产者的生产函数如下：

$$q_A = f(k_A, l_A, s_A) \tag{7-1}$$

其中，q_A 为城市生产者的产出，k_A，l_A，s_A 分别为城市生产者的资本、实际劳动力投入和社会资本。

城市生产者的利润极大化时有：$f_{k_A} > 0$，$f_{l_A} > 0$，$f_{s_A} > 0$，$f_{k k_A} < 0$，$f_{ll_A} < 0$，$f_{ss_A} < 0$。

在生产函数的一阶齐次性假设下，有 $f_{k_A l_A} > 0$，因此资本存量增加，能增加劳动力的边际生产率；劳动力增加，能增加资本的边际生产率。$f_{k_A s_A} > 0$，表示社会资本增加，能增加资本的边际生产率；而资本存量增加，也能增加社会资本的边际生产率。$\overline{w_A}$ 为城市固定最低工资水平。

城市资本利息为：$r_A = f_{k_A}$；城市工资为：$w_A = f_{l_A} \geqslant \overline{w_A}$。

农村生产者的生产函数为：

$$q_B = q(k_B, l_B, \overline{l_B}, s_B) \tag{7-2}$$

q_B 为农村生产者的产出，k_B，l_B，s_B 分别为农村生产者的资本、实际劳动力投入和社会资本。假定农村劳动力过剩，农村土地需要固定的劳动力投入为 $\overline{l_B}$。$\overline{w_B}$ 为农村固定最低工资水平。

农村生产者的利润极大化有：$q_{k_B} > 0$，$q_{l_B} > 0$，$q_{s_B} > 0$，$q_{k_B k_B} < 0$，$q_{l_B l_B} < 0$，$q_{s_B s_B} < 0$。

农村资本利息为：$q_{k_B} = r_B$；农村工资为：$w_B = q_{l_B} \geqslant \overline{w_B}$。

农村家庭原有的劳动力为 n_B，农村剩余劳动力会转移到城市，农村家庭剩余劳动力转移的数量为 l_m。假定城市处于充分就业状态，城市家庭的劳动力为 n_A，城市生产者的劳动力投入等于城市家庭的劳动力加上农村家庭剩余劳动力转移的数量，即：

$$l_A = n_A + l_m$$
$$l_B + l_m = n_B \tag{7-3}$$
$$dl_A = -dl_B$$

农村移民在城市找工作存在搜寻信息等成本，其就业机会还受到农村户籍等政策的限制。农村移民拥有的社会资本将降低其搜寻工作的成本，有助于其在城市找到工作；城乡融合政策将为农村移民提供均等的就业机会，减少对农村户籍的歧视，有助于农村移民在城市找到工作。τ 为城乡融合政策，农村移民在城市找到工作的概率 π 为：

$$\pi = \varphi(s_A, \tau) \leqslant 1$$
$$\pi_{s_A} > 0, \pi_\tau > 0。 \qquad (7-4)$$

农村移民在城市的预期工资为 w_A^e，则有：

$$w_A^e = w_A \times \pi = w_A \times \varphi(s_A, \tau) \qquad (7-5)$$

农村家庭剩余劳动力移民数量是城乡预期工资差额的函数，如下：

$$l_m = \phi(w_B - w_A^e) = \phi(w_B - w_A \times \varphi(s_A, \tau))$$
$$= \phi(q_{l_B} - f_{lA} \times \varphi(s_A, \tau)) = \phi(\overline{w_B} - \overline{w_A} \times \varphi(s_A, \tau)) \qquad (7-6)$$

当城乡工资差额为零时，达到均衡，移民为零，即 $w_A^e = w_B$ 时，有：

$$\overline{w_A} \times \varphi(s_A, \tau) = \overline{w_B} \qquad (7-7)$$

农村家庭剩余劳动力移民大于等于零的必要条件为 $w_B \leqslant w_A^e$，即：

$$\overline{w_B} \leqslant \overline{w_B} \times \varphi(s_A, \tau) \qquad (7-8)$$

二、将政府公共资源服务支出引入家庭消费函数

阿罗赫·库尔兹（ArrowheKurz，1967）首次将政府支出引入消费效用函数，因为政府对基础设施等公共支出，能提高消费者效用；政府在国防等领域的支出，不仅能提高消费者效用，还具有私人支出难以替代的作用。图尔诺夫斯基（Turnovsky，1990）将政府支出引入效用函数，而巴罗（Barrro，1990）则将提高福利的政府支出引入效用函数。本书将政府的教育、医疗和社会保障等提高福利的支出引入效用函数，下文的政府支出均指政府的教育、医疗和社会保障等公共资源福利支出。将政府支出引入Ramsey – Cass – Koopmans 模型（Ramsey，1928；Cass and koopmans，1965）。消费者在预算约束下，选择消费路径、劳动力供给和资本积累路径极大化其效用。假定社会资本的成本为零，政府在农村不收税，政府在农村的支出来自城市收税。

城市家庭消费者选择消费路径 c_A，劳动力供给 l_A 和其资本积累路径，其效用最大化函数如下：

$$\max \int_0^\infty u_A(c_A, l_A, g_A) e^{-\beta t} dt \qquad (7-9)$$

g_A 为政府在城市的人均支出；T 为政府在城市征收的税。β 为贴现因子，t 为时间。城市消费者的个人财富为 α_A，财富的利率为 r_A。

城市家庭消费受约束于：

$$\frac{d\alpha_A}{dt} = \alpha_A \times r_A + w_A \times l_A - c_A - T \qquad (7-10)$$

假设与消费品一样，消费者从休闲和政府支出中获得递增的效用，但边际效用递减，即：

$$u_{c_A} > 0, \ u_{l_A} < 0, \ u_{g_A} > 0, \ u_{cc_A} < 0, \ u_{u_A} < 0, \ u_{gg_A} < 0, \qquad (7-11)$$

农村家庭消费者选择消费路径 c_B，劳动力供给 l_B 和其资本积累路径 α_B，农村家庭效用最大化函数如下：

$$\max \int_0^\infty u_B(c_B, l_B, g_B) e^{-\beta t} dt \qquad (7-12)$$

g_B 为政府在农村的人均支出，政府在农村不收税，因此 g_B 来自城市税收 T，且 $g_A + g_B = T$。β 为贴现因子，t 为时间。农村消费者的个人财富为 α_B，财富的利率为 r_B。

农村家庭消费受约束于：

$$\frac{d\alpha_B}{dt} = \alpha_B \times r_B + w_B \times l_B - c_B \qquad (7-13)$$

假设与消费品一样，农村消费者从休闲和政府支出中获得递增的效用，但边际效用递减，即：

$$u_{c_B} > 0, \ u_{l_B} < 0, \ u_{g_B} > 0, \ u_{c_B c_B} < 0, \ u_{g_B g_B} < 0, \ u_{l_B l_B} < 0, \qquad (7-14)$$

三、宏观经济均衡分析

假定在封闭的经济中，没有政府债券，政府的收入来自税收。宏观经济均衡时，要求所有产品市场均衡，产品市场必须满足以下几点。

城市资本积累方程为：

$$\frac{dk_A}{dt} = f(k_A, l_A, s_A) - c_A - g_A - g_B \qquad (7-15)$$

农村资本积累方程为：

$$\frac{dk_B}{dt} = q(k_B, l_B, s_B) - c_B \tag{7-16}$$

定义 hamilton 方程为：

$$H = U_A(c_A, l_A, g_A) + U_B(c_B, l_B, g_B) + \lambda_A \times (f(k_A, l_A, s_A) - c_A - g_A - g_B)$$

$$+ \lambda_B \times (q(k_B, l_B, s_B) - c_B) + \mu \times (\overline{w_B} - \overline{w_A} \times \varphi(s_A, \tau)) \tag{7-17}$$

λ_A 和 λ_B 均为 hamilton 乘子，λ_A 为城市收入的现值影子价格，表示从时刻 0 来看，在 t 时刻，一个单位资本存量的增加，给城市居民带来的最优效用增量；λ_B 为农村收入的现值影子价格，表示单位资本存量的增加，给农村居民带来的最优效用增量；μ 为拉格朗日乘子。时间 $t \in [t_0, t_1]$ 有：

（1）最优性条件：

$$\lambda_A = U_{AC_A} \tag{7-18}$$

$$\lambda_B = U_{BC_B} \tag{7-19}$$

$$U_{Al_A} = -\lambda_A f_{l_A} + \mu \times \overline{w_A} \times \varphi(s_A, \tau) \tag{7-20}$$

$$U_{Bl_B} = -\lambda_B q_{l_B} - \mu \times \overline{w_B} \tag{7-21}$$

（2）伊穆勒方程：

$$\frac{d\lambda_A}{dt} = \lambda_A \beta - \lambda_A f_{k_A} \tag{7-22}$$

$$\frac{d\lambda_B}{dt} = \lambda_B \beta - \lambda_B \times q_{k_B} \tag{7-23}$$

（3）可行性条件：

$$\frac{dk_A}{dt} = f(k_A, l_A, s_A) - c_A - g_A - g_B \tag{7-24}$$

$$\frac{dk_B}{dt} = q(k_B, l_B, s_B) - c_B \tag{7-25}$$

（4）横截性条件：

$$\lambda_A(t_1) = 0, 则有, \lim_{t \to \infty} \lambda_A k_A e^{-\beta t} = 0 \tag{7-26}$$

$$\lambda_B(t_1) = 0, 则有, \lim_{t \to \infty} \lambda_B k_B e^{-\beta t} = 0 \tag{7-27}$$

（5）松弛条件：

$$\mu \geq 0 \tag{7-28}$$

$$\overline{w_B} - \overline{w_A} \times \varphi(s_A, \tau) \geqslant 0 \qquad (7-29)$$

$$\mu \times (\overline{w_B} - \overline{w_A} \times \varphi(s_A, \tau)) = 0 \qquad (7-30)$$

（6）二阶条件：

$$U_{A C_A C_A} \leqslant 0 \qquad (7-31)$$

$$U_{B C_B C_B} \leqslant 0 \qquad (7-32)$$

四、城乡融合福利效应的短期均衡路径分析

根据式（7-18）至式（7-21），可以把消费水平和劳动力水平表示为资本存量、政府花费和 hamilton 乘子的函数：

$$c_A = c_A(\lambda_A, k_A, g_A) \qquad (7-33)$$

$$l_A = l_A(\lambda_A, k_A, g_A) \qquad (7-34)$$

$$c_B = c_B(\lambda_B, k_B, g_B) \qquad (7-35)$$

$$l_B = l_B(\lambda_B, k_B, g_B) \qquad (7-36)$$

式（7-33）至式（7-36）为短期均衡路径，能反映变量在短期内的变化，如何引起消费水平和劳动力的变化。通过对式（7-18）至式（7-21）进行全微分，得到 λ_A，k_A，g_A 变化对城市消费水平 c_A 和劳动力供给 l_A 的影响；以及 λ_B，k_B，g_B 对农村消费水平 c_B 和劳动力供给 l_B 的影响。令：

$$D_1 = U_{A l_A C_A} U_{A c_A l_A} - U_A(U_{A l_A l_A} + \lambda_A f_{A l_A l_A}) < 0,$$

$$D_2 = U_{B l_B C_B} U_{B c_B l_B} - U_{B c_B C_B}(U_{B l_B l_B} + \lambda_B f_{B l_B l_B}) < 0 \text{。} \qquad (7-37)$$

短期相关分析结论如表 7.1 所示。表 7.1 的短期均衡分析表明，城市家庭和农村家庭有以下均衡路径：

表 7.1 **λ，k，g，s 变化对城市和农村的福利分析**
——对消费和劳动力供给的短期影响

地区	自变量	因变量 1：短期消费均衡	因变量 2：短期劳动力供给
城市短期均衡	λ_A	$\dfrac{dc_A}{d\lambda_A} = \dfrac{-(U_{A l_A l_A} + \lambda_A f_{A l_A l_A} + U_{c_A l_A} f_{l_A})}{D_1} < 0$	$\dfrac{dl_A}{d\lambda_A} = \dfrac{U_{A l_A C_A} + f_{l_A} U_{A c_A C_A}}{D_1} > 0$
	k_A	$\dfrac{dc_A}{dk_A} = \dfrac{-U_{A c_A l_A} \lambda_A f_{k_A l_A}}{D_1}$（符号不确定）	$\dfrac{dl_A}{dk_A} = \dfrac{U_{A c_A C_A} \lambda_A f_{l_A k_A}}{D_1} > 0$

续表

地区	自变量	因变量1:短期消费均衡	因变量2:短期劳动力供给
城市短期均衡	g_A	$\dfrac{dc_A}{dg_A} = \dfrac{-U_{Ac_Ag_A}(U_{Al_Al_A} + \lambda_A f_{l_Al_A}) + U_{Ac_Al_A}U_{Ag_Al_A}}{-D_1}$	$\dfrac{dl_A}{dg_A} = \dfrac{-(U_{Ac_Ag_A}U_{Al_Ac_A} - U_{Ac_Ac_A}U_{Al_Ag_A})}{D_1}$
	s_A	$\dfrac{dc_A}{ds_A} = \dfrac{U_{Ac_Al_A}(-\lambda_A f_{l_As_A} + \mu \overline{w}_A \varphi_{s_A})}{D_1}$	$\dfrac{dl_A}{ds_A} = \dfrac{-U_{Ac_Ac_A}(-\lambda_A f_{l_As_A} + \mu \overline{w}_A \varphi_{s_A})}{D_1}$
	τ	$\dfrac{dc_A}{d\tau} = \dfrac{U_{Ac_Al_A}\mu \overline{w}_A \varphi_\tau}{D_1}$（符号不确定）	$\dfrac{dl_A}{d\tau} = \dfrac{-U_{Ac_Ac_A}\mu \overline{w}_A \varphi_\tau}{D_1} < 0$
农村短期均衡	λ_B	$\dfrac{dc_B}{d\lambda_B} = \dfrac{-(U_{Bl_Bl_B} + \lambda_B q_{l_Bl_B} + U_{Bc_Bl_B}q_{l_B})}{D_2} < 0$	$\dfrac{dl_B}{d\lambda_B} = \dfrac{U_{Bl_Bc_B} + q_1 U_{Bc_Bc_B}}{D_1} > 0$
	k_B	$\dfrac{dc_B}{dk_B} = \dfrac{-U_{Bc_Bl_B}\lambda_B q_{k_Bl_B}}{D_2}$（符号不确定）	$\dfrac{dl_B}{dk_B} = \dfrac{U_{Bc_Bc_B}\lambda_B q_{l_Bk_B}}{D_1} > 0$
	g_B	$\dfrac{dc_B}{dg_B} = \dfrac{-U_{Bc_Bg_B}(U_{Bl_Bl_B} + \lambda_B q_{l_Bl_B}) + U_{c_Bl_B}U_{Bg_Bl_B}}{-D_2}$	$\dfrac{dl_B}{dg_B} = \dfrac{-(U_{Bc_Bg_B}U_{Bl_Bc_B} - U_{Bc_Bc_B}U_{Bl_Bg_B})}{D_1}$
	s_B	$\dfrac{dc_B}{ds_B} = \dfrac{-U_{Bc_Bl_B}\lambda_B q_{k_Bs_B}}{D_2}$（符号不确定）	$\dfrac{dl_B}{ds_B} = \dfrac{U_{Bc_Bc_B}\lambda_B q_{l_Bs_B}}{D_1} > 0$

　　第一，随着财富的边际效用上升，消费成本上升，所以短期消费下降，劳动力供给上升。

　　第二，随着资本存量上升，工资水平上升，短期劳动力供给上升；资本存量对消费的影响，取决于劳动力对消费的边际效用：如果劳动力上升，增加消费的边际效用，资本存量增加，将促进消费；如果劳动力上升，减少消费的边际效用，资本存量增加反而减少消费。

　　第三，政府支出对消费的影响不确定，对劳动力供给的影响不确定。

　　第四，社会资本存量上升，对城市家庭消费和劳动力的影响不确定；社会资本存量上升，促进农村家庭劳动力供给。社会资本对家庭消费的影响，取决于劳动力对消费的边际效用：如果劳动力上升，增加消费的边际效用，则社会资本存量增加，将促进消费；如果劳动力上升，减少消费的边际效用，社会资本存量增加，会减少消费。

　　第五，城乡融合政策，对农村家庭的消费和劳动力供应没有影响；城乡融合政策，减少城市家庭劳动力供应，因为城乡融合政策促进农村家庭向城市转移劳动力，但因为城市工资水平高于农村，劳动力的替代效应大于收入效应，减少城市家庭的劳动力供给；对城市消费的影响，取决于劳动力对消费的边际效用：如果劳动力上升，增加消费的边际效用，城乡融合政策，将减少城市家庭消费；如果劳动力上升，减少消费的边际效用，城乡融合政策，会增加消费。

五、长期均衡时的动态系统分析

（一）城市家庭的动态均衡分析

把短期均衡式（7-33）和式（7-34）代入资本存量式（7-22）和式（7-24），得到资本存量和财富的边际值动态方程如下：

$$\frac{dk_A}{dt} = f(k_A, l_A(\lambda_A, k_A, g_A), s_A) - c_A(\lambda_A, k_A, g_A) - g_A - g_B \quad (7-38)$$

$$\frac{d\lambda_A}{dt} = \lambda_A \beta - \lambda_A f_{k_A} \quad (7-39)$$

城市家庭的均衡点（$\bar{k}_A$，$\bar{\lambda}_A$）在 $\frac{dk_A}{dt} = \frac{d\lambda_A}{dt} = 0$ 时达到。其特征可以表示为：

$$f(k_A, l_A(\lambda_A, k_A, g_A), s_A) = c_A(\lambda_A, k_A, g_A) + g_A + g_B \quad (7-40)$$

$$f_k(k_A, l_A(\lambda_A, k_A, g_A), s_A) = \beta \quad (7-41)$$

对式（7-38）和式（7-39）在均衡点附近一阶泰勒线性展开，得到：

$$\frac{dk_A}{dt} = (f_{k_A} + f_{l_A}l_{k_A} - c_A) \times (k_A - \bar{k}_A) + (f_{l_A}l_{\lambda_A} - c_A) \times (\lambda_A - \bar{\lambda}_A) \quad (7-42)$$

$$\frac{d\lambda_A}{dt} = -\bar{\lambda}_A(f_{k_A k_A} + f_{k_A l_A}l_{Ak_A}) \times (k_A - \bar{k}_A) - \bar{\lambda}_A f_{k_A l_A}l_{A\lambda_A} \times (\lambda_A - \bar{\lambda}_A)$$

$$(7-43)$$

其中，$f_{k_A} + f_{l_A}l_{k_A} - c_{Ak_A} > 0$；$f_{l_A}l_{\lambda_A} - c_{A\lambda_A} > 0$；$f_{k_A k_A} + f_{k_A l_A}l_{Ak_A} < 0$；$f_{k_A l_A}l_{A\lambda_A} > 0$。

上述线性系统的两个特征根满足 $n_1 n_2 < 0$，表明均衡点是鞍点稳定的均衡点。记 $n_1 < 0$，$n_2 > 0$，$n_2 > |n_1|$。设 E_1、E_2 为待定常数，则上述线性系统的解为：

$$k_A = \bar{k}_A + E_1 e^{n_1 t} + E_2 e^{n_2 t} \qquad (7-44)$$

$$\lambda_A = \bar{\lambda}_A - \frac{\bar{\lambda}_A (f_{k_A k_A} + f_{k_A l_A} l_{A k_A})}{\bar{\lambda}_A f_{k_A l_A} l_{A \lambda_A} + n_1} E_1 e^{n_1 t} - \frac{\bar{\lambda}_A (f_{k_A k_A} + f_{k_A l_A} l_{A k_A})}{\bar{\lambda}_A f_{k_A l_A} l_{A \lambda_A} + n_2} E_2 e^{n_2 t} \qquad (7-45)$$

综合横截性条件，以及初始条件 $k_A(0) = k_{A0}$，有如下资本存量路径和财富边际值显示路径：

$$k_A = \bar{k}_A + (k_{A0} - \bar{k}_A) e^{n_1 t} \qquad (7-46)$$

$$\lambda_A = \bar{\lambda}_A - \frac{\bar{\lambda}_A (f_{k_A k_A} + f_{k_A l_A} l_{A k_A})}{\bar{\lambda}_A f_{k_A l_A} l_{A \lambda_A} + n_1} (k_{A0} - \bar{k}_A) e^{n_1 t} \qquad (7-47)$$

均衡点附近存在最优路径 XX 和发散路径 YY，则 XX 的方程为：

$$\lambda_A = \bar{\lambda}_A - \frac{\bar{\lambda}_A (f_{k_A k_A} + f_{k_A l_A} l_{A k_A})}{\bar{\lambda}_A f_{k_A l_A} l_{A \lambda_A} + n_1} (k_{A0} - \bar{k}_A)$$

$$= -\frac{n_1 - (f_{k_A} + f_{l_A} l_{k_A} - c_{A k_A})}{f_{l_A} l_{\lambda_A} - c_{A \lambda_A}} (k_{A0} - \bar{k}_A) \qquad (7-48)$$

路径 YY 的方程为：

$$\lambda_A = \bar{\lambda}_A - \frac{\bar{\lambda}_A (f_{k_A k_A} + f_{k_A l_A} l_{A k_A})}{\bar{\lambda}_A f_{k_A l_A} l_{A \lambda_A} + n_2} (k_{A0} - \bar{k}_A)$$

$$= -\frac{n_2 - (f_{k_A} + f_{l_A} l_{k_A} - c_{A k_A})}{f_{l_A} l_{\lambda_A} - c_{A \lambda_A}} (k_{A0} - \bar{k}_A) \qquad (7-49)$$

如果经济处于收敛路径 XX，则收敛到均衡点；如果经济处于发散路径 YY，则会发散。路径 XX 即为最优路径，如图 7.1 所示。

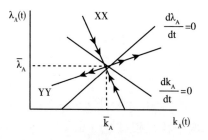

图 7.1 城市家庭的鞍点收敛路径

（二）农村家庭的动态均衡分析

资本存量和财富的边际值动态方程为：

$$\frac{dk_B}{dt} = q(k_B, l_B(\lambda_B, k_B, g_B), s_B) - c_B(\lambda_B, k_B, g_B) \qquad (7-50)$$

$$\frac{d\lambda_B}{dt} = \lambda_B \beta - \lambda_B \times q_{k_B} \qquad (7-51)$$

农村家庭的均衡点（$\bar{k}_B, \bar{\lambda}_B$）在 $\dfrac{dk_B}{dt} = \dfrac{d\lambda_B}{dt} = 0$ 时达到，则有：

$$q(\bar{k}_B, l_B(\bar{\lambda}_B, \bar{k}_B, g_B), s_B) = c_B(\bar{\lambda}_B, \bar{k}_B, g_B) \qquad (7-52)$$

$$q_{K_B}(\bar{k}_B, l_B(\bar{\lambda}_B, \bar{k}_B, g_B), s_B) = \beta \qquad (7-53)$$

对式（7-50）和式（7-51）均衡点附近一阶泰勒线性展开，得出：

$$\frac{dk_B}{dt} = (q_{k_B} + q_{l_B} l_{k_B} - c_B) \times (k_B - \bar{k}_B) + (q_{l_B} l_{\lambda_B} - c_B) \times (\lambda_B - \bar{\lambda}_B)$$
$$\qquad (7-54)$$

$$\frac{d\lambda_B}{dt} = -\bar{\lambda}_B (q_{k_B k_B} + q_{k_B l_B} l_{B k_B}) \times (k_B - \bar{k}_B) - \bar{\lambda}_B q_{k_B l_B} l_{B \lambda_B} \times (\lambda_B - \bar{\lambda}_B)$$
$$\qquad (7-55)$$

其中，$(q_{k_B} + q_{l_B} l_{k_B} - c_{B k_B}) > 0$；$(q_{l_B} l_{\lambda_B} - c_{B \lambda_B}) > 0$；$(q_{k_B k_B} + q_{k_B l_B} l_{B k_B}) < 0$；$q_{k_B l_B} l_{B \lambda_B} > 0$。

与城市动态系统的方法一样，该系统存在鞍点稳定的均衡点，且存在 2 个根 $r_1 r_2 < 0$，$r_1 < 0$，$r_2 > |r_1|$。初始条件为 $k_B(0) = k_{B0}$，均衡点附近有最优路径 EE 和发散路径 FF。

最优路径 EE 的方程为：

$$\lambda_B = \bar{\lambda}_B - \frac{\bar{\lambda}_B (q_{k_B k_B} + q_{k_B l_B} l_{B k_B})}{\bar{\lambda}_B q_{k_B l_B} l_{B \lambda_B} + r_1} (k_{B0} - \bar{k}_B)$$

$$= -\frac{r_1 - (q_{k_B} + q_{l_B} l_{k_B} - c_{B k_B})}{q_{l_B} l_{\lambda_B} - c_{B \lambda_B}} (k_{B0} - \bar{k}_B) \qquad (7-56)$$

发散路径 FF 的方程为：

$$\lambda_B = \bar{\lambda}_B - \frac{\bar{\lambda}_B(q_{k_B k_B} + q_{k_B l_B} l_{Bk_B})}{\bar{\lambda}_B q_{k_B l_B} l_{B\lambda_B} + r_2}(k_{B0} - \bar{k}_B)$$

$$= -\frac{r_2 - (q_{k_B} + q_{l_B} l_{k_B} - c_{Bk_B})}{q_{l_B} l_{\lambda_B} - c_{B\lambda_B}}(k_{B0} - \bar{k}_B) \qquad (7-57)$$

六、长期均衡时城乡融合的社会福利分析

(一) 政府支出和社会资本对财富的长期影响分析

对式 (7-40) 和式 (7-41) 进行全微分,得到政府支出、社会资本对城市家庭长期资本存量和财富边际值的影响;对式 (7-52) 和式 (7-53) 进行全微分,得到政府支出对农村家庭长期资本存量和财富边际值的影响,以及社会资本对农村家庭长期资本存量和财富边际值的影响,令:

$$\nabla_A = (f_{k_A} + f_{l_A} l_{k_A} - c_{Ak_A}) \times f_{k_A l_A} l_{A\lambda_A} - (f_{l_A} l_{\lambda_A} - c_{A\lambda_A}) \times (f_{k_A k_A} + f_{k_A l_A} l_{Ak_A}) > 0$$
$$(7-58)$$

$$\nabla_B = (q_{k_B} + q_{l_B} l_{k_B} - c_{Bk_B}) \times q_{k_B l_B} l_{B\lambda_B} - (q_{l_B} l_{\lambda_B} - c_{B\lambda_B}) \times (q_{k_B k_B} + q_{k_B l_B} l_{Bk_B}) > 0$$
$$(7-59)$$

由此得出政府支出、社会资本对家庭长期资本存量和财富边际值的影响分析结论如表 7.2 所示。

表 7.2　　　　　政府支出、社会资本对家庭长期资本存量
和财富边际值的影响分析

地区	自变量	因变量:资本存量和财富边际值		
城市长期均衡		因变量1:城市家庭资本存量变化		
	g_A	$\dfrac{d\bar{k}_A}{dg_A} = \dfrac{f_{k_A l_A} l_{A\lambda_A}}{\nabla_A} + \dfrac{f_{k_A l_A} l_{A\lambda_A} \times (-f_{l_A} l_{g_A} + c_{g_A}) + (f_{l_A} l_{\lambda_A} - c_{A\lambda_A}) \times f_{k_A l_A} l_{g_A}}{\nabla_A}$		
	g_B	$\dfrac{d\bar{k}_A}{dg_B} = \dfrac{f_{k_A l_A} l_{A\lambda_A}}{\nabla_A} > 0$		
	s_A	$\dfrac{d\bar{k}_A}{ds_A} = \dfrac{(f_{l_A} l_{\lambda_A} - c_{A\lambda_A}) \times f_{k_A s_A} - f_{k_A l_A} l_{A\lambda_A} \times f_{s_A}}{\nabla_A} > 0$		

地区	自变量	因变量:资本存量和财富边际值		
城市长期均衡		因变量2:城市财富边际值变化		
	g_A	$\dfrac{d\bar{\lambda}_A}{dg_A} = \dfrac{f_{k_Ak_A}+f_{k_Al_A}l_{Ak_A}}{-\nabla_A} + \dfrac{(f_{k_Ak_A}+f_{k_Al_A}l_{Ak_A})\times(-f_{l_A}l_{Ag_A}+c_{Ag_A})+(f_{k_A}+f_{l_A}l_{k_A}-c_{Ak_A})\times f_{k_Al_A}l_{Ag_A}}{-\nabla_A}$		
	g_B	$\dfrac{d\bar{\lambda}_A}{dg_B} = \dfrac{f_{k_Ak_A}+f_{k_Al_A}l_{Ak_A}}{-\nabla_A} > 0$		
	s_A	$\dfrac{d\bar{\lambda}_A}{ds_A} = \dfrac{-(f_{k_Ak_A}+f_{k_Al_A}l_{Ak_A})\times f_{s_A}+(f_{k_A}+f_{l_A}l_{k_A}-c_{Ak_A})\times f_{k_As_A}}{-\nabla_A} < 0$		
农村长期均衡		因变量3:农村家庭资本存量变化		
	g_B	$\dfrac{d\bar{k}_B}{dg_B} = \dfrac{q_{k_Bl_B}l_{B\lambda_B}\times(-q_{l_B}l_{Bg_B}+c_{Bg_B})+(q_{l_B}l_{\lambda_B}-c_{B\lambda_B})\times q_{k_Bl_B}l_{Bg_B}}{\nabla_B}$		
	s_B	$\dfrac{d\bar{k}_B}{ds_B} = \dfrac{-(q_{k_Bl_B}l_{B\lambda_B})\times q_{s_B}+(q_{l_B}l_{\lambda_B}-c_{B\lambda_B})\times q_{k_Bs_B}}{\nabla_B} > 0$		
		因变量4:农村家庭财富边际值变化		
	g_B	$\dfrac{d\bar{\lambda}_B}{dg_B} = \dfrac{(q_{k_Bk_B}+q_{k_Bl_B}l_{Bk_B})\times(-q_{l_B}l_{Bg_B}+c_{Bg_B})+(q_{k_B}+q_{l_B}l_{k_B}-c_{Bk_B})\times q_{k_Bl_B}l_{Bg_B}}{-\nabla_B}$		
	s_B	$\dfrac{d\bar{\lambda}_B}{ds_B} = \dfrac{-(q_{k_Bk_B}+q_{k_Bl_B}l_{Bk_B})\times q_{s_B}+(q_{k_B}+q_{l_B}l_{k_B}-c_{Bk_B})\times q_{k_Bs_B}}{-\nabla_B} < 0$		

第一，社会资本能增加城市和农村家庭的资本积累，但社会资本会降低家庭财富积累，因为家庭拥有更多的资本和财富，可增加消费，从而降低财富积累效应。

第二，政府在城市的支出，能增加城市的资本积累，也能增加城市的财富积累；政府在农村的支出，能增加城市家庭的资本积累和财富积累。政府在农村的支出，不能增加农村家庭的财富积累和资本积累，因为政府支出增加，将提高城市家庭的税收水平，降低城市家庭的私人财富和消费，增加城市家庭劳动力供给，从而提高资本的边际效用，提高均衡点的资本存量。因为政府没有从农村收税，所以对农村家庭没有资本积累效应和财富效应。

如图7.2所示，政府在城市的支出从 YY 增加到 Y^*Y^*，城市家庭的财富边际效用从 $\bar{\lambda}_A$ 上升到 $\bar{\lambda}_A(0)$，资本的初始值不变，而财富的初始值变为 $\bar{\lambda}_A(0)$，沿着新的收敛路径 X^*Y^*，收敛到新的均衡点2。均衡点2与均衡点 1 相比，资本存量水平上升，而财富的边际效用也上升。

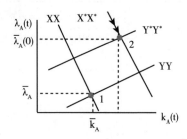

图 7.2 政府在城市支出变化对均衡点和收敛路径的影响

第三，政府支出影响私人消费和劳动力供给，但其具体影响难以确定。下文将进一步分析政府支出对社会福利变化的长期影响。

（二）政府支出对社会福利变化的长期影响分析

第一，政府支出对城市家庭社会福利变化的影响分析如下：

城市家庭的效用函数为 $u_A(c_A(t)，l_A(t)，g_A(t)) = z_A(t)$，则城市家庭的福利为 W_A：

$$W_A = \int_0^\infty u_A(c_A,l_A,g_A)e^{-\beta t}dt = \int_0^\infty u_A z(t)e^{-\beta t} \qquad (7-60)$$

对上述城市家庭的福利函数在均衡点附近线性展开，并代入均衡路径：

$$\frac{dz_A(t)}{dg_A} = U_{Ac}\frac{dc_A}{dg_A} + U_{Al_A}\frac{dl_A}{dg_A} + U_{Ag_A}$$

$$= U_{Ac_A}(\frac{dc_A}{dg_A} - f_{l_A}\frac{dl_A}{dg_A}) + U_{g_A} \qquad (7-61)$$

对市场均衡条件式（7-24）进行全微分，$\frac{dk_A}{dt} = f(k_A,l_A,s_A) - c_A - g_A - g_B$ 有：

$$\frac{d\dot{k}_A}{dg_A} = f_{k_A}\frac{dk_A}{dg_A} + f_{l_A}\frac{dl_A}{dg_A} - \frac{dc_A}{dg_A} - 1 \qquad (7-62)$$

将式（7-62）代入式（7-61），有

$$\frac{dz_A}{dg_A} = U_{g_A} - U_{c_A} + U_{Ac_A}(f_{k_A}\frac{dk_A}{dg_A} - \frac{d\dot{k}_A}{dg_A}) \qquad (7-63)$$

将式（7-63）代入资本存量路径：$k_A = \bar{k}_A + (k_{A0} - \bar{k}_A)e^{n_1 t}$，有

$$\frac{dz_A}{dg_A} = U_{Ag_A} - U_{Ac_A} + U_{Ac_A}\left(f_{k_A}(1 - e^{n_1 t}) + n_1 e^{n_1 t}\right)\frac{d\bar{k}_A}{dg_A} \qquad (7-64)$$

式（7-64）中，政府支出给家庭带来效用 U_{Ag_A}，政府支出对消费的挤出效应为 $-U_{Ac_A}$；$U_{Ac_A}\left(f_{k_A}(1 - e^{n_1 t}) + n_1 e^{n_1 t}\right)\frac{d\bar{k}_A}{dg_A}$ 为跨时资本积累效应，即政府支出增加，将增加家庭资本存量，从而提高家庭福利。

$t = 0$ 时，城市家庭的效用为 $z(0)$，政府支出对初始的效用影响为：

$$\frac{dz_A(0)}{dg_A} = U_{Ag_A} - U_{Ac_A} + U_{Ac_A}n_1\frac{d\bar{k}_A}{dg_A} \qquad (7-65)$$

政府支出对均衡的效用影响为：

$$\frac{d\bar{z}_A}{dg_A} = U_{Ag_A} - U_{Ac_A} + U_{Ac_A}f_{k_A}\frac{d\bar{k}_A}{dg_A} \qquad (7-66)$$

将效用函数进行 tayler 展开，则有：

$$z_A(t) = \bar{z}_A + (z_A(0) - \bar{z}_A)e^{n_1 t} \qquad (7-67)$$

所以，$W_A = \dfrac{\bar{z}_A}{\beta} + \dfrac{(z_A(0) - \bar{z}_A)}{\beta - n_1}$。

对式（7-67）进行全微分，并代入均衡条件，得到：

$$\frac{dw_A}{dg_A} = \frac{1}{\beta}\left(U_{Ag_A} - U_{Ac_A} + U_{Ac_A}f_{k_A}\frac{d\bar{k}_A}{dg_A}\right) + U_{Ac_A}\frac{(n_1 - f_{k_A})d\bar{k}_A}{\beta - n_1}\frac{d\bar{k}_A}{dg_A} = \frac{1}{\beta}(U_{Ag_A} - U_{Ac_A})$$

$$(7-68)$$

政府支出对城市家庭的福利影响为：政府在城市的支出，增加家庭的效用，同时对消费有挤出效应。当政府支出增加的效用等于其挤出效应时，政府支出将不影响家庭福利（见图7.3）。在 $t \to \infty$ 时，城市家庭的效用将趋近均衡水平 $U_{Ac_A}f_{k_A}\dfrac{d\bar{k}_A}{dg_A}$。

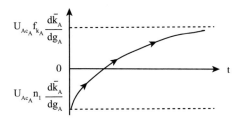

图 7.3　政府在城市的支出对城市家庭福利的影响

第二，政府支出对农村家庭社会福利变化的影响分析。

农村家庭的效用函数为 $u_B(c_B(t), l_B(t), g_B(t)) = z_B(t)$，则农村家庭的福利为 W_B：

$$W_B = \int_0^\infty u_B(c_B, l_B, g_B) e^{-\beta t} dt = \int_0^\infty u_B z_B(t) e^{-\beta t} \quad (7-69)$$

与城市家庭福利分析方法类似，得到政府支出对农村家庭效用的影响如下：

$$\frac{dz_B}{dg_B} = U_{Bg_B} + U_{Bc_B}\left(q_{k_B}(1 - e^{r_1 t}) + r_1 e^{r_1 t}\right)\frac{d\bar{k}_B}{dg_B} \quad (7-70)$$

式（7-70）中，政府支出给农村家庭带来的效用 U_{Bg_B}，对消费的挤出效应为零，因为政府对农村家庭没有征税；$U_{Bc_B}(q_{k_B}(1-e^{r_1 t}) + r_1 e^{r_1 t})$ $\frac{d\bar{k}_B}{dg_B}$ 为跨时资本积累效应，即政府支出增加，将增加家庭的资本存量，从而提高家庭的福利。

均衡时，政府支出对农村家庭福利的影响为：

$$\frac{dw_B}{dg_B} = \frac{1}{\beta}\left(U_{Bg_B} + U_c q_{k_B}\frac{d\bar{k}_B}{dg_B}\right) + U_{Bc_B}\frac{(r_1 - q_{k_B})}{\beta - r_1}\frac{d\bar{k}_B}{dg_B} = \frac{1}{\beta}U_{Bg_B} \quad (7-71)$$

政府支出给农村家庭带来效用 $\frac{1}{\beta}U_{Bg_B}$，提高了农村家庭的福利水平（见图7.4）。在 $t \to \infty$ 时，农村家庭的效用将趋近均衡水平加上政府支出带来的跨时资本积累效应，即为 $U_{Bc_B}q_{k_B}\frac{d\bar{k}_B}{dg_B} + \frac{1}{\beta}U_{Bg_B}$。

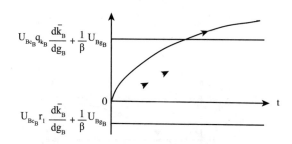

图7.4　政府在农村的支出对农村家庭福利的影响

第三节 实证研究的计量模型

根据上述的短期和长期均衡分析，下面将构建实证分析模型，进一步实证分析我国城乡居民的福利函数，福利为个人效用总和。

社会福利函数为：

$$W_{social}(W_1, W_2, \cdots, W_n) = \sum_{i=1}^{n} \alpha_i W_i \qquad (7-72)$$

其中，W_{social}为社会福利函数，i为个人，i = 1，2，$\cdots$，n；W为个人效用；$\alpha_i > 0$，α_i为个人效用的系数。

一、家庭短期福利函数

家庭短期福利函数为：

$$W_{short}(c, l) = \Psi(\lambda, s, \tau, g, \varepsilon) \qquad (7-73)$$

家庭短期福利函数 $W_{short}(c, l)$ 的指标为家庭消费 c 和家庭劳动力供给 l，自变量有家庭财富 λ、资本存量 k、社会资本为 s、城乡融合政策 τ，以及政府在教育、医疗和社会保障等公共资源的支出 g。政府在农村不收税，因此 g_B 来自城市税收 T。ε 为随机变量。

因此，城市家庭短期福利函数为：

$$W_{Ashort}(c, l) = (k_A, \lambda_A, s_A, \tau, g_A, \varepsilon) \qquad (7-74)$$

农村家庭短期福利函数为：

$$W_{Bshort}(c, l) = \Psi(k_B, \lambda_B, s_B, \tau, g_B, \varepsilon) \qquad (7-75)$$

二、家庭长期福利函数

家庭长期福利函数为：

$$W_{long}(\lambda, k) = \Omega(g, s, \varepsilon) \qquad (7-76)$$

家庭长期福利函数 $W_{long}(\lambda, k)$ 的指标有家庭长期均衡资本存量 k 和

长期均衡财富 λ，自变量为政府在教育、医疗和社会保障等公共资源的支出 g，以及社会资本 s。ε 为随机变量。

因此，城市家庭长期福利函数为：

$$W_{Along}(\lambda_A, k_A) = (g_A, s_A, \varepsilon) \qquad (7-77)$$

农村家庭长期福利函数为：

$$W_{Blong}(\lambda_B, k_B) = \Omega(g_B, s_B, \varepsilon) \qquad (7-78)$$

第四节　基于宏观统计数据的实证分析

本章节将用中国的宏观数据，对前面的模型进行实证分析。下文的描述统计分析和实证统计分析均采用 Stata 12.0。

一、变量及指标说明

福利的短期指标有消费和劳动力供应，长期指标则为个人财富和资本存量。个人财富的指标有人均可支配收入和人均储蓄，而资本存量的指标为人均固定资产。

城乡融合政策的观测指标为：对农村家庭减免税收和政策性补贴。关于农村的税收说明如下：2005 年以前农业各税包括农业税、牧业税、耕地占用税、农业特产税、契税和烟叶税；2006 年起只包括耕地占用税、契税和烟叶税。政策性补贴指国家财政用于粮棉油等产品的价格补贴支出。

政府支出主要指政府对教育、医疗和社会保障等公共资源的支出。政府公共资源支出指标说明：农村中小学教育生均支出 = 农村中学和小学生均公共财政预算教育事业费 + 农村中学和小学生均公共财政预算公用经费支出；普通中小学教育生均支出为城镇教育支出，普通中小学教育生均支出 = 中学和小学生均公共财政预算教育事业费 + 中学和小学生均公共财政预算公用经费支出；2010 年后的农村养老保险参保人数 = 城乡居民养老保险参保人数 - 参加城镇基本养老保险人数。社会资本的形式有信任、义务、规范和网络等，难以观察和测量，许多文献用社会资本的结果来测

量，例如信任水平或者经济合作水平（Putnam，1993），一些研究采取对
他人的信任度和自愿献血等指标（卢燕平，2010，2012）。因为社会资本
作为网络和社会关系，有助于个人和集体获得信息，并获得资源，因此，
一些研究用个人参与网络和协会的个数作为观测指标（Putnam，1995，
2000），石志和泽田石（Ishise and Sawada，2009）从个人信息沟通的角度，
采用人均邮件数量和人均收音机数量衡量社会资本；严成樑（2012）也从
人际关系联系的角度，用互联网使用频率和电话使用频率反映社会资本。
本书重点考察社会资本在人际信息沟通和资源获得中的作用，因此参照石志
和泽田石（2009）、严成樑（2012）等的方法，使用的观测指标主要为：
平均每人每年发函件数（件）、固定电话普及率、移动电话普及率、中国
互联网普及率，农村社会资本还增加"已通邮的行政村比重"和"开通互
联网的行政村比重"两个指标。

二、城乡融合的描述统计分析

书中数据来源于历年《中国统计年鉴》，期限则从 1950 ~ 2015 年。
表 7.3、表 7.6 和表 7.9 为社会总福利分析，表 7.6 为社会总福利短期分
析，表 7.9 为社会总福利长期分析。表 7.3、表 7.6 和表 7.9 的教育指标采
用人均教育经费，指国家财政对每个人的平均教育经费支出，人均教育经
费 = 国家财政性教育经费/总人口数量。表 7.4、表 7.7 和表 7.10 分析城
市福利，表 7.4 为描述统计分析，表 7.7 为城市福利短期分析，表 7.10 为
城市福利长期分析，表 7.4、表 7.7 和表 7.10 的教育指标采用城市普通中
小学教育生均支出，是国家财政对城市中小学学生的平均教育经费支出。
普通中小学教育生均支出为城镇教育支出，普通中小学教育生均支出 = 中
学和小学生均公共财政预算教育事业费 + 中学和小学生均公共财政预算公
用经费支出。表 7.5、表 7.8 和表 7.11 分析农村福利，表 7.5 为描述统计
分析，表 7.8 为农村福利短期分析，表 7.11 为农村福利长期分析。
表 7.5、表 7.8 和表 7.11 的教育指标采用农村中小学生均教育支出，指国
家财政对农村中小学学生的平均教育经费支出。农村中小学教育生均支出 =
农村中学和小学生均公共财政预算教育事业费 + 农村中学和小学生均公共

财政预算公用经费支出。因此，在下文的分析中，总福利分析采用人均教育经费指标，城市福利分析和农村福利分析分别采用城市教育生均支出和农村教育生均支出指标。

　　表7.3至表7.5的描述统计表明，我国城乡人均财富不断增加，消费水平不断上升，就业人数处于上升趋势。我国人均储蓄从1952年的1.50元，上升到2013年的29508.06元，人均固定资产从1982年的96.03元，上升到2015年的40884.03元，说明我国城乡人均储蓄仍然存在较大差距，但城乡居民收入差距呈现缩小的趋势。

　　政府城乡人均公共资源支出不断增加。人均政府支出从1950年的0.91元，上升到2014年的4181.35元；人均教育经费不断提高，低保和医疗救助水平不断提高，参加养老等社会保险的比率不断提高。政府对城市的生均教育支出，从1997年的1052.21元，上升到2014年的23403.00元；政府对农村人均教育支出不断增加，从1997年的生均教育支出823.69元，上升到2014年的22133.13元，城乡教育支出差距不断缩小；对农村的政策性补贴不断上升，从1950年的人均补贴0.41元，上升到2013年的人均1928.88元，并于2006年后减免了农业税、牧业税和农业特产税。

　　城乡社会资本也不断上升：1979年我国人均年发函件数为2.95件，2002年人均年发函件数上升到人均8.30件，2003~2015年人均年发函件数则处于下降趋势，2015年人均年发函件数为4.10件；移动电话普及率从2000年的3.50%，上升到2015年的95.50%；互联网普及率也从2001年的4.60%，上升到2015年的50.30%。其中，农村互联网普及率从2006年的3.14%，上升到2015年的28.84%；城市互联网普及率从2006年的19.73%，上升到2015年的63.90%。2015年农村已经通邮的行政村已达99.40%；2014年已开通互联网的农村行政村已达93.50%[①]。城乡社会资本上升，但仍然存在一定的差距。

---

　　① 资料来源：国家统计局网站；《新中国60年统计资料汇编》《新中国成立60周年经济社会发展成就回顾系列报告之十五：邮电通信业发展突飞猛进》《中华人民共和国2022年国民经济和社会发展统计公报》。

表 7.3   社会总福利描述统计分析

变量	ADF 检验	观察值	均值	标准差	最小值	最大值
就业人员（万人）	-7.248***	64	50477.08	20329.81	20729.00	77480.00
全国居民消费绝对数（元）	-4.112***	63	2525.50	4219.43	80.00	17806.41
人均储蓄（元）	-3.406**	61	3451.39	6741.83	1.50	29508.06
人均固定资产（元）	-3.145*	35	7748.74	11474.73	96.03	40884.03
人均税收（元）	-7.243***	66	1158.87	2282.96	8.87	9085.57
人均政府支出（元）	-6.713***	65	446.83	953.99	0.91	4181.35
人均教育经费（元）	-2.578*	23	503.51	530.27	53.34	1799.65
平均每人每年发函件数（件）	-3.419**	28	5.54	1.20	2.95	8.30
固定电话普及率（%）	-4.106***	17	20.52	5.64	8.60	28.10
移动电话普及率（%）	-8.908***	17	46.92	31.82	3.50	95.50
中国互联网普及率（%）	-2.61*	14	25.95	17.11	4.60	50.30

注：表 7.3 至表 7.11 的人口数据中，1981 年及以前数据为户籍统计数，1982 年、1990 年和 2000 年数据为人口普查数据，1987 年、1995 年和 2005 年数据根据全国 1% 人口抽样调查数据推算，其余年份数据为抽样调查推算数。现役军人计入城镇人口。表 7.3 至表 7.5 中，* 表示在 10% 的统计水平显著；** 表示在 5% 的统计水平显著；*** 表示在 1% 的统计水平显著。

表 7.4   城市福利描述统计分析

变量	ADF 检验	观察值	均值	标准差	最小值	最大值
城镇就业（万人）	-7.286***	64	15285.03	10894.40	2486.00	40410.00
城镇居民消费（元）	-4.495***	63	4179.23	6379.93	154.00	25448.50
城镇人均储蓄（元）	-4.791***	17	19601.90	12676.30	6518.50	48041.10
城市人均可支配收入（元）	-2.878**	38	8060.31	8996.82	343.40	31195.00
城镇人均固定资产（元）	-3.126*	35	14709.30	20476.20	352.54	71527.30
普通中小学教育生均支出（元）	-2.108**	18	7424.90	7494.91	1052.21	23403.00
城市人均低保和医疗救助（元）	-3.963***	14	513.06	417.46	147.00	1188.70
参加城镇基本养老保险比率（%）	-4.055***	27	32.31	7.07	19.33	45.85
城镇人均税收（元）	-8.415***	65	2217.70	3781.22	48.44	15080.20
城市电话普及率（%）	-4.419***	9	33.80	7.89	20.70	43.00
城镇互联网普及率（%）	-13.74***	10	47.29	15.65	19.73	63.90

表 7.5　　　　　　　　　　　农村福利描述统计分析

变量	ADF 检验	观察值	均值	标准差	最小值	最大值
农村就业（万人）	− 5.803 ***	64	35192.05	10803.64	18243.00	49085.00
农村居民消费（元）	− 5.152 ***	63	1267.35	1987.44	65.00	8743.96
农村人均储蓄（元）	− 4.238 ***	17	3366.71	2653.46	720.40	8765.58
农村人均可支配收入（元）	− 2.734 *	38	2691.70	2903.46	133.60	10772.00
农村人均固定资产（元）	− 6.256 ***	35	993.67	1027.08	31.28	4450.12
农村人均税收（元）	− 6.97 ***	65	88.47	209.05	3.48	1002.30
农村人均政策性补贴（元）	− 6.407 ***	63	176.36	384.27	0.41	1928.88
农村中小学教育生均支出(元)	− 2.26 ***	18	6985.06	7321.02	823.69	22133.13
农村人均低保和医疗救助(元)	− 6.558 ***	7	927.43	398.43	366.00	1439.70
农村参加养老保险比率（%）	− 8.75 ***	10	14.67	10.69	0	27.94
已通邮的行政村比重（%）	− 6.429 ***	21	97.64	1.43	94.50	99.40
农村互联网普及率（%）	− 3.833 **	9	17.56	8.98	3.14	28.84

三、城乡融合的福利效应统计分析

（一）格兰杰因果检验

格兰杰因果检验的零假设为：自变量 A 不是因变量 B 的原因。如果格兰杰因果检验的 F 统计量在 10% 以上的水平显著，表明应该拒绝原假设，自变量 A 是因变量 B 的原因。

表 7.6 检验了城乡融合对总福利影响的格兰杰因果检验，表 7.7 为城乡融合对城市福利影响的格兰杰因果检验，表 7.8 为城乡融合对农村福利影响的格兰杰因果检验。例如表 7.6 中，因变量为就业时，大部分自变量对就业的格兰杰因果检验是显著的，表明人均储蓄等自变量是就业的原因，与就业存在因果关系，说明该模型具有稳定性；因变量为消费时，人均储蓄等大多数自变量对消费的格兰杰因果检验是显著的，表明人均储蓄等自变量是消费的原因，模型具有稳定性。表 7.7 的格兰杰因果检验表明，城镇人均税收等自变量是城镇就业的原因、是城镇居民消费的原因、是城

镇人均储蓄的原因、是城镇人均固定资产的原因，城乡融合对城镇福利的影响模型具有稳定性。表7.8 的格兰杰因果检验表明，城乡融合对农村福利的影响模型具有稳定性，农村人均政策性补贴等自变量是农村就业的原因、是农村人均储蓄的原因、是农村消费的原因。

表 7.6　　　　　　　　城乡融合对总福利影响的格兰杰因果检验

自变量	就业	消费
	F 检验值	F 检验值
人均储蓄	2.8083 * (2)	8.2372 *** (2)
人均税收	3.7506 * (1)	3.5136 ** (2)
人均政府支出	3.3632 * (1)	2.6282 ** (4)
平均每人每年发函件数	3.1940 * (1)	0.1261 (2)
人均固定资产	0.2976 (2)	1.7568 (2)
人均教育经费	3.9619 ** (3)	5.2844 ** (4)
固定电话普及率	1.3535 (2)	3.3482 * (2)
移动电话普及率	1.3535 (2)	3.1195 * (2)
中国互联网普及率	6.7911 ** (3)	4.0204 * (2)

注：表格中的 F 检验值指格兰杰因果检验 F 统计量，零假设为：自变量是因变量的原因。*** 表示在1% 的统计水平上显著，** 表示在5% 的水平上统计显著，* 表示在10% 的统计水平上显著，括号内的数字表示格兰杰因果检验的滞后期。表7.7 和表7.8 的含义与此相同。

表 7.7　　　　　　　　城乡融合对城市福利影响的格兰杰因果检验

自变量	城镇就业	城镇居民消费	城镇人均储蓄	城镇人均固定资产
	F 检验值	F 检验值	F 检验值	F 检验值
城市人均住房面积	4.1720 * (1)	3.6161 ** (2)		
城镇人均税收	0.2686 (2)	3.7929 * (1)	8.2600 *** (2)	1.3028 *** (2)
城市电话普及率	0.5370 (2)	0.8028 (2)	1.0293 (2)	16.4930 * (2)
城镇互联网普及率	7.1211 ** (1)	6.5130 * (1)	0.4942 (2)	15.7066 *** (2)
城镇人均储蓄	4.6815 ** (2)	1.2730 (2)	——	——
城市可支配收入	0.0618 (2)	2.6538 * (1)	——	——
城市恩格尔系数	4.1510 ** (2)	0.5859 (2)	——	——
城镇人均固定资产	0.5484 (2)	8.6251 *** (2)		
普通中小学教育生均支出	3.4151 * (3)	6.4031 ** (2)	9.0127 ** (2)	8.0807 *** (2)
城市人均低保和医疗救助	436.28 ** (4)	92.911 * (4)	6.9332 ** (1)	5.1381 ** (2)
参加城镇基本养老保险比率	0.0189 (2)	3.7961 ** (6)	3.0835 * (2)	0.1106 (2)

表7.8 城乡融合对农村福利影响的格兰杰因果检验

自变量	农村就业	农村人均储蓄	农村消费
	F 检验值	F 检验值	F 检验值
已通邮的行政村比重	2.4942（2）	0.0730（1）	0.2671（2）
农村互联网普及率	5.4299*（1）	0.2272（2）	2.8758（1）
农村人均储蓄	9.3638***（2）	——	5.4738**（2）
农村可支配收入	4.2961**（2）	0.6059（2）	7.5469***（2）
农村人均固定资产	5.8334***（2）	3.7924*（2）	26.5086（2）
农村人均政策性补贴	6.7507***（2）	0.2081（2）	7.7902***（3）
农村中小学教育生均支出	3.2378*（3）	3.5461*（4）	3.2098*（1）
农村参加养老保险比率	0.0207（2）	0.2590（2）	67.226**（2）
农村人均税收	2.4850*（2）	12.5334***（2）	3.7523*（1）

（二）统计分析

对表7.3至表7.5中的变量取对数，进行 ADF 平稳性检验。变量均为一阶单整，且 ADF 统计量显著。各变量的单位根检验结果表明，可以对上述变量采取协整回归方法。

如果回归模型残差是平稳的，则表明模型各变量之间存在协整关系，可以采用经典的 OLS 回归方法，否则，不能采用线性回归方法。表7.9至表7.14中，各方程的残差均经过 ADF 检验，均通过平稳性检验，可以运用经典的线性回归方法分析。各方程的残差经过偏相关系数法（PAC）进行自相关性检验，均拒绝原假设，表明各方程的残差不存在自相关。方程通过 Breusch-Pagan/Cook-Weisberg 异方差检验，表明方程不存在异方差。各方程的总体拟合值均超过 0.68，且 F 统计量检验显著，表明各方程整体拟合较好。城乡融合的短期福利效应统计结果如表7.7至表7.9所示，长期福利效应统计分析结果如表7.12至表7.14所示。

表 7.9　　　　　　　　城乡融合对社会总福利影响短期分析

自变量	方程（1）	方程（2）	方程（3）	方程（4）	方程（5）
人均储蓄		0.591 *** (10.13)	0.268 (2.22)	0.111 (0.73)	0.126 (1.22)
人均固定资产	0.822 *** (6.00)				
人均税收	-0.656 * (-2.19)	-0.700 *** (-6.82)	0.358 * (3.02)	0.161 (1.10)	0.0332 (0.33)
人均政府支出	0.448 (2.06)		0.160 (1.22)	0.619 ** (4.12)	0.689 *** (7.54)
人均教育经费		0.860 *** (8.26)			
人均函件	0.352 * (2.82)	-0.0538 (-0.83)			
固定电话普及率			-0.216 *** (-9.21)		
移动电话普及率				-0.173 *** (-6.79)	
互联网普及率					-0.0768 (-1.57)
常数项	2.789 *** (7.19)	3.466 *** (20.57)	2.980 *** (6.89)	2.719 ** (4.66)	2.667 ** (4.51)
N	26	22	14	14	11
R^2	0.990	0.998	0.998	0.998	0.999
F 检验	580.93 ***	2340.97 ***	2007.84 ***	1177.36 ***	2106.23 ***
残差 ADF	-1.845 **	-4.822 ***	-3.621 ***	-3.927 ***	-3.738 ***
自变量	方程（6）	方程（7）	方程（8）	方程（9）	方程（10）
人均储蓄		0.0596 *** (5.40)	-0.0264 (-0.98)	0.00343 (0.09)	0.00945 (0.23)
人均固定资产	0.142 (2.05)				
人均税收	-0.0208 (-0.14)	0.151 *** (7.76)	0.0802 * (3.03)	0.118 ** (3.36)	0.171 ** (4.27)

续表

自变量	方程（6）	方程（7）	方程（8）	方程（9）	方程（10）
人均政府支出	-0.0645 (-0.59)		-0.0385 (-1.31)	-0.123 ** (-3.43)	-0.136 ** (-3.72)
人均教育经费		-0.165 *** (-8.39)			
人均函件	0.216 *** (3.43)	0.00220 (0.18)			
固定电话普及率			0.0395 *** (7.53)		
移动电话普及率				0.0302 *** (4.94)	
互联网普及率					-0.0144 (-0.74)
常数项	10.17 *** (51.87)	10.51 *** (330.04)	10.99 *** (113.92)	11.03 *** (78.86)	10.79 *** (45.63)
N	26	22	14	14	11
R^2	0.850	0.988	0.980	0.960	0.897
F 检验	16.70 ***	347.96 ***	105.88 ***	52.71 ***	13.11 ***
残差 ADF	-2.617 *	-3.789 ***	-4.490 ***	-3.342 ***	-2.976 **

注：表7.9至表7.14中，* 表示 $p < 0.05$，** 表示 $p < 0.01$，*** 表示 $p < 0.001$。

表 7.10　　　　　　　　城乡融合对城市福利影响短期分析

自变量	因变量：城镇就业			因变量：城镇居民消费			
	方程（1）	方程（2）	方程（3）	方程（4）	方程（5）	方程（6）	方程（7）
人均储蓄		-0.0294 (-2.16)	-0.0393 (-1.22)	0.0199 (0.47)			0.0234 (0.76)
人均可支配收入	0.625 ** (6.10)				-0.413 (-1.60)		
人均固定资产						0.0810 (1.09)	
人均税收	0.100 (1.15)	0.343 *** (19.01)	0.289 *** (9.78)	0.462 (1.66)	0.491 (2.23)	0.406 * (4.48)	0.447 *** (10.91)

续表

自变量	因变量：城镇就业			因变量：城镇居民消费			
	方程（1）	方程（2）	方程（3）	方程（4）	方程（5）	方程（6）	方程（7）
教育生均支出	-0.232 * （-2.88）			0.0328 （0.17）	0.240 （1.18）		
人均低保			-0.0228 （-1.88）			0.0199 （1.67）	
参加养老 保险比率		-0.664 ** （-5.93）					0.473 （1.86）
电话普及率	-0.0188 （-2.08）	0.0286 * （3.12）	0.0149 （0.76）	0.0722 * （2.82）	0.0885 * （3.88）	0.0483 （1.96）	0.0551 （2.64）
_cons	5.525 *** （9.98）	9.764 *** （36.85）	8.209 *** （50.45）	4.499 ** （5.65）	6.539 ** （4.68）	4.647 *** （31.46）	3.288 ** （5.46）
N	9	9	9	9	9	9	9
R^2	0.99	0.99	0.99	0.99	0.99	0.99	0.99
F 统计量	669.17 ***	143.15 ***	646.41 ***	123.23 ***	343.15 ***	533.33 ***	616.82 ***
残差 ADF	-4.186 ***	-2.391 **	-2.557 *	-2.591 *	-2.717 **	-4.114 ***	-3.238 **

表 7.11　　　　　　　　　　城乡融合对农村福利影响短期分析

自变量	因变量：农村就业		因变量：农村居民消费	
	方程（1）	方程（2）	方程（3）	方程（4）
人均储蓄		0.0609 ** （4.20）		
人均可支配收入	0.0320 （0.35）	-5.954 （-0.89）	16.72 * （3.92）	0.914 *** （6.45）
人均税收	-0.192 *** （-5.78）	0.0168 （0.58）	0.0869 （2.00）	0.121 * （2.36）
人均政策性补贴		-0.142 ** （-3.88）	0.192 （2.98）	
教育生均支出	0.0515 （1.46）			-0.0119 （-0.22）
参加养老保险比率			0.345 * （3.45）	

续表

自变量	因变量：农村就业		因变量：农村居民消费	
	方程（1）	方程（2）	方程（3）	方程（4）
已通邮的行政村比重	0.651 (1.65)	3.715* (2.51)	-2.885 (-3.07)	-1.623* (-2.67)
常数项	8.074** (4.43)			7.408* (2.64)
N	13	14	8	13
R²	0.99	0.95	0.99	0.99
F 统计量	171.92***	39.73***	1880.42***	1878.14***
残差 ADF	-4.694***	-8.012***	-5.582***	-6.545***

表7.12 城乡融合对社会总福利影响长期分析

自变量	因变量：人均储蓄	因变量：人均固定资产			
	方程（1）	方程（2）	方程（3）	方程（4）	方程（5）
人均税收	-0.482* (-2.12)	1.342* (2.43)	0.101 (0.38)	1.139* (2.79)	1.113** (3.19)
人均政府支出		-0.181 (-0.35)		0.0731 (0.19)	0.187 (0.61)
人均教育经费	0.687** (3.48)		1.023** (3.65)		
人均函件数	0.103 (1.12)	0.182 (0.96)	0.0924 (0.59)		
固定电话普及率				-0.0757 (-0.97)	
移动电话普及率					-0.0944 (-1.46)
_cons	10.52*** (7.43)	-0.570 (-1.05)	1.652*** (4.19)	-0.253 (-0.53)	-0.760 (-1.20)
N	21	26	23	16	16
R²	0.980	0.989	0.990	0.995	0.996
F 统计量	363.41***	1634.15***	984.89***	874.17***	953.43***
残差 ADF	-4.719***	-1.951**	-3.288**	-2.976**	-2.845**

注：对方程（1）和方程（2）进行 Cochrane - Orcutt AR（1）回归调整，表中为调整后的结果。

表7.13 城乡融合对城市福利影响长期分析

自变量	因变量：城镇人均储蓄	因变量：城镇人均固定资产		
	方程（1）	方程（2）	方程（3）	方程（4）
人均税收	0.740 * (3.03)	1.196 *** (11.21)	1.367 *** (7.13)	-0.457 (-0.97)
教育生均支出				1.175 ** (4.26)
人均低保	-0.0998 (-0.61)	-0.0182 (-0.26)		
参加养老保险比率			-1.501 (-1.07)	
电话普及率	0.0647 (0.24)	0.200 (1.69)	0.246 (2.13)	
互联网普及率				-0.143 (-0.92)
常数项	3.817 (2.56)	-1.353 (-2.08)	2.100 (0.66)	4.251 (2.11)
N	9	9	9	9
R²	0.790	0.986	0.988	0.996
F 统计量	6.09 **	117.43 ***	142.57 ***	393.94 ***
残差 ADF	-3.649 ***	-3.268 **	-4.038 ***	-2.682 *

表7.14 城乡融合对农村福利影响长期分析

自变量	因变量：农村人均储蓄	因变量：农村人均固定资产	
	方程（1）	方程（2）	方程（3）
人均税收	0.761 * (6.43)	-1.932 ** (-3.73)	-2.800 * (-4.84)
人均政策性补贴	-0.862 * (-4.69)		
教育生均支出		1.777 ** (3.53)	
人均低保			2.575 * (3.84)

续表

自变量	因变量：农村人均储蓄	因变量：农村人均固定资产	
	方程（1）	方程（2）	方程（3）
已通邮的行政村比重		6.310 (0.76)	-69.88* (-3.29)
互联网普及率	0.376* (5.86)		
常数项	9.377** (14.24)	-26.13 (-0.71)	327.60* (3.36)
N	6	13	7
R²	0.996	0.680	0.920
F 统计量	172.19***	6.50*	10.77**
残差 ADF	-2.783*	-3.192**	-4.191***

1. 短期福利效应分析

第一，财富对短期福利的影响。人均储蓄和人均固定资产等财富，对社会总消费有促进作用，如表7.9方程（1）和方程（2）所示；对就业有促进作用，且统计显著，如表7.9方程（7）所示。人均储蓄能促进农村就业，人均可支配收入能促进农村消费（见表7.11）。但人均储蓄和人均固定资产对城市消费影响不显著，对城市就业影响不显著；人均可支配收入能显著促进城市就业，但对城市消费影响不显著（见表7.10）。人均储蓄对农村消费影响不显著；人均可支配收入对农村就业影响不显著（见表7.11）。

第二，政府税收对短期福利的影响。政府税收能促进社会总消费，也可以促进就业，且统计显著（见表7.9）；政府税收能促进城市消费，也能促进城市就业，统计显著（见表7.10）；政府税收能促进农村消费（见表7.11）。但政府税收对农村就业的影响为负（见表7.11）。

第三，政府支出对短期福利的影响。政府人均支出能促进消费和就业，政府人均教育经费增加，能促进消费和就业（见表7.9）；参加养老保险的比率，能促进农村消费（见表7.11）；政府教育生均支出和参加养老保险的比率，均对就业有负作用；政府支出对城市消费影响不显著（见

表 7.10）；政府补贴对农村就业有负作用；政府教育生均支出对消费影响不显著（见表 7.11）。

第四，社会资本对短期福利的影响。固定电话和移动电话普及率对就业有促进作用（见表 7.9）；电话普及率对城市就业和消费有促进作用（见表 7.10）；已通邮的行政村比率对农村就业和消费有促进作用（见表 7.11）。但固定电话和移动电话普及率对社会总消费有负作用；互联网普及率的影响不显著（见表 7.9）。

2. 城乡融合的长期福利效应分析

第一，政府税收对长期福利的影响。政府税收能促进城市和农村人均储蓄增加（见表 7.13 和表 7.14）；政府税收能促进全社会固定资产增加（见表 7.12），有助于提高城市固定资产（见表 7.13）。但政府税收对全社会人均储蓄有负作用，对农村固定资产有负作用。

第二，政府支出对长期福利的影响。政府人均教育经费增加，显著增加人均储蓄和人均固定资产（见表 7.12）；政府教育生均支出也能增加人均固定资产（见表 7.13 和表 7.14）。

人均政府支出对社会人均储蓄影响不显著，对人均固定资产影响不显著（见表 7.12 至表 7.14）；人均低保对城乡储蓄和固定资产影响不显著；参加养老保险比率对城乡储蓄和固定资产影响不显著。人均政策补贴对农村储蓄影响是负的。

第三，社会资本对长期福利的影响。社会资本对城乡人均储蓄影响不显著，对城乡人均固定资产影响不显著（见表 7.12 至表 7.14）。

四、统计分析结论

综上所述，城乡融合政策能提高城乡资本积累和财富积累，提高城乡福利水平；政府教育、医疗和社会保障支出能提高资本积累水平，提高福利；社会资本能促进就业和消费，提高福利水平。我国应进一步采取城乡融合政策，增加政府在教育、医疗和社会保障等公共领域的支出，培育社会资本，提高福利水平。

社会资本和城乡融合的福利效应结论如表 7.15 至表 7.16 所示。

表 7.15　　　　　城乡融合的短期福利效应理论和实证分析结论

自变量	城市短期消费		农村短期消费		城市短期劳动力		农村短期劳动力	
	理论结论	实证结论	理论结论	实证结论	理论结论	实证结论	理论结论	实证结论
财富	负	不显著	负	正	正	正	正	正
资本	不确定	不显著	不确定	不显著	正	不显著	正	不显著
政府支出	不确定	正	不确定	不显著	不确定	不显著	不确定	不显著
社会资本	不确定	正	不确定	不显著	不确定	不显著	正	正
城乡融合（税收）	不确定	正	–	不显著	负	正	–	负

表 7.16　　　　　城乡融合的长期福利效应理论和实证分析结论

自变量	城市财富消费		农村财富消费		城市资本投资		农村资本投资	
	理论结论	实证结论	理论结论	实证结论	理论结论	实证结论	理论结论	实证结论
政府税收	–	正		正	–	正		负
政府城市支出	不确定	不显著	–	–	不确定	不确定	–	–
政府农村支出	正	–	不确定	不显著	正	–	不确定	正
社会资本	负	不显著	负	不显著	正	不显著	正	不显著

第一，个人财富增加短期福利水平。

个人财富能促进城乡劳动力供给上升。

个人财富对城乡短期消费有负作用。而实证分析表明，个人财富对城市短期消费影响不显著，对农村消费有正作用。因为个人财富促进劳动力供给增加，从而增加可支配收入，增加消费，抵消部分财富积累的负作用。

第二，资本存量对短期福利的影响不显著。

资本存量对城乡短期消费影响不确定。

资本存量能增加城乡劳动力供给，但实证分析统计不显著。因为我国仍然处于工业化中期，存在大量劳动密集型工业，农业劳动主要依靠体力劳动，因此，资本对劳动力供给影响不显著。

第三，城乡融合政策提高城乡福利水平，提高城乡资本积累和财富积累。

城乡融合取消农业税等部分农村税收，提高农村福利水平。短期内对农村就业影响为负，对农村消费影响不显著；政府在城市收取税收，对消费有挤出效应，理论上对消费影响不确定，对就业影响为负。

城乡融合政策长期提高农村财富水平，提高城市资本积累和财富积累，提高城乡福利水平。

但实证分析表明，城市收税可在短期内提高城市消费和就业水平，而农村税收不利于农村资本积累。因为城乡融合政策不仅包括税收，还包括户籍改革，鼓励城乡人口流动的政策等，有助于农村剩余劳动力流向城市，从而增加城市劳动力供应。农村税收减少，有利于农村财富积累和资本增加，但我国目前并没有减免所有的农业税收，只减免部分农业税和牧业税等，由于农村资本积累水平相对较低，因此，农村税收对农村资本积累有负作用。

第四，政府教育经费支出，显著增加城乡资本积累，提高城乡长期福利水平；政府在农村的公共资源支出，显著提高农村资本积累水平，提高农村福利水平。

政府公共资源支出对城乡消费和劳动力短期影响不显著。因为政府支出能增加城乡资本积累和财富积累，但通过税收挤出部分个人消费。

理论上政府支出对城乡长期资本和财富积累影响不显著。因为政府支出，增加家庭效用，同时对消费有挤出效应。当政府支出增加的效用等于其挤出效应时，政府支出将不影响家庭福利。

但实证分析表明，我国政府教育经费支出增加，有利于提高城乡资本存量，增加福利水平，因为政府教育经费支出，能有效提高个人人力资本积累，提高个人长期资本积累能力；我国政府在农村的支出，有利于提高农村资本存量，因为我国已减免农村部分税收，因此，税收对农村消费的挤出效应较小。

第五，社会资本增加城乡短期福利水平，对长期福利影响不显著。

社会资本对农村劳动力供给有正的影响，但对农村消费影响不确定，因为劳动力供给会影响消费的边际效用，劳动力供给增加，可能因增加收入而增加消费的边际效用，也可能因减少闲暇而减少消费的边际效用。

社会资本短期对城市消费和劳动力的影响不确定，但实证分析表明，社会资本能促进城市消费和就业。因为社会资本降低信息成本，降低交易成本，有利于农村移民和城市本地居民就业，降低找寻工作的成本，提高城市就业水平。而城市收入水平相对较高，因此，城市劳动力供给增加将导致收入对消费的边际效应影响更大。

社会资本能增加城乡长期资本积累水平，提高居民消费水平，对城乡居民财富积累有负作用。

但实证分析表明，电话和互联网等社会资本形式对城乡居民资本积累影响不显著，对城市居民财富积累影响不显著；农村互联网普及率提高农村财富积累。因为互联网信息降低农村居民的交易成本，有助于提高其收入，其对收入的提高大于其消费效应，促进农村财富积累。另外，我国电话和互联网等新兴信息传播媒介发展时间较短，对城乡长期福利的影响有一定的滞后作用。

第五节　基于微观调查数据的实证分析

本章节将用中国的微观调查数据，进行实证分析。微观调查数据来源说明同第六章第四节，表 7. 17 至表 7. 18 的统计分析均采用统计软件 SPSS 19. 0。

一、变量说明及描述统计分析

因为调查数据为 2017 年 8 月的截面数据，因此只分析居民的短期财富效应，即分析社会资本和城乡融合等变量对消费的影响。城乡融合的变量为户籍；社会资本的变量为对他人是否信任、是否参加过献血、微信朋友数量和微信聊天时间等；政府福利支出采用是否参加医疗保险、是否参加养老保险两个变量。

居民财富描述分析如表 7. 17 所示。家庭财富 1 根据家庭的财产，将人群分为 4 个层次：有 2 套房和家用车为最高层次 4，拥有 1 套房和家用车为次高层次 3；有 1 套房或者有家用车为中层 2；没有住房和汽车、而拥有家用电器等其他财产为较低层次 1。家庭财富 1 的均值为 2. 44。受访人群中，拥有一套住房的占比 58. 2%，有 2 套以上住房的占比 17%；拥有家用汽车的占 46. 5%，有 24. 2% 的人有摩托车；拥有冰箱、彩电、洗衣机和热水器的比率分别为 83. 1%、81. 7%、83. 6% 和 69. 4%[①]。当年存款均值

[①]　资料来源：本课题的微观数据，采用统计调查法获取（调查数据的时间为 2017 年 7 月 1 日至 9 月 30 日）。

为 24299.78 元。

表 7.17　　　　　　　　　　描述统计分析

变量	样本	最小值	最大值	均值	方差
家庭财富 1	1681	1	4	2.44	0.997
家庭财富 2	1681	2000	50000000	755982.38	2159279.59
消费	1681	1000	800000	58914.39	69832.24
当年存款	1681	0	1000000	24299.78	62828.93
家庭缴税	1681	0	300000	2995.38	14932.25
户籍	1682	0	1	0.37	0.485
信任	1682	0	1	0.85	0.35
献血	1682	0	1	0.40	0.49
微信朋友	1682	0	5000	246.75	360.96
聊天时间	1677	0.1	60.0	2.761	3.48
医疗保险	1682	0	1	0.95	0.22
养老保险	1682	0	1	0.76	0.43

居民的消费均值 58914.39 元，居民当年缴税额平均为 2995.38 元（见表 7.17）。

社会资本、城乡融合和社会保障的描述分析同第五章第四节。

二、统计分析

统计分析详细信息如表 7.18 所示。有如下统计分析结论：

第一，家庭财富能增加消费水平，从而增加个人福利。家庭财富 1 对消费有显著正影响，家庭的财富越多，消费越多，且统计在 1% 的水平显著，见方程 1～方程 7；家庭财富 2，即家庭财产的数量对消费的影响显著，且在 1% 的水平统计显著，见方程 2；家庭当年存款对消费有正的影响，且在 1% 的水平统计显著，见方程 3。

第二，家庭缴纳的税收能促进消费，从而增加个人福利。家庭缴纳的税收，能显著提升家庭的消费，见方程 1～方程 7，且在 5% 的统计水平显著。

第三，城乡融合能促进消费，增加个人福利。户籍对消费的影响是负的，且在1%的水平上统计显著，见方程1~方程7。

第四，政府福利支出，能促进消费，增加个人福利。个人参与养老保险，能显著增加个人消费，见方程1和方程6~方程7，且在10%的水平统计显著。

另外，实证分析中存在与理论假设不符合的情况：社会资本对个人消费的影响不显著；医疗保险对消费影响不显著。

表7.18　　　　　　　　　　　　统计分析

自变量	方程1	方程2	方程3	方程4	方程5	方程6	方程7
	消费	消费	消费	消费	消费	消费	消费
家庭财富1	0.24 *** (6.19)			0.24 *** (6.18)	0.24 *** (6.21)	0.24 *** (6.18)	0.24 *** (6.16)
家庭财富2		0.16 *** (3.80)					
当年存款			0.19 *** (5.08)				
家庭缴税	0.10 *** (2.72)	0.05 (1.22)	0.09 ** (2.38)	0.10 *** (2.81)	0.10 *** (2.84)	0.10 *** (2.71)	0.10 *** (2.69)
户籍	−0.14 *** (−3.52)	−0.18 *** (−4.67)	−0.19 *** (−5.00)	−0.15 *** (−3.95)	−0.15 *** (−3.96)	−0.14 *** (−3.53)	−0.13 *** (−3.38)
信任	0.01 (0.26)	0.01 (0.29)	0.01 (0.27)	0.01 (0.26)			
献血					0.04 (0.99)		
医疗保险				0.05 (1.33)	0.05 (1.38)		
养老保险	0.07 * (1.76)	0.09 ** (2.31)	0.07 * (1.91)			0.07 * (1.76)	0.06 * (1.68)
微信朋友						0.00 (0.04)	
聊天时间							−0.05 * (−1.32)
调整的 R^2	0.121	0.091	0.105	0.120	0.120	0.120	0.120
DW	2.08	2.06	2.05	2.08	2.08	2.07	2.08

第六节 我国城乡融合的福利效应
动态效应分析结论

本章构建城乡融合、社会资本和个人经济福利的动态模型，并利用我国宏观统计数据和微观调查数据分析，实证分析结论如下：

第一，家庭财富能增加消费水平，促进劳动力供给增加，从而增加个人福利。家庭财产数量和家庭当年存款对消费有正的影响。平均个人财富能促进城乡劳动力供给增加，增加个人福利。

第二，家庭缴纳的税收能促进消费，增加资本和财富，从而增加个人福利。家庭缴纳的税收，一方面对家庭支出有挤出作用，另一方面也促进政府福利支出增加，从而增加个人福利。

第三，城乡融合能促进消费，增加资本和财富，增加个人福利。户籍对消费的影响是负的，取消城乡差异的政策，如取消农业税等部分农村税收，促进城乡融合，将增加消费，促进城乡劳动力流动，促进劳动力增加，增加个人福利。

第四，政府福利支出，能促进消费，增加资本和财富，增加个人福利。个人参与养老保险，能显著增加个人消费；政府教育经费支出，政府公共资源支出，能提高个人福利水平。

第五，社会资本促进劳动力流动，增加劳动力供给，增加个人福利。

另外，实证分析中存在与理论假设不符合的情况：社会资本对个人消费、资本和财富的影响不显著；医疗保险对消费影响不显著。

第五部分

社会资本视角下城乡融合的
福利效应结论与政策建议

　　前文的理论和实证分析表明，社会资本能降低交易成本，提高经济效率，从而增加福利；城乡融合政策，能促进劳动力流动，促进经济增长和收入增加，从而增加福利；城乡融合政策能缩小城乡居民收入差距，增加福利；城乡融合政策，还能通过培育和增加社会资本，从而提高经济福利。本部分将总结前文理论和实证分析的结论，并提出促进城乡融合和培育社会资本的政策建议。

第八章

培育社会资本和促进城乡融合的
结论与政策建议

第一节　理论与实证研究结论

前文的理论和实证分析表明：城乡融合政策可使政府提供的福利增加、社会财富和家庭财富增加、社会资本增加、法律体制效率上升等，从而提升社会福利和个人福利水平。

一、城乡融合政策可提高福利

第一，城乡融合政策，能促进劳动力流动，促进经济增长，提高个人收入水平，增加经济福利。

第二，城乡融合政策，如取消农业税等部分农村税收，提高农民的社会保障水平等，能提高个人相对收入水平，缩小城乡居民收入差距，提高经济福利水平。

第三，城乡融合能促进消费，从而增加资本和财富，增加个人经济福利。

第四，城乡融合政策，促进流动农村劳动力融入城市社区，促进人们的信息分享，增加社会资本，提高经济效率，提高个人经济福利。

二、提高政府福利支出可提高福利

第一，提高政府福利支出可促进消费，增加资本和财富，增加个人福利。个人参与养老保险可促进个人消费；政府教育经费支出和政府公共资源支出可提高个人福利水平。

第二，政府提供的教育和社会保障水平越高，越能促进经济增长，提高个人收入水平，提高经济福利。

第三，政府提供的教育和社会保障水平的提高可提升个人相对收入水平，缩小城乡居民收入差距，提高福利水平。

三、提高社会财富和家庭财富，进而提升福利

第一，社会财富和投资增加，劳动力供给增加，能促进经济增长，提高经济福利水平。

第二，个人家庭财富增加可提高个人消费水平，促进劳动力供给增加，从而增加个人福利。家庭财产数量和家庭存款能显著促进消费，促进劳动力供给增加，提升个人福利。

第三，家庭财富越多，缴纳的税收越多，以此促进消费，增加资本和财富，从而提升个人福利。家庭缴纳的税收，对家庭支出有挤出作用，但也通过促进政府福利支出增加，从而提升个人福利。

四、社会资本可提高经济效率和福利

第一，社会资本水平的提高可提高经济效率，促进经济增长，提高个人收入水平，提高福利水平。

第二，社会资本增加，能促进经济信息分享，促进劳动力流动，增加劳动力供给，增加个人福利。

第三，社会资本可提高个人相对收入水平，缩小城乡居民收入差距，提高个人福利。

五、部分理论分析与实证分析不符合的原因

在本书的研究中，还存在一些理论与实证不符合的地方，其原因主要有：

第一，城乡发展的巨大差距使受过良好教育的农业人口转移到城市，导致政府对农业人口提供的教育和就业机会并没有缩小城乡居民收入差距，反而促使农村精英人口向城市移动。城乡融合政策，使农业人口有较好的受教育机会和就业机会，但受过良好教育的农业人口，往往转为非农业户籍，并且转移到城市就业，这部分人的个人收入和相对收入提高了，但对城乡居民收入差距影响不显著。

第二，政府对城乡居民提供的社会保障是不均等的，对城乡居民收入差距影响不显著。城市居民的社会保障水平显著高于农村居民的社会保障水平，城乡差异的社会保障水平，不仅没有缩小城乡居民收入差距，反而拉大了城乡居民收入差距。

第三，部分社会资本具有外部性，对个人的收入提升不显著。社会资本中的社会网络和个人网络能提升个人的收入，但具有外部性的部分社会资本，如献血和信任等社会资本，具有显著的外部性，对个人收入提升不显著，但能显著提高宏观经济效率，促进经济增长。

总之，城乡融合政策的实施、社会财富和家庭财富增加、政府的福利支出增加、社会资本增加等，都能提高收入水平，缩小城乡居民收入差距，提高个人经济福利。另外，法律体制效率的提高，也能促进经济增长，提高福利水平。上述理论和实证分析表明，社会财富和家庭财富增加、城乡融合发展和社会资本增加，均能提高个人收入，缩小城乡居民收入差距，提高经济福利。因此，下面将提出促进城乡融合发展和培育社会资本的政策建议。

第二节　促进城乡融合和培育社会资本的政策建议

我国城乡融合发展的政策建议为：促进工业化发展，积累社会财富和家庭财富，促进城乡政策融合，逐步取消城乡二元的政策和措施，逐步实

施城乡教育、医疗和社会保障等公共资源均等化政策。促进城乡融合发展，增加城乡居民收入，取消城乡二元政策，健全社会主义法治，加强通信基础设施建设等，也是培育社会资本的重要措施。另外，弘扬社会主义传统文化，培育社会资本，降低交易成本，提高经济效率和提升经济福利。

一、促进城乡融合的政策建议

（一）进一步促进我国现代工业发展，建立工业强国

促进我国工业发展，加快由工业大国向工业强国的转变（张辛欣和华晔迪，2015），提高社会财富和个人财富，增强政府转移支付的能力。我国有门类比较齐全的工业体系，但我国的制造业自主创新较低，核心技术不足，国际品牌较少，产业结构不合理，虽是工业大国，但不是工业强国。因此，我国提出《中国制造2025》，提出工业发展三步走战略，争取到新中国成立一百年时，能够成为世界制造强国。我国要重振制造业这一举措，可以提供大量就业岗位，提高我国整体创新的能力。我国还必须实现信息化和智能化，才能转变为制造强国。用信息化带动制造业，促进自主创造的中国制造，同时推进中国制造的智能化和绿色化，促进服务业与制造业融合，提高我国制造业的层次，增强制造业的核心竞争力。

第一，坚持创新，实现中国创造。坚持创新，创新是制造业发展的核心。在老龄化和人口成本上升的情况下，我国制造业的传统低成本优势逐渐减弱，要求中国制造转变为中国创造。中国创造是技术创新，将提高传统制造业的生产率，提高产品质量，还可以带动新材料、新能源、新生物产品和新设备等新产业、新领域的发展。我国的产业创新能力，与世界创新大国有一定的差距。目前，我国的技术50%依赖进口，如高档数控系统、芯片、高档液压件、密封件和发动机等。我国必须加强创新能力，突破关键核心技术，促进科技成果转化，提高创新能力，促进创新对产业的驱动。

第二，坚持智能制造。促进我国产业的智能制造，采用新的技术和装备，应用信息通信技术渗透，完善信息物理系统，促进制造业的生产和管理制度系统，促进产业制造和商业模式的转变。新的信息技术、生物技术、新材料技术、新能源技术等，将引起工业领域的技术革命。工业的核

心将转变为智能制造。以信息技术为基础的智能制造，将大幅度提高生产效率，提高资源综合利用率，降低研制周期，降低运营成本，降低产品不合格率等。

第三，坚持绿色制造。在发展新型智能制造的同时，对传统产业进行改造，推动绿色制造。在钢铁和有色金属等传统产业领域，实行绿色改造。绿色制造能促进我国制造业的可持续发展。目前，我国的制造业依赖高投入、高消耗和高排放模式，造成碳排放过高等环境污染等问题。建立高效、清洁、低碳、循环的传统产业制造体系，能促进传统制造业升级，提高产业效率。我国工信部将构建绿色制造体系，如绿色工厂和绿色制造，促进资源的循环利用，提倡绿色消费等。

第四，坚持中国创造的质量。注重宏观制造业的质量，强化企业对质量的监管责任，攻坚质量技术的核心领域，同时建立科学合理的质量法规标准，建立企业和政府的质量监管体系，形成产品质量文化，形成良好的诚信经营环境。制造业的高质量是其产品的核心竞争力，能够反映国家的整体实力。我国在一些关键材料、零部件和核心系统上的质量有待进一步提高，目前所对应的产品仍依赖进口。我国必须提高质量，改变我国产业水平较低、附加值较低的状况。另外，我国不仅要提高产品质量，还要创立中国自主品牌。我国是全球第二制造大国，但产品主要是贴牌，自主的知名品牌较少。我国出口的商品，有90%为贴牌产品，贴牌和品牌的差别主要为利润差。我国企业的贴牌制造处在全球产业链低端，相当于为他人作嫁衣，获取的利润率很少。因此，我国企业要创立自主的国际名牌，我国企业在"走出去"的过程中也意味着更多的中国品牌走向世界。我国要成为制造业强国，必须从贴牌大国，转为品牌大国，提高企业在全球产业链的地位。

促进工业现代化发展，能促进经济增长，促进社会财富和个人财富增加。促进城乡融合发展，还要促进城乡二元经济结构的一体化发展，促进农业剩余劳动力的转移和城市化发展，促进改革发展成果的均等分享。①

---

① 《中共中央关于全面深化改革若干重大问题的决定》，2013年11月12日中国共产党第十八届中央委员会第三次全体会议通过。

（二）实现城乡产业融合发展

第一，继续加大对农业生产的补贴，加强对农业上游产业生产的补贴。目前我国对农业的补贴主要是粮食生产补贴，农业机具购买补贴，玉米、棉花等补贴，以及对产粮、产油大县补贴和生态补贴等。首先，未来可以考虑对农业生产的上游产业进行规范和补贴。农民购买的种子、化肥、农药等价格普遍较贵。可以根据地方情况，考虑对农民购买的种子、化肥和农药给予一定的财政补贴。其次，农业生产中很多地方的农药污染、地膜污染较严重。可以考虑从农业上游产业源头监管。如设立绿色农药和低污染、低残留农药标准，限制或禁止企业生产高污染、高残留农药，财政补贴企业研发和生产绿色、低污染和低残留的农药。规范地膜企业生产，财政支持企业研发、生产可降解的地膜，限制或者禁止企业生产厚度低、易污染的地膜。最后，加大对农业基础设施的投入。我国由于废除了农业税，地方政府对农业基础设施的投入积极性不高，导致很多地方的农业基础设施常年失修。可以考虑中央财政补贴农业基础设施的修复和维护，要求地方政府配套相应的修复资金。

第二，促进农业生产社会化服务，促进农村产业融合发展。首先，促进农业生产社会化服务，衔接小农业和现代农业生产。加大新型职业农民培训，提高农民的生产能力和营销能力。可以鼓励和支持农业院校和农机公司等对家庭农场、农民合作社、返乡涉农创业者等相关人员进行培训，培育新型农民在绿色农业、生态农业、农产品加工、标准化生产、市场营销等方面的能力。支持农村集体经济组织等对农产品生产提供社会化服务，形成生态高效的现代农业生产方式，衔接小农户和现代农业生产。其次，发展地方优势特色产业。鼓励各地发展具有区域优势和地方特色的农业产业，形成地方特色主导产业带和重点生产区域。形成一批绿色优质的农产品示范企业和示范区，培育一批有影响力的优质农产品品牌和企业品牌，形成现代农业发展模式。最后，促进农村产业融合发展。促进农村产业融合发展，实现农产品产地加工、产品流通和直供直销，发展农村电子商务，培育和支持休闲农业和乡村旅游等新产业和新模式。加大中央财政支持信息进村入户工作，形成全国性的农村技术、市场、商务和政务等信息一站式服务。

第三，建立完善的农村金融和保险服务体系。建立健全全国农业信贷担保体系，促进省级信贷担保机构在县市设立分支机构。农业信贷担保体系主要服务于种养大户、家庭农场、农民合作社、农业社会化服务组织、农业小微企业等。支持各地方政府采取担保费补助和业务奖补等方式，提升农业信贷担保贷款规模。

（三）调整户口迁移政策，完成农业转移人口市民化过程

根据 2019 年国家统计局发布的《中华人民共和国 2018 年国民经济和社会发展统计公报》的数据显示，2018 年我国内陆流动人口有 2.41 亿人；我国就业人员 7.76 亿人，农民工为 2.88 亿人，占就业人数的 37.17%。其中，在外地就业的农民工 1.73 亿人，占就业人口的 22.25%，在本地就业的农民工 1.16 亿人，占就业人口的 14.95%。2021 年大陆全国人口 14.12 亿人，城镇常住人口 9.14 亿人，占总人口的 64.7%，全国人户分离的人口 5.04 亿人，流动人口 3.85 亿人，农民工 2.93 亿人。我国流动人口和外地就业的农民工数量庞大，如何让具有稳定就业的农民工市民化，是我国当前面临的重要问题。

我国已于 2014 年建立城乡统一的户籍登记制度，取消城市户籍和农村户籍的划分，实施居住证制度，结束了城乡二元的户籍制度，但我国对户籍的迁移仍然有较大的限制。我国未来可以进一步创新户籍管理制度，可以考虑使用身份证或者医保卡作为身份证明，允许人口自由流动和自由迁徙。

我国目前可以逐渐取消大城市和特大城市人口流入限制，逐渐实现人口自由流动，使具有稳定工作的农民工市民化，使有稳定工作的流动人口获得当地户籍。首先，放开城区常住人口 300 万人以下的城市落户限制，到 2020 年实现 1 亿人农业转移人口落户城镇①。2013 年《中共中央关于全面深化改革若干重大问题的决定》提出，全面放开镇和小城市落户限制，有序放开中等城市落户限制，确定大城市落户条件，控制特大城市落户的

---

① 资料来源：2014 年《国务院关于进一步推进户籍制度改革的意见》。

政策。2014年国务院《关于进一步推进户籍制度改革的意见》提出要进一步调整户口迁移政策，到2020年实现1亿农业转移人口在城镇落户。国家发展改革委于2019年4月8日印发《2019年新型城镇化建设重点任务》，提出推动1亿农业转移人口落户工作。《2019年新型城镇化建设重点任务》提出，常住人口100万人以下的中小城市和小城镇已取消落户限制，城区常住人口100万～300万人的二类大城市全面取消落户限制，城区常住人口300万～500万人的一类大城市放开放宽落户条件，取消重点群体落户限制，超大特大城市调整完善积分落户政策，允许租赁房屋的常住人口在城市公共户口落户。其次，到2025年后，放开城区常住人口在300万～500万人的城市入户限制，实现1亿左右的农业转移人口市民化。最后，到2030年左右，放开城市入户限制，逐渐实现人口自由流动和自由迁徙，完成农业人口市民化过程。

（四）实现城乡居民基本公共服务均等化

我国户籍政策的调整，其实质是与户籍有关的居民公共服务政策调整。我国要实现转移农民市民化，最大的难题是实现居民公共服务均等化。党的十八大报告明确提出了城乡公共服务一体化的目标。2014年国务院《关于进一步推进户籍制度改革的意见》提出，完善农村产权制度，推进城镇基本公共服务覆盖全部常住人口。2012年新型农村社会养老保险和城镇居民社会养老保险制度合并为城乡居民社会养老保险。2016年国务院印发《关于整合城乡居民基本医疗保险制度的意见》，2018年我国全面实施统一的城乡居民基本医保制度。

第一，促进城乡居民获得均等的基本医疗保险服务。我国已经建立了覆盖城乡居民的医疗保险体系，2018年我国参加基本医疗保险人数13.45亿人，占总人口的96.42%，参加城乡居民基本医疗保险人数8.97亿人，占总人口的64.30%。2018年我国继续提高城乡居民基本医保和大病保险保障水平，降低并统一大病保险起付线，报销比例由50%提高到60%，减轻大病患者和困难群众医疗负担。我国目前正在落实和完善跨省异地就医直接结算政策，使异地就医患者在所有定点医院能持卡看病、即时结算，方便流动人口和随迁老人看病。2020年参加基本医疗保险人数为13.61亿人，增加693万人。其中，参加职工基本医疗保险人数为3.44亿人，增加1498万人；参加城乡居民基本医疗保险人数10.17亿人。参加失业保险人数2.12亿人，增加1147万人。2021年参加基本医疗保险人数达到13.64亿人（见表8.1）。

表8.1　　　　　　　2002～2021年我国城乡医保参保发展情况　　　　单位：亿人

年份	城镇基本医疗保险未参保人数	参加新型农村合作医疗人数
2002	0.94	—
2003	1.09	—
2004	1.24	0.80
2005	1.38	1.79
2006	1.57	4.10
2007	2.23	7.26
2008	3.18	8.15
2009	4.01	8.33
2010	4.33	8.36
2011	4.73	8.32
2012	5.36	8.05
2013	5.71	8.02
2014	5.98	7.36
2015	6.66	—
2016	7.44	—
2017	11.77	—
2018	13.45	—
2019	13.54	—
2020	13.61	—
2021	13.64	—

注：2016年开始，农村合作医疗与城镇医疗保险逐渐合并。

但我国仍然存医保异地结算难、看病难、看病贵等现象，存在过度医疗、大病致贫和大病返贫现象等。我国未来可以进一步提高大病报销费用的比例，促进医保异地结算，同时推进医疗体制改革，恢复公立医院的普惠性质，增加政府对医疗资源的投入，减少不必要的过度医疗。

第二，促进城乡居民获得均等的养老保险和其他保险服务。自2012年

8月起，我国新型农村社会养老保险和城镇居民社会养老保险制度合并为
城乡居民社会养老保险。我国已经形成了覆盖城乡居民的养老保险体系。
2018年我国参加养老保险的居民为9.42亿人，占总人口的67.67%；参加
城镇职工基本养老保险为4.18亿人，占总人口的29.96%；参加城乡居民
基本养老保险为5.24亿人，占总人口的37.56%。参加工伤保险的农民工
0.81亿人，占农民工总数的28.07%[①]。2020年末全国参加城镇职工基本
养老保险人数为4.56亿人，比上年末增加2150万人；参加城乡居民基本
养老保险人数为5.42亿人，增加978万人，参加养老保险的人数占总人口
的72.88%。2020年末全国领取失业保险金人数为270万人。参加工伤保
险人数为26770万人，增加1291万人，其中参加工伤保险的农民工为
8934万人。2020年末全国共有805万人享受城市最低生活保障，3621万
人享受农村最低生活保障，447万人享受农村特困人员救助供养。[②] 2021
年参加城镇养老保险为4.81亿人，参加城乡居民社会养老保险为5.48亿
人（见表8.2）。

表8.2　　　　　　　2002～2021年我国城乡养老保险发展情况　　　　单位：亿人

年份	城镇参加养老保险人数	城乡居民社会养老保险参保人数	新型农村社会养老保险试点参保人数
2002	1.47	—	—
2003	1.55	—	—
2004	1.64	—	—
2005	1.75	—	—
2006	1.88	—	—
2007	2.01	—	—
2008	2.19	—	—
2009	2.35	—	—
2010	2.57	—	1.03
2011	2.84	—	3.26
2012	3.04	4.84	—
2013	3.22	4.98	—

①②　国家统计局：《2019年国民经济和社会发展统计公报》。

年份	城镇参加养老保险人数	城乡居民社会养老保险参保人数	新型农村社会养老保险试点参保人数
2014	3.41	5.01	—
2015	3.54	5.05	—
2016	3.79	5.08	—
2017	4.03	5.13	—
2018	4.19	5.24	—
2019	4.35	5.33	—
2020	4.56	5.42	—
2021	4.81	5.48	—

注：自 2012 年 8 月起，我国新型农村社会养老保险和城镇居民社会养老保险制度合并为城乡居民社会养老保险，2012 年后城镇参加养老保险指职工医疗保险。

我国城乡居民基础养老金体系基本建立，但仍然存在一定的问题，如基础养老金给付金额较低，不能满足城乡居民基本的养老需求。我国未来可以逐渐提高城乡居民养老保险的给付金额，满足城乡居民基本养老需求。

第三，推进农村土地承包经营权确权登记颁证，保障农民土地承包经营权和宅基地权利。农村产业融合发展及农村转移居民的市民化都要求保障农民对土地的经营权和对宅基地的权利。我国可以在有条件的地方逐步探索农民以土地经营权入股现代农业公司等，促进规模化经营和形成现代农业。

（五）促进城乡公共教育资源均衡发展

第一，实现城乡基础教育资源均衡。改善乡村学校办学条件，促进乡村小规模学校和乡镇寄宿制学校建设，加强乡村教师队伍建设，保障进城务工人员随迁子女教育。首先，改善乡村办学条件，建设乡镇寄宿制学校，对乡镇寄宿制学校的学生进行一定的补贴，减轻农民子女入学的负担。我国农村近年来出现少子化现象，越来越多的乡村学校关闭，很多农村儿童不得不到离家很远的中心学校和镇小学上学，家长不得不进行陪读，子女入学成本很高。其次，加强农村学校的师资队伍建设，培育优质的农村学校教师。加强农村学校的经费投入，对农村学校的教师编制适当放松，减少农村学校的代课教师，稳定教师队伍，提高农村学校的教学质量。再次，提高农村教师待遇，提高农村教师工作的积极性。随着农村教育投入增加，城乡农村义务教育学校的基础设施水平有较大提高，但农村义务教育质量没有显著上升。因此，要激活农村教师资源的积极性，提高农村教师的待遇，打通其进修和上升的通道。最后，保障进城务工人员子女就近入学。我国数以亿计的进城务工人员，因难以在短时间内市民化，导致其子女无法在城镇入学而成为农村留守儿童。因此，中央应该加强财政投入，可以采用补贴等方式，鼓励城镇地区的学校接受进城务工人员子女就近入学。

第二，实现城乡职业教育资源均衡发展，建立现代职业教育体系，大力发展免费中等职业教育，鼓励农村学生专项招生、学生回生源地服务等。首先，建立现代职业教育体系，扩大职业院校招生规模。我国 2010 年教育规划纲要提出，要在 2020 年建成现代职教体系。教育部等部门制定的《现代职业教育体系建设规划（2014—2020 年）》，要求系统构建从中职到研究生的培养体系。2014 年 6 月国务院印发《关于加快发展现代职业教育的决定》，提出以培养技术技能人才为目标，到 2020 年形成具有"中国特色、世界水平"的现代职业教育体系。我国在建立现代职业教育体系的基础上，可以扩大职业院校招生规模，使新增劳动力都能获得职业教育培训，掌握专门技能。其次，提高财政支持力度，大力培育新型职业农民。《农业农村部关于做好 2019 年农业农村工作的实施意见》提出，大力培育新型职业农民，计划 2019 年再培育 100 万人以上的新型职业农民。我国可以加大财政投入，大力发展免费农业中等职业教育，促进农业高等院校的涉农专业建设，培养更多农业科技人才和农村实用人才，适应乡村振兴和农村产业融合发展的需要。最后，改革高校专项招收农村学生制度，鼓励该类生源回本地服务，带动当地经济发展。我国开展了重点高校农村学生专项招生计划，有助于城乡高等教育资源均衡发展。但该类专项招生具有政策照顾性，但并没有要求被录取的学生回生源地服务，实际上对农村地区的发展没有实际作用。因此，未来应该改革专项招生制度，与专项招生的学生签订服务计划，鼓励该类学生回生源地服务至少五年，以促进当地经济发展。

第三，促进信息化与终身教育，发展"互联网＋教育"，促进城乡优质教育资源共享。在发展我国职业教育，促进城乡教育均衡的情况下，还必须促进教育的信息化和教育的终身化（习近平，2015）。应适应信息技术的迅速发展，推动教育变革和创新，构建网络化、数字化、个性化、终身化的教育体系，建设"人人皆学、处处能学、时时可学"的学习型社会，培养大批创新人才（习近平，2015）。推进城乡教育信息化，发展"互联网＋教育"，缩小城乡教育信息化的差距，让少年儿童共享优质教育，提升个人素质。我国可以通过财政重点支持，推动信息技术与教育教学相融合，促进优质数字教育资源开发，促进优质资源共享，形成信息化教育和终身化教育体系，促进城乡优质教育资源共享。

（六）促进农村基础设施建设，实现城乡公共资源均衡

第一，建设"四好农村路"，形成畅通的城乡交通网络。习近平总书记指出，"交通基础设施建设具有很强的先导作用。特别是在一些贫困地区，改一条溜索、修一段公路就能给群众打开一扇脱贫致富的大门"，要"逐步消除制约农村发展的交通瓶颈，为广大农民脱贫致富奔小康提供更好的保障"①。2015 年 5 月交通运输部等四部门联合印发《关于推进"四好农村路"建设的意见》指出，农村公路是农业和农村发展的先导性、基础性设施，是推进社会主义新农村建设的重要动力，提出全面建好农村路、管好农村路、养护好农村路和运营好农村路的"四好农村路"。2003年交通部提出"修好农村路，服务城镇化，让农民走上油路和水泥路"的目标，2013 年交通部进一步提出"小康路上，绝不让任何一个地方因农村交通而掉队"的新目标。2003～2013 年，全国新改建农村公路 333 万公里，新增通车里程 117 万公里，通车总里程 388.2 万公里，乡镇和建制村通公路率分别为 99.98% 和 99.82%，通硬化路率分别为 98.08% 和 91.76%，通客车率分别为 98.95% 和 93.32%。2013～2018 年我国"四好农村路"建设取得重大成就：农村路网初步形成，新改建农村公路 139.2 万公里，

① 新闻办就"十三五"交通扶贫规划及交通扶贫工作开展情况举行新闻发布会［EB/OL］.中华人民共和国中央人民政府网，2016－11－24.

农村公路总里程达 405 万公里，乡镇和建制村通硬化路率分别达 99.64%
和 99.47%；农村公路基本形成"良法善治"的共治格局，《农村公路养护
管理办法》《关于推进"四好农村路"建设的意见》等法规和政策出台，
28 个省份将"四好农村路"纳入政府绩效考核，15 个省份提出实行"路
长制"，形成"政府主导、部门协同、行业主抓、社会参与"的农村公路
治理格局；农村公路基本实现"有路必养"。截至 2017 年底，全国农村公
路列养率达到 97.73%，优良路率上升到 60.11%，处置安全隐患路段 51.8
万公里，处置危桥 23753 座；农村公路运输水平大幅提升，新增 3.5 万个
建制村通客车，乡镇和建制村通客车比例分别超过 99.1% 和 96.5%，全国
县、乡物流网络覆盖率达 65%。交通部投入 3257 亿元重点支持深度贫困
地区，新改建贫困地区农村公路约 78.3 万公里，实施安全生命防护工程约
28.2 万公里，加宽路基公路约 10.4 万公里，建成资源路、旅游路、产业
路约 4.6 万公里。支持贫困地区新增约 780 个乡镇、4.65 万个建制村、
2.2 万个撤并建制村通硬化路。①

　　我国今后一段时期农村公路建设的任务仍然是推动"四好农村路"高
质量发展，为农业农村现代化提供有力支撑。推动农村公路从规模速度型
向质量效益型转变。首先，逐渐完善法规政策体系和保障体系，推动《中
华人民共和国公路法》《中华人民共和国道路运输条例》修订，尽快出台
《农村公路条例》等，推行农村公路管理的"路长制"，形成农村公路的技
术指导体系和标准化养护技术，将"四好农村路"纳入各级政府绩效考核
体系等。其次，推动农村公路建管养运协调发展。推动出台《国务院办公
厅关于深化农村公路管理养护体制改革的意见》，有序推动城乡交通一体
化，推动城市公交线路向周边城市延伸，鼓励有条件的地区将农村客运车
改造为公交车等。最后，乡村公路建设与乡村振兴相衔接。加快乡村公路
建设，完成《交通运输部关于推进"四好农村路"建设的意见》的目标：
即到 2019 年底实现具备条件的乡镇、建制村通硬化路，到 2020 年实现具
备条件的建制村通客车。我国要稳步扩大农村公路网络覆盖面，推进农村
公路联网，为农业农村现代化提供强有力的支撑。

---

① 交通运输部党组. 大力推进"四好农村路"高质量发展［N］. 学习时报，2019 - 03 - 25.

　　第二，加强农村网络基础设施建设，形成高水平和高覆盖率的城乡网络基础设施。网络基础设施是我国新时期的战略性公共基础设施，近年来我国加大对城乡网络基础设施的投入，网络基础设施的水平有较大的提高。我国于 2013 年提出《关于实施宽带中国 2013 年专项行动的意见》，于 2014 年提出《关于实施"宽带中国"2014 专项行动的意见》，于 2014 年 11 月实施"宽带乡村"一期试点工程等。2014 年 11 月国务院印发《"宽带中国"战略及实施方案的通知》，推动我国城乡宽带基础设施迅速发展。我国于 2015 年底实施电信普遍服务计划，2015～2017 年中央财政资金与电信企业投资超 400 亿元，使 13 万个行政村通达光纤网络，其中包括 4.3 万个贫困村，该试点工作大大提升我国农村地区宽带网络覆盖水平①。我国于 2018 年启动新一轮电信普遍服务行动，123 个地市在行政村建设 4G 基站，可满足 1.2 万个行政村 4G 网络覆盖需求，23 个地市在边疆建设 4G 基站，海南省三沙市建设海岛 4G 基站等。② 工业和信息化部等将继续支持农村及偏远地区 4G 网络覆盖。

　　2021 年全国所有行政村实现"村村通宽带"，宽带网络向农村人口聚居区、生产作业区、交通要道沿线等区域延伸，农村偏远地区网络覆盖水平提升，农村宽带用户规模扩大。截至 2021 年底，农村宽带接入用户 1.58 亿户，比上年末净增 1581 万户，农村光纤平均下载速率超过 100 每秒百万比特（Mbps），实现与城市"同网同速"。③ 我国未来可以继续加大对城乡网络基础设施的投入。加大对宽带网络研发的投入，促进 5G 技术和 6G 技术的研发。促进 5G 宽带技术的大规模应用，大力推广建设 5G 基站。加大对农村和边远地区的网络基础设施建设的投入，建设覆盖城乡的高水平的互联网基础设施，以促进城乡经济融合发展。《2021 年通信业统计公报解读：行业发展向好——新型信息基础设施加快构建》表明，我国 5G 和千兆光纤网建设加快，网络供给能力不断增强。截至 2021 年底，我国建成开通 5G 基站 142.5 万个，建成全球最大 5G 网，5G 网覆盖全国所

---

　　①② 资料来源：中华人民共和国工业和信息化部网站。

　　③ 中华人民共和国工业和信息化部运行监测协调局.2021 年通信业统计公报解读：行业发展向好——新型信息基础设施加快构建［EB/OL］.中华人民共和国工业和信息化部网站，2022 - 01 - 25.

有地级市城区、超过98%的县城城区和80%的乡镇镇区，逐步向农村地区推进。我国5G基站总量占全球60%以上；每万人拥有5G基站数10.1个，比上年末提高近1倍。2021年5G投资1849亿元，占电信固定资产投资总量的45.6%；超过300个城市启动千兆光纤宽带网络建设，互联网宽带接入投资比上年上升长40%。截至2021年底，建成10G PON端口786万个，覆盖3亿户家庭。基础电信企业加强云网建设和部署，建设泛在融合、云边协同的算力网络，提升云网融合服务能力，2021年实现数据中心客户规模翻一番。[①]

（七）形成城乡统一的法律政策体系

我国应该逐渐形成城乡统一的法律政策体系，真正做到法律面前人人平等，使城乡居民享受的权利和履行的义务相同。新中国成立后，由于我国实行城市户籍和农村户籍两种户籍管理形式，同时也形成了同一种法律或政策，针对城市户籍居民和农村户籍居民有不同的政策。例如，我国2001年通过的《中华人民共和国人口与计划生育法》第十八条规定，提倡夫妻生育一个孩子，但又规定"符合法律、法规规定条件的，可以要求安排再生育子女"，在各地的政策实践中，农村户籍的家庭实行"一孩半"政策，即头胎生女孩的家庭可以申请生"二孩"，而某些少数民族地区的农村地区甚至可以生"三孩"或者"多孩"；《中华人民共和国人口与计划生育法》第四十一条规定，不符合规定生育子女的家庭应当依法缴纳社会抚养费，而缴纳社会抚养费的标准则是根据其户籍地的平均收入水平制定，因此同样是违法超生孩子，农村地区的居民缴税的社会抚养费较少，而城市居民缴纳的社会抚养费更多，而如果是国家工作人员超生，还将面临行政处分甚至开除工职的惩罚。2015年12月我国通过《关于修改〈中华人民共和国人口与计划生育法〉的决定》，规定城乡居民可以生育"二孩"，但对违法生育的情况，对城乡居民的惩罚措施仍然没有统一。2021年8月20日我国修改《中华人民共和国人口与计划生育法》，规定一对夫

---

① 中华人民共和国工业和信息化部运行监测协调局.2021年通信业统计公报解读：行业发展向好——新型信息基础设施加快构建［EB/OL］.中华人民共和国工业和信息化部网站，2022 - 01 - 25.

妻可以生育三个子女，删除了违规生育缴纳社会抚养费的条款。我国在其他领域的法律法规也存在标准不统一的情况，如国务院于 1999 年颁布《城市居民最低生活保障条例》，于 2007 年发布《关于在全国建立农村最低生活保障制度的通知》，2012 年发布《国务院关于进一步加强和改进最低生活保障工作的意见》等，但对城市居民和农村居民的最低生活保障标准是不统一的。我国在未来应该逐渐修订相关法律和政策体系，使城乡居民能够享受相同的权利，履行相同的法律义务，形成城乡统一的法律政策体系。

二、培育社会资本的政策建议

社会资本是降低交易成本，提高个人福利的重要因素。社会网络组织和个人网络能提升个人收入水平，但某些具有外部性的社会资本，如信任和献血等由于具有外部性，对个人收入影响不显著，但能显著提高经济效率，促进经济增长。另外，促进信息交流的社会资本，如果通过电话和网络软件进行人际关系的交流，对个人当前的收入影响也不显著。

信任等具有公共物品性质的社会资本，因为其收益具有外部性，个人没有足够的动力去培育，因此，政府应该重点采取措施培育这种类型的社会资本。另外，政府应该加大通信信息基础设施建设，促进信息交流，提升促进信息交流的社会资本，降低交易成本，以提高经济效率和个人福利。

下面将阐述限制我国社会资本形成的因素及培育社会资本的政策建议。

（一）限制我国社会资本形成的因素

我国经济发展存在一些社会资本缺位的现象，例如，公民诚信意识薄弱、企业制造假冒伪劣商品、地方政府的公信力受到少数官员腐败的影响等。我国社会资本缺位的主要原因有：传统文化的重要性降低、法律体制不健全、城乡分割的政策、居民收入差距扩大等。

第一，传统文化观念与西方文化观念的碰撞和融合过程中，其中一部分以传统家庭观念为基础的社会资本减少，如家庭的稳定率下降等。我国传统文化观念受到现代西方文化的冲击，我国家族血缘和亲情的道德观念被削弱，使家族和血缘关系为基础的社会资本减少。

　　第二，我国部分法律法规不健全，限制社会资本的形成。随着我国市场经济的发展，我国的法律和法规还在不断完善。我国有些法律法规与地方性法规区别对待不同户籍和不同地区人群，如我国城市本地户籍居民和外地户籍居民在入学、就业和社会保障等方面的权利不同。这些歧视性的法律法规，不利于社会资本形成。

　　第三，我国城乡二元的政策限制社会资本的形成。我国在工业化的过程中，采取了一系列的农业支持工业的政策，这些城乡分割的政策曾经为工业化的实施做出了很大的贡献，但也造成了城市和农村的分割，以及城市户口和农村户口人群的分割，由于社会保障体系与城乡分割的户籍制度挂钩，形成了分割的社会保障体系，甚至形成了一系列的城乡分割的法律制度和规则体系①，加大了社会融合的难度，限制了社会资本的形成。

　　第四，城乡居民收入差距扩大，限制社会资本形成。我国居民收入差距扩大，很大一部分体现为城乡居民收入差距扩大。而城乡居民收入差距的扩大，是在农业支持工业发展的基础上形成的，是城乡分割政策的直接结果。另外，由于我国处于经济体制转型期，随着教育、医疗和住房体制改革的推进，居民收入差距出现扩大的势头。居民收入差距扩大，少数人享有经济发展的成果，将会降低中低收入人群的相对经济地位，减少中低收入人群的社会资本。

　　我国社会资本存量不足，不利于经济效率提高。由于种种原因，我国的社会资本存量不足（Weber M.，1951；Redding G.，1990；Fukuyama F.，1995），甚至有学者认为我国出现了"诚信危机"。社会资本缺乏，不利于我国的经济发展和经济环境的优化。社会资本是市场经济发展的重要动力，而社会资本不足将制约经济的和谐发展。信任是经济交易的条件，

---

　　①　例如，"同命不同价"，某个人如果因车祸不幸死亡，其赔偿标准会根据其所属的户籍制度而不同，城市户籍的人口赔偿标准要高于农村户籍的赔偿标准。

能降低经济交易成本，提高收入水平，促进经济发展。亲戚朋友互相支持，互相帮助，有助于社会经济发展和社会和谐，如"一人有福，带动满屋"的俗语，形象地说明家庭和谐与家庭支持的作用。社会资本是我国市场经济和谐发展和经济崛起的原动力。

社会资本缺乏不利于经济环境的优化。社会中的信任、互惠和规范等影响整个社会的教育水平和民主化进程。首先，社会资本的缺乏，不利于民主发展。如果社会的信任度较低，居民不愿意参与合作，居民参与政治的热情不高，民主制度的效率将会降低。反之，充足的社会资本有助于公民参与政治和民主活动，有助于民主意识的培养和民主制度绩效的提高。其次，社会资本缺乏，不利于国民教育水平的提高。社会资本偏低，将会影响孩子的信任水平，不利于孩子学习成绩的提高，不利于孩子的培养。相反，丰富的社会资本，将有助于提高教育水平，有助于提高国民素质，例如，我国农村地区收入相对比较低，单个家庭很难支付高等教育的昂贵费用，家族成员和关系密切的朋友一般都会解囊相助，资助农村大学生。家族网络的经济支持和精神上的支持，有助于学生成绩的提高，有助于国民素质的提高和教育事业的发展。

（二）我国培育社会资本的政策建议

社会资本是提高经济效率、提高福利的重要因素，但我国的社会资本形成受到一些因素的限制，存在供给不足的现象。我国应该进一步培育社会资本，特别是培育具有外部性性质的社会资本，促进信息流通和信息分享，降低交易成本，提高福利水平。弘扬优秀的传统文化能培育社会资本，促进城乡融合的政策也能提高我国的社会资本水平。

弘扬优秀的传统文化，能提高我国社会资本水平。社会资本的形成受到历史等因素的约束，而我国的社会资本也难免受到历史的制约。我国的历史可以说是传统文化发展的历史，因为我国的传统文化渊远流长，持续了几千年，不仅影响着国人的思想和行为，而且渗透到经济政治等各个领域，制约着历史的发展进程。传统文化影响着人们的价值观和合作行为等，制约和影响我国市场经济的发展。弘扬传统文化的精髓，去其糟粕，引导人们的经济选择行为和合作行为，是我国市场经济发展的必然要求。

弘扬传统文化，有助于家庭稳定，促进家庭内部的支持和合作。传统文化特别是儒家思想，强调家族和血缘关系，强调个人对家庭的义务和责任，有助于家庭稳定，有助于抚育和培养孩子，有助于形成信任与合作精神。浓厚的家庭观念是中华民族的传统美德，也是我国经济腾飞的基础和动力源泉。弘扬传统文化，有助于家庭网络的精神支持和经济支持，培养互利、互惠精神，促进经济合作。例如，由家族网络支持的民营经济是我国市场经济中最有活力的组成部分之一，充分说明了传统文化的魅力和作用。当然，传统文化也有不足的一面。例如，"走后门""拉关系"等不利于公平竞争和资源的有效配置。我们有必要弘扬有益的传统文化，也要限制和规范有害的传统文化，培育社会资本，促进社会主义市场经济和谐发展。

促进城乡融合的政策，也能提高我国社会资本存量。促进城乡产业融合，实现城乡户籍管理一体化，促进城乡居民享有统一的教育、医疗和社会保障等社会资源，促进农村交通基础设施建设，促进城乡互联网基础设施的建设，形成城乡统一的法律政策体系等，都能提高居民的信任水平，促进城乡居民的信息交流，提高我国的社会资本水平。

总之，促进城乡融合发展，促进工业现代化和农业现代化发展，逐步取消城乡二元的政策，实现城乡居民公共资源均等化，是提高我国城乡收入、缩小城乡居民收入差距的重要手段。城乡融合发展本身能提高居民福利水平，城乡融合还能通过培育社会资本，从而提高经济效率和提升居民福利水平。

第三节　我国促进城乡融合发展和培育
社会资本的政策建议

第一，促进城乡融合发展，提高个人收入和缩小城乡居民收入差距，通过培育社会资本，从而提高经济效率，提高经济福利。促进工业现代化和农业现代化的发展，增加社会财富和个人财富，提升经济福利；取消城乡二元政策，提高我国城乡收入，缩小城乡居民收入差距，提高城乡居民经济福利。逐步减少农村特产税和土地使用税等税收，提高农民收入和消费；加强对农业生产上游产业进行补贴，如对农药、种子和化肥产业进行适当补贴，促进农业上游产业发展，降低农业生产成本；推进农业土地集约化经营，探索土地入股等新兴土地流转制度，提高农业经营的规模效应，降低农业生产成本，提高农民收入；促进城乡居民管理融合，统一城乡居民管理的法律和法规，促进户籍制度改革，淡化户籍身份，减少城乡居民流动的障碍，促进城乡居民流动。

第二，增加政府公共资源支出，实现城乡公共资源均等化，提高城乡福利水平。增加教育、医疗和养老等公共资源支出，促进城乡公共资源均等化，提高居民资本积累能力，提高城乡福利水平。我国在城乡教育等公共资源投入上有一定差距，大多数农民享受的医疗和养老保障服务较少。提高教育、医疗和养老等公共领域的投入，有利于提高农村居民的收入水平，提高农村居民财富和资本积累能力，缩小城乡居民收入差距，提高福利水平。

第三，进一步培育社会资本，特别是培育具有外部性性质的社会资本，促进信息流通和信息分享，降低交易成本，提高福利水平。弘扬社会主义传统文化，健全社会主义法治，培育信任等形式的社会资本，降低交易成本，提高经济效率和提升经济福利；加强通信基础设施建设等，保持和提高传统邮政服务的数量和质量，提高电话和互联网等新兴信息传媒手段的效率，培育人际关系网络形式的社会资本，降低交易成本和信息成本，提高城乡福利水平。

参 考 文 献

[1] ［美］奥利弗·伊顿·威廉森著．效率、权利、权威与经济组织，约翰·克劳奈维根编．朱舟，黄瑞虹译．交易成本经济学及其超越［M］．上海：上海财经大学出版社，2003：24.

[2] ［美］奥利弗·伊顿·威廉森著．段毅才，王伟译．资本主义经济制度［M］．北京：商务印书馆，2004：545－550.

[3] 边燕杰，芦强．跨阶层代际流动是否增加人们的社会资本——基于中国综合社会调查的分析［J］．求索，2017（12）．

[4] 边燕杰，王文彬，张磊，程诚．跨体制社会资本及其收入回报［J］．中国社会科学，2012（2）．

[5] 边燕杰．城市居民社会资本的来源及作用：网络观点与调查发现［J］．中国社会科学，2004（3）．

[6] ［美］布朗托马斯·福特著．木子西编译．社会资本理论综述［J］．马克思主义与现实，2000（2）．

[7] 蔡昉，都阳，王美艳．劳动力流动的政治经济学［M］．上海：上海三联书店，上海人民出版社，2003.

[8] 蔡昉，杨涛．城乡收入差距的政治经济学［J］．中国社会科学，2000（4）．

[9] 蔡昉．改革时期农业劳动力转移与重新配置［J］．中国农村经济，2017（10）．

[10] 蔡昉．中国农村改革三十年——制度经济学的分析［J］．中国社会科学，2008（6）．

[11] 陈斌开，林毅夫．发展战略、城市化与中国城乡收入差距［J］．中国社会科学，2013（4）．

[12] 陈静敏．城市化进程中的户籍与居住区分异：来自上海的证据

［D］. 上海：复旦大学，2010.

［13］陈钊，陆铭，汪汇. 户籍、社会分割与信任：来自上海的经验研究［J］. 世界经济，2009（10）.

［14］陈钊，陆铭. 从分割到融合：城乡经济增长与社会和谐的政治经济学［J］. 经济研究，2008（1）.

［15］陈钊，徐彤. 走向"为和谐而竞争"：晋升锦标赛下的中央和地方治理模式变迁［J］. 世界经济，2011（9）.

［16］陈钊. 中国城乡发展的政治经济学［J］. 南方经济，2011（8）.

［17］程国强，朱满德. 中国工业化中期阶段的农业补贴制度与政策选择［J］. 管理世界，2012（1）.

［18］方福前. 公共选择理论政治的经济学［M］. 北京：中国人民大学出版社，2000：197-202.

［19］费孝通. 乡土中国［M］. 上海：上海观察社，1937.

［20］［美］弗朗西斯·福山著. 刘榜离等译. 大分裂——人类本性与社会秩序的重建［M］. 北京：中国金融出版社，2002.

［21］［美］弗朗西斯·福山著. 彭志华译. 信任、社会美德与创造经济繁荣［M］. 海口：海南出版社，2001：23-26.

［22］高波，胡卫兵. 企业家的信任观及其影响因素：基于浙粤两省问卷调查数据的实证分析［J］. 江苏社会科学，2012（1）.

［23］高虹. 社会信任对劳动力流动的影响——中国农村整合型社会资本的作用及其地区差异［J］. 中国农村经济，2010（10）.

［24］郭熙保，张克中. 社会资本、经济绩效与经济发展［J］. 经济评论，2003（2）.

［25］郭熙保，周强. 长期多维贫困、不平等与致贫因素［J］. 经济研究，2016（6）.

［26］［英］凯恩斯著. 徐毓枬译. 就业利息和货币通论［M］. 北京：商务印书馆，1997.

［27］［美］科尔曼著. 社会资本在人力资本创造中的作用//帕萨·达斯古普特，伊斯梅尔·撒拉格尔丁编，张慧东，姚莉，刘伦，吴京方，申小玲译. 社会资本——一个多角度的观点［M］. 北京：中国人民大学出

版社，2005：23 – 28.

[28]［美］科尔曼．社会理论的基础［M］．北京：社会科学文献出版社，1999.

[29]［美］科斯，阿尔钦，诺斯等著．刘守英等译．财产权利与制度变迁［M］．上海：上海人民出版社，2003：3 – 58.

[30]［美］库兹涅茨．戴睿，易诚译．现代经济增长：速度，结构与扩展［M］．北京：北京经济学院出版社，1989.

[31] 李路路．私营企业主的个人背景与企业"成功"［J］．中国社会科学，1997（2）.

[32] 李培林．中国贫富差距的心态影响和治理对策［J］．中国人民大学学报，2001（2）.

[33] 李实，罗楚亮．中国城乡居民收入差距的重新估计［J］．北京大学学报（哲学社会科学版），2007，44（2）.

[34] 李周．怎样推进农业现代化［N/OL］．人民日报，2015 – 03 – 16.

[35] 林晨，陈斌开．重工业优先发展战略对经济发展的长期影响——基于历史投入产出表的理论和实证研究［J］．经济学（季刊），2018（2）.

[36] 林毅夫，蔡昉，李周．中国的奇迹：发展战略与经济改革［M］．上海：上海人民出版社，1994.

[37] 林毅夫，陈斌开．发展战略、产业结构与收入分配［J］．经济学（季刊），2013（4）.

[38] 林毅夫，陈斌开．重工业优先发展战略与城乡消费不平等——来自中国的证据［J］．浙江社会科学，2009（4）.

[39] 林毅夫，余淼杰．我国价格剪刀差的政治经济学分析［J］．经济研究，2009（1）.

[40] 刘惯超．论户籍制度改革的方向、关键和步骤［J］．经济体制改革，2010（6）.

[41] 卢燕平，史振华．城乡联系、社会资本与我国经济发展研究［M］．北京：经济科学出版社，2012.

[42] 卢燕平，史振华．社会资本的经济学意义［J］．生产力研究，2007（21）.

[43] 卢燕平. 城乡联系、社会资本与经济增长研究 [J]. 社会科学辑刊, 2013 (4).

[44] 卢燕平. 工业化、信任和城乡经济一体化发展文献综述 [J]. 特区经济, 2013 (4).

[45] 卢燕平. 社会资本的来源及测量 [J]. 求索, 2007 (5).

[46] 卢燕平. 社会资本与金融发展的实证研究 [J]. 统计研究, 2005 (8).

[47] 卢燕平. 社会资本与经济和谐发展的文献综述 [J]. 重庆社会科学, 2008 (10).

[48] 卢燕平. 社会资本与我国金融发展研究 [M]. 北京：法律出版社, 2010.

[49] 卢燕平. 社会资本与我国经济和谐发展 [J]. 统计研究, 2007 (10).

[50] 卢燕平. 中国工业化、农业剩余和城乡一体化发展 [J]. 改革与战略, 2013, 29 (5).

[51] 鲁奇, 曾磊, 雷军. 我国城乡关联度评价指标体系构建及区域比较分析 [J]. 地理研究, 2002 (11).

[52] 陆铭, 陈钊, 万广华. 因患寡而患不均：中国的收入差距、投资、教育和增长的相互影响 [J]. 经济研究, 2005 (12).

[53] 陆铭, 陈钊. 城市化、城市倾向的经济政策与城乡收入差距 [J]. 经济研究, 2004 (6).

[54] 陆铭, 蒋仕卿, 陈钊, 佐藤宏. 摆脱城市化的低水平均衡——制度推动、社会互动与劳动力流动 [J]. 复旦学报, 2013 (3).

[55] 陆铭, 向宽虎, 陈钊. 中国的城市化和城市体系调整：基于文献的评论 [J]. 世界经济, 2011 (6).

[56] 陆铭. 玻璃幕墙下的劳动力流动——制度约束、社会互动与滞后的城市化 [J]. 南方经济, 2011 (6).

[57] 陆铭. 重构城市体系——论中国区域和城市可持续发展战略 [J]. 南京大学学报 (哲学·人文科学·社会科学版), 2010 (5).

[58] 吕炜, 储德银. 城乡居民收入差距与经济增长研究 [J]. 经济学动态, 2011 (12).

[59] 罗宾斯. 经济学的性质与意义 [M]. 台湾：台湾银行经济研究室编印，1932：44-45.

[60] [英] 罗伯特·帕特南. 使民主运转起来 [M]. 南昌：江西人民出版社，2001：207-213.

[61] 马克思著. 资本论（第一、第二、第三卷）[M]. 北京：人民出版社，1975.

[62] [德] 马克斯·韦伯著. 于晓，陈维刚等译. 新教伦理与资本主义精神 [M]. 北京：生活·读书·新知三联书店，1987.

[63] [美] 马歇尔著. 朱志秦等译. 经济学原理 [M]. 北京：商务印书馆，1965：142.

[64] 马振远，徐远和，郑家栋. 儒家文明 [M]. 北京：中国社会科学出版社，2000.

[65] [美] 米尔顿·弗里德曼著. 张瑞玉译. 资本主义与自由 [M]. 北京：商务印书馆，1986.

[66] [美] 帕萨·达斯古普特，伊斯梅尔·撒拉格尔丁编. 张慧东，姚莉，刘伦，吴京方，申小玲译. 社会资本：一个多角度的观点 [M]. 北京：中国人民大学出版社，2005.

[67] [美] 乔纳森·H. 特纳. 社会资本的形成//帕萨·达斯古普特，伊斯梅尔·撒拉格尔丁编. 张慧东，姚莉，刘伦，吴京方，申小玲译. 社会资本：一个多角度的观点 [M]. 北京：中国人民大学出版社，2005：123-124.

[68] 史寒冰. 拉美经济改革的反思 [J]. 金融博览，2012 (4).

[69] 史振华，李树. 户籍、社会资本与收入满意度研究 [J]. 制度经济学研究，2014 (2).

[70] 史振华，卢燕平. 社会资本的社会学理论渊源 [J]. 改革与战略，2011，27 (4).

[71] 史振华. 城乡收入差距对收入满意度影响研究 [M]. 厦门：厦门大学出版社，2015.

[72] 史振华. 社会资本视角下城乡融合的福利效应研究 [J]. 制度经济学研究，2017 (1).

[73]［美］斯蒂格利茨.黄险峰，张帆译.经济学［M］.中国人民大学出版社，1997：503－505.

[74] 宋洪远.关于农村劳动力流动的政策问题分析//姚洋.转轨中国：审视社会公正和平等［M］.北京：中国人民大学出版社，2004.

[75]［印度］苏布拉塔·加塔克，肯·英格森特著.吴伟东，韩俊，李发荣译.农业与经济发展［M］.华夏出版社，1987.

[76] 谭崇台.发展经济学［M］.太原：山西经济出版社，2000.

[77] 万鹏，王翠.学者观察："四个全面"基于新常态具有崭新内涵［EB/OL］.人民网—中国共产党新闻网，2015－05－22.

[78] 汪汇，陈钊，陆铭.户籍、社会分割与信任：来自上海的经验研究［J］.世界经济，2009（10）.

[79] 汪同三，蔡跃洲.改革开放以来收入分配对资本积累及投资结构的影响［J］.中国社会科学，2006（1）.

[80] 王桂新，武俊奎.城市农民工与本地居民社会距离影响因素分析——以上海为例［J］.社会学研究，2011（2）.

[81] 王海萍，王建帆.基于SD方法研究社会资本与经济发展问题探讨［J］.华东经济管理，2011（8）.

[82] 王梦奎.关于统筹城乡发展和统筹区域发展［J］.管理世界，2004（4）.

[83] 王世忠.提高农村教育质量关键在哪里［N/OL］.人民日报，2015－02－16.

[84] 王小鲁，樊纲，刘鹏.中国经济增长方式转换和增长可持续性［J］.经济研究，2009（1）.

[85] 王小鲁，樊纲.中国地区差距的变动趋势和影响因素［J］.经济研究，2004（1）.

[86] 王小鲁.中国收入分配向何处去？［J］.国家行政学院学报，2006（1）.

[87] 文建东，何立华.中国"信任之谜"及其解释［J］.经济科学，2010（3）.

[88] 习近平，习近平致信祝贺国际教育信息化大会开幕［EB/OL］.

新华网，2015 – 05 – 23.

[89]［英］亚当·斯密著. 郭大力，王亚南译. 国民财富的性质和原因的研究［M］. 北京：商务印书馆，1992：27.

[90]［英］亚当·斯密著. 蒋自强，钦北恩，朱钟棣，沈凯璋译. 道德情操论［M］. 北京：商务印书馆，1998.

[91]［英］亚当·斯密著. 杨敬年译. 国富论（上，下）［M］. 西安：陕西人民出版社，2002.

[92] 严清华，程垒，隗易. 思想史视角的公共信任研究综述［J］. 经济学动态，2011（12）.

[93] 严清华. 马克思主义第三配置思想研究［M］. 北京：经济科学出版社，2006：2 – 12，24 – 64.

[94] 严善平. 人力资本、制度与工资差别——对大城市二元劳动力市场的实证分析［J］. 管理世界，2007（6）.

[95] 杨春学. 和谐社会的政治经济学基础［J］. 经济研究，2009（1）.

[96] 张培刚. 农业与工业化（上卷）［M］. 武汉：华中工学院出版社，1984：70.

[97] 张其仔. 社会资本论——社会资本与经济增长［M］. 北京：社会科学文献出版社，1997.

[98] 张爽，陆铭. 离开了土地，却未离开家乡？——中国农村的公共信任与劳动力流动［Z］. 复旦大学工作论文. 2006.

[99] 张维迎，柯荣住. 信任及其解释：来自中国的跨省调查分析［J］. 经济研究，2002（10）.

[100] 张辛欣，华晔迪. 中国制造2025［EB/OL］. 新华网，2015 – 05 – 19.

[101] 郑有贵. 中国城乡经济的分割与一体化改革［J］. 中国经济史研究，2008（4）.

[102] 钟永建，肖梁. 我国农村居民的平均消费倾向及需求收入弹性分析［J］. 农村经济，2007（1）.

[103] 周彬. 信任程度. 履约文化和农村集体经济［J］. 山东财政学院学报，2011（4）.

[104] 周黎安, 张维迎, 顾全林, 沈懿. 信誉的价值: 以网上拍卖交易为例 [J]. 经济研究, 2006 (12).

[105] 周密. 新生代农民工市民化程度的测度及其影响因素 [D]. 沈阳: 沈阳农业大学, 2011.

[106] 邹薇. 经济发展理论中的新古典政治经济学 [M]. 武汉: 武汉大学出版社, 2000.

[107] Adam S. The theory of moral sentiments [M]. London: Strahan And Preston, 1759, 274 – 280.

[108] Adelman I. Fallacies in development theory and their implications for policy. frontiers of development economics: the future in perspective [M]. Washington DC & Oxford: The World Bank & Oxford University Press, 2001, 103 – 134.

[109] Alesina A. and Ferrara E. Who trusts others [J]. Journal of Public Economics, 2002, 85 (2): 207 – 234.

[110] Alesina A. and Rodrik D. Distributive politics and economic growth [J]. Quarterly Journal of Economics, 1994, 109 (2): 465 – 490.

[111] Alvin W. R. The norms of reciprocity: a preliniary statement [J]. American Sociology Review, 1960, 25 (4): 161.

[112] Andrew L. Trust, inequality and ethnic heterogeneity [J]. The EconomicRecord, 2006 (82): 268 – 280.

[113] Ansari S. , Munir K. Impact at the "bottom of the pyramid": the role of social capital in capability development and community empowerment [J]. Journal of Management Studies, 2012 (2): 24.

[114] Arrow K. Gifts and exchanges [J]. Philosophy And Public Affairs, 1972: 343 – 362.

[115] Becchetti L. and Pelloni A. What are we learning from the life satisfaction literature [J]? International Review of Economics, 2013, 60 (2): 113 – 155.

[116] Becchetti L. The money – happiness relationship in transition countries: evidence from albania [J]. Transition Studies Review, 2010, 17 (1):

39 – 62.

[117] Becker. Hunan capital [M]. Chicago: University of Chicago Press, 1993.

[118] Benhabib J. , Rustichini A. Social conflict and growth [J]. Journal of Economic Growth, 1996, 1 (1): 129 – 146.

[119] Bentham J. An introduction to the principle of morals and legislation [M]. New York: Hafner, 1948: 1 – 3.

[120] Berrebi Z. , Jacques Silber. Income inequality indices and deprivation: a generalization [J]. The Quarterly Journal of Economics, 1985, 100 (3): 807 – 810.

[121] Betts J. Does school quality matter? evidence from the national longitudinal survey of youth [J]. The Review of Economics And Statistics, 1996, 77 (2): 231 – 250.

[122] Bian Y. Guanxi capital and social eating in chinese cities: theoretical models and empirical analyses//N. Lin. K. S. Cook. & R. Burt. et. al. Social capital: theory and research [M]. New York: Aldine De Gruyter, 2001: 275 – 296.

[123] Bockmeyer J. A culture of distrust: the impact of local political culture on participation in the detroit [J]. Urban Studies, 2000, 37 (13): 2417 – 2440.

[124] Borocz J. , Southworth. Developing the intellectuals' class power: conversions of culture capital to income in Hungary 1986 [J]. Social Forces, 1996, 74: 797 – 821.

[125] Bourdieu. The forms of capital//In J. G. Richardson, et al. Handbook of Theory and Research for the Sociology of Education [M]. New York: Greenwood, 1986: 241 – 260.

[126] Bowles V. , Gintis. Social capital and community governance [J]. Economic Journal, 2002: 112.

[127] Bradach F. , Eccles R. Price, authority and trust [J]. American Review of Sociology, 1989: 15.

［128］Brehm J. , Wendy R. Individual-level evidence for the causes and consequences of social capital ［J］. American Journal of Political Science, 1997, 41: 999 –1023.

［129］Brrunstein J. , Schultheiss O. Personal goals and emotional well-being: The moderating role of motive dispositions ［J］. Journal of Personality and Social Psychology, 1998.

［130］Buchanan J. , Burton J. and Wagner R. E. The Consequences of Mr. Keynes, Institute of Economic Affairs, 1978.

［131］Carl L. , Min. , Zhou. 1999 Social capital and immigrant children's achievement//Fuller B. , Hannum E. Schooling and social capital in diverse culture. kedlington ［M］. Oxford UK: Elsevier Science Ltd, 2002.

［132］Castilla C. Subjective well-being and reference-dependence: insights from mexico ［J］. The Journal of Economic Inequality. 2012, 10(2): 219 –238.

［133］Centers R. Income satisfaction and income aspiration ［J］. The Journal of Abnormal and Social Psychology, 1946, 41 (1): 64 –69.

［134］Chakravarty S. , Chakraborty AB. On indices of relative deprivation ［J］. Economics Letters, 1984, 14 (2): 283 –287.

［135］Charles Wolf. Markets or Governments: Choosing between Imperfect Alternatives ［M］. Cambridge: MIT Press, 1993: 17.

［136］Cheong P. H. , Edwards R. , Goulbourne H. , et al. Immigration, social cohesion and social capital: A critical review ［J］. Critical Social Policy A Journal of Theory & Practice in Social Welfare, 2015, 27 (1): 24 –49.

［137］Christoph W. Adaptation to income over time: A weak point of subjective well-being ［J］. Schmollers Jahrbuch, 2008, 129 (200): 269 –281.

［138］Clark A. E. , D'Ambrosio C. Chapter 13-Attitudes to Income Inequality: Experimental and Survey Evidence ［J］. Handbook of Income Distribution, 2015, 2: 1147 –1208.

［139］Clark A. , Frijters P. , Shields M. Relative income. happiness. and utility: an explanation for the easterlin paradox and other puzzles ［J］. Journal of Economic Literature, 2008, 46 (1): 95 –144.

［140］ Coase R. 1995 The institutional structure of production. nobel lecture//Williamson O. E., Masten S. E., Transaction cost economics. Volume I ［M］. England: Edward Elgar Publishing Company, 1991.

［141］ Coase R. The Institutional Structure of Production ［M］. American Economic Review, 1937.

［142］ Coleman J. Foundations of social theory ［M］. Cambridge Mass: Harvard University Press, 1990.

［143］ Coleman. Social capital in the creation in the human capital ［J］. American Journal of Sociology, 1988: 105 – 108.

［144］ Cook K. S. Expectations, evaluations and equity ［J］. American Sociological Review, 1975, 40 (3): 372 – 388.

［145］ Costa P. T., Mccrae R. R. Influence of extraversion and neuroticism on subjective well-being: happy and unhappy people ［J］. Journal of Personality and Social Psychology, 1980, (38): 668 – 678.

［146］ Das P., Bhadury B. Pay satisfaction of R&D personnel in manufacturing organizations: The role of career comparison process ［J］. The Journal of High Technology Management Research, 1997, 8 (2): 171 – 186.

［147］ David C., Doepke M. Inequality and growth: why differential fertility matters ［J］. American Economic Review, 2004, 93 (4): 1091 – 1113.

［148］ David L. Weimer and Aidan R. Vining. Policy Analysis: Concepts and Practices, 3rd ed. ［M］. Upper Saddle River, NJ: Prentice – Hall, 1999: 41.

［149］ Deaton A. Income, aging, health and well-being around the world: evidence from the gallup world poll. d. a. wise. research findings in the economics of aging ［M］. Chicago: University of Chicago Press, 2010: 235 – 263.

［150］ Delhey J., Kenneth N. Who trusts? The origins of social trust in seven nations ［J］. European Societies, 2003, 5 (2): 93 – 137.

［151］ Diener E., Fujita F. Resources, personal strivings, and subjective well-being: a nomothetic and idiographic approach ［J］. Journal of Personality and Social Psychology, 1995, 68 (5): 926 – 935.

［152］ Diener E. Subjective well-being ［J］. The Science of Happiness and Proposal for National In Psychologist, 2000, 95 (3): 542 – 575.

［153］ Donaldson D. A single-parameter generalization of the gini indices of inequality ［J］. Journal of Economic Theory, 1980, 22 (1): 67 – 86.

［154］ Duclos J. Gini indices and the redistribution of income ［J］. International Tax and Public Finance, 2000, 7 (2): 141 – 162.

［155］ Durkheim E. The Division of Labor in Society ［J］. New York: Free Press, 1984 (1893): 162.

［156］ Dambrosio C., Joachim R. Income satisfaction and relative deprivation: an empirical link ［J］. Social Indicators Research, 2007, 81 (3): 497 – 519.

［157］ Easterlin R. Does economic growth improve the human lot? some empirical evidence ［J］. Nations and households in economic growth, 1974: 125.

［158］ Easterlin R. Income and happiness: towards a unified theory ［J］. The economic journal, 2001, 111 (473): 465 – 484.

［159］ Easterlin R. Will raising the incomes of all increase the happiness of all ［J］? Journal of Economic Behavior & Organization, 1995, 27 (1): 35 – 47.

［160］ Edwards B., Foley M. Social capital and the political economy of our discontent ［J］. American Behavioral Science, 1997, 40 (5): 669 – 678.

［161］ Eric B., Soest A. Satisfaction with job and income among older individuals across european countries ［J］. Social Indicators Research, 2012, 105 (2): 227 – 254.

［162］ E. A. G., Robinson. The Structure of Competitive Industry ［M］. Nisbet and Cambridge University Press 1932: 83 – 106.

［163］ Fafchamps M., Minten B. Returns to social network capital among traders ［J］. Oxford Economic Papers, 2002, 54 (2): 173 – 206.

［164］ Fafchamps M. Market institutions in sub-saharan africa: theory and evidence ［M］. Cambridge. MA: MIT Press, 2004.

［165］ Farr J. Social capital: a conceptual history ［J］. Political Theory, 2004, 2: 8 – 32.

［166］ Feiling W. Organizing through division and exclusion: China's hukou system ［M］. California: Stanford University Press, 2005.

［167］ Fishman A. , Simhon A. The division of labor, inequality and growth ［J］. Journal of Economic Growth, 2002, (7): 117 - 136.

［168］ Foep D. , Dekker P. Civic engagement and volunteering in the Netherlands//Jan W. , Deth V. Marco Maraffi, Kenneth Newton And Paul F. Whiteley, et. al. Social capital and europe democracy ［M］. London and New York: Routledge Taylor & Francis Group, 1999.

［169］ Foep J. Civic engagement and volunteering in the Netherlands. social capital and europe democracy ［M］. Routledge Taylor & Francis Group. London and New York, 1999.

［170］ Forbes K. A reassessment of the relationship between inequality and growth ［J］. American Economic Review, 2000, 90 (4): 869 - 887.

［171］ Franzen A. , Hangartner D. Social Networks and Labour Market Outcomes: The Non-Monetary Benefits of Social Capital ［J］. European Sociological Review, 2017, 22 (4): 353 - 368.

［172］ Friedman M. Capitalism and Freedom ［M］. Chicago: University of Chicago Press, 1962.

［173］ Fukuyama F. Social capital, civil society and development ［J］. Third World Quarterly, 2001 (1).

［174］ Fukuyama F. Trust games and economic behavior ［M］. New York: Free Press. , 1995: 122 - 142.

［175］ Fukuyama F. Trust: the social virtues and creation of prosperity ［M］. London: Hamish Hamilton, 1995.

［176］ Gallup J. , Sachs J. , Mellinger A. geography and economic development ［J］. International Regional Science Review, 1999, 22 (2): 179.

［177］ Galor O. , Zeira J. Income distribution and macroeconomics ［J］. Review of Economic Studies, 1993, 60: 35 - 52.

［178］ Garcia I. A. , Navarro M. The effects of education on spouses' satisfaction in europe ［J］. Applied Economics, 2010, 42 (28): 3607 - 3618.

[179] Ghosh S. , Pal S. The effect of inequality on growth: theory and evidence from the indian states [J]. Review of Development Economics, 2004, 8 (1): 164 – 177.

[180] Glaeser E. , Laibson D. , Scheinkman J. , Soutter C. , et al. Measuring trust [J]. Quarterly Journal of Economics, 2000: 115.

[181] Glaeser E. , Sacerdote B. Crime and social interactions [J]. The Quarterly Journal of Economics, 1996, 111 (2): 507 – 548.

[182] Glaeser S. , Scheinkman M. Perverse social capital-some evidence from colombia [J]. Journal of Economic Issues, 1997, 31: 805 – 816.

[183] Granovetter M. Economic action and social structure: the problem of embededness [J]. American Journal of Sociology, 1985, 191 (11): 485 – 510.

[184] Granovetter M. Getting a job: a study of contacts and careers [M]. Cambridge. MA: Harvard Univ. Press, 1974.

[185] Granovetter M. The strenth of weak ties [J]. American Journal of Sociology, 1973, 78: 1360 – 1380.

[186] Guanghua W. , Land M. , Chen Z. The inequality-growth nexus in the short and long runs: empirical evidence from china [J]. Journal of Comparative Economics, 2006, 34 (4): 654 – 667.

[187] Guiso L. , Sapienza P. , Zingales L. The role of social capital in financial development [J]. The American Economic Review, 2004, 94 (3): 526 – 556.

[188] Hanifan L. J. The rural school community center [J]. The Annals of The American Academy of Political And Social Science, 1916, 67: 130 – 138.

[189] Hanks M. , Eckland B. Adult voluntary associations and adolescent socialization [J]. Sociological Quarterly, 1978, 19: 480 – 481.

[190] Harris M. M. , Anseel F. , Lievens F. Keeping up with the Joneses: A field study of the relationships among upward, lateral, and downward comparisons and pay level satisfaction [J]. Journal of Applied Psychology, 2008, 93 (3): 665 – 673.

[191] Hayek F. The Road to Serfdom, Chicago [M]. Chicago: University of Chicago Press, 1944.

[192] Hayes M. T. The New Group Universe//A. J. Cigler and B. A. Loomis eds. Interest group politics [M]. Washington D. C.: Congressional Quarterly Press, 1986: 55 – 76.

[193] Helson H. Adaptation-Level Theory [M]. Oxford England: Harper & Row, 1964: 732.

[194] Hey John, Lambert P. Relative deprivation and the gini coefficient: comment [J]. The Quarterly Journal of Economics, 1980, 95 (3): 567 – 573.

[195] Hirschman A., Rothschild M. The changing tolerance for income inequality in the course of economic development with a mathematical appendix [J]. The Quarterly Journal of Economics, 1973, 87 (4): 544 – 566.

[196] Hirschman A. the strategy of economic development [M]. New Haven Conn: Yale University Press, 1958.

[197] Hsieh C. Income and financial satisfaction among older adults in the united states [J]. Social Indicators Research, 2004, 66 (3): 249 – 266.

[198] Hutchinson J., Avis C., Vidal., et al. Using social capital to help integrate planning theory research, and practice [J]. Journal of The American Planning Association, 2004, 70: 147.

[199] Immergluck D. Intrametropolitan patterns of small-business lending [J]. Urban Affairs, 1999, 34: 787 – 804.

[200] Inglehart R. Trust, well-being and democracy//E. Mark Warren. eds. Democracy and trust[M]. Cambridge: Cambridge University Press, 1999.

[201] James K. Negociation arithmetic: adding and subtracting issues and parties [J]. International Organization, 1983, 37: 281 – 316.

[202] JHV Thünen, Wartenberg C. M., Hall P. Von Thünen's Isolated State: an English Edition of Der Isolierte Staat [M]. Pergamon Press, 1966.

[203] Johnson H. G. Money, Trade and Economic Growth [M]. Allen And Unwin, 1962: 152 – 163.

[204] Jordan G. and Maloney. The protest business: mobilizing campaign

groups [M]. Manchester: Manchester University Press, 1997.

[205] Judy Hutchinson, Avis C. Vidal, et al. Using Social Capital To Help Integrate Planning Theory, Research and Practice [J]. Journal of the American Planning Association, Spring 2004, 147 (70): 147 - 149.

[206] Kaldoer N. A model of economic growth [M]. Economic Journal, 1957, 67: 591 - 624.

[207] Kao G. 1999 Ethnic differences parents' educational aspirations// Bruce Fuller. Emily Hannum. Schooling and social capital in diverse culture [M]. Kedlington. Oxford UK: Elsevier Science Ltd, 2002.

[208] Kapteyn A. , Smith J. , Soest V. A. Are americans really less happy with their incomes [J]? Review of Income and Wealth, 2013, 59 (1): 44 - 65.

[209] Kawachia I. , Bruce P. , Richard G. Crime: social disorganization and relative deprivation [J]. Social Science & Medicine, 1999, 48: 719 - 731.

[210] Keaveny T. J. , Inderrieden E. J. Gender differences in pay satisfaction and pay expectations [J]. Journal of Managerial Issues, 2000, 12 (3): 363 - 379.

[211] Kimberly A. , Gilberto Q. 1999 Family and non-family roots of social capital among vietnamese and mexican american children//Fuller B. , Hannum E. Schooling and social capital in diverse culture [M]. Kedlington. Oxford UK: Elsevier Science Ltd, 2002.

[212] Knack S. , Keefer P. Does social capital have an economic pay off? a cross country investigation [J]. Quarterly Journal of Economics, 1997, 112 (4): 1251 - 1288.

[213] Knoke D. Political networks: the structural perspective [M]. New York: Cambridge University Press, 1990: 68 - 69.

[214] Kropokin V. , Aid M. A factor of evolution [M]. London: Heinemann, 1902.

[215] Krugman P. Increasing returns and economic geography [J]. Journal of political economy, 1991, 99 (3): 483.

［216］Land D. Longitudinal evidence on financial expectations in albania ［J］. Economics of Transition, 2012, 20 (1): 137 – 161.

［217］Ledeneva A. The long term unemployed: informal economic activity and the underclass in belfast-rejecting or reinstating the work ethic ［J］. International of Urban And Regional Research, 1998, 22 (1): 42 – 59.

［218］Leigh A. Social capital: an international research program ［J］. Economic Record, 2009, 85 (268): 109 – 110.

［219］Lewis A. Economic Development with Unlimited Supplies of Labor ［J］. The Manchester school of economic and social studies, 1954, 22 (2): 139 – 191.

［220］Li H. and Heng-Fu Z. Income inequality is not harmful for growth: theory and evidence ［J］. Review of Development Economics, 1998, 2 (3): 318 – 334.

［221］Lin. Social capital ［M］. UK: Cambridge University Press, 2001: 24 – 25.

［222］Lovell A. M. Risking risk: the influence of types of capital and social networks on the injection of drug users ［J］. Social Science and Medicine, 2002, 55 (5): 803 – 821.

［223］Luo J. Particularistic trust and generaltrust: a network analysis in chinese organizations ［J］. Management and Organization Review, 2005, 1 (3).

［224］Maru Y. , Mcallister R. , Smith M. S. Modelling community interactions and social capital dynamics: the case of regional and rural communities of australia ［J］. Agricultural Systems, 2007, 92 (1 – 3): 179 – 200.

［225］Maslow A. Motivation and personality ［M］. New York: Harper & Row Publishers, 1970: 43 – 47.

［226］Mcllwaine C. , Moser C. Violence and social capital in urban poor communities: perspectives from colombia and guatemala ［J］. Journal of International Development, 2001, 13: 965 – 984.

［227］Michalos A. C. Multiple discrepancies theory (MDT) ［J］. Social Indicators Research, 1985, 16 (4): 347 – 413.

[228] Mitchell B. Happiness in midlife parental roles: a contextual mixed methods analysis [J]. Family Relations, 2010, 59 (3): 326 - 339.

[229] Mundo P. Interest groups: cases and characteristics [M]. Chicago: Nelson Hall, 1992.

[230] Muram D. , Jones P. , Speck C. et al. Adolescent victims of sexual assault [J]. Journal of Adolescent Health, 1995, 10 (2): 107 - 124.

[231] Newton K. Social capital and democracy [J]. American Behavioral Scientist, 1997, 40 (6): 575 - 586.

[232] Nordhaus W. The political businse cycle [J]. Review of Economic Studies, 1975, 42: 169 - 190.

[233] North D. Institutions, institutional change and economic performance [M]. New York: Cambridge University Press, 1990: 58.

[234] Oldham G. R. Relations between job facet comparisons and employee reactions [J]. Organizational Behavior and Human Decision Processes, 1986, 38 (1): 28 - 47.

[235] Olsen M. Social participation and voting turnout [J]. American Sociology Review, 1972, 37: 317 - 333.

[236] Olstrom. Governing The commons: the evolution of institutions for collective action [M]. New York: Cambridge University Press, 1990: 200.

[237] P. A. Samuelsonand, W. D. Nordhaus: Economics [M]. 13th Edition, McGraw - Hill Book Company, 1989: 769.

[238] Patridge M. Is Inequality harmful for growth? comment [J]. American Economic Review, 1997, 87: 1019 - 1032.

[239] Paxton P. Social capital and democracy: an interdependent relationship. pamela paxton [J]. American Sociological Review. Albany, 2002, 67 (2): 254.

[240] Person, Tabellini. Is inquality harmful for growth [J]. American Economic Review, 1994, 88: 60 - 62.

[241] Petro N. Creating social capital in russia: the novgorod model [J]. World Development, 2001, 29 (2): 229 - 244.

[242] Platteau J. P. Behind the market stage where real societies exist-part I: the role of public and private order institutions [J]. Journal of Development Studies, 1994, 30 (3): 533 – 577.

[243] Porter M. E. Clusters and the new economics of competition [J]. Harvard Business Review, 1998, 76 (6): 77 – 90.

[244] Portes A. , SENSENBRENNER J. Embeddedness and immigration notes on the social determinants of economic action [J]. The American Journal of Sociology, 1993, 98 (6): 1323.

[245] Portes A. Social capital: its origins and applications in contemporary sociology [J]. Annual Review of Sociology, 1998, 24: 1 – 24.

[246] Praag V. , Bernard M. S. , Frijters P. , Ferrer-i-Carbonell A. The anatomy of subjective well-being [J]. Journal of Economic Behavior & Organization, 2003, 51 (1): 29 – 49.

[247] Putnam R. D. Bowling alone: america's decling social capital [J]. Journal of Democracy, 1995a, 6 (1): 65 – 78.

[248] Putnam R. D. Making democracy work: civic traditions in modern italy [M]. princeton. N J: Princeton University Press, 1993: 90.

[249] Putnam R. D. Turning in. turning out: the strange disappearance of social capital in america's [J]. Political Science and Politics, 1995b: 664 – 683.

[250] Putnam R. Bowling alone [M]. New York: Simon and Schuster Press, 2000.

[251] Putnam R. The prosperous community: social capital and public life [J]. The American Prospect, 1993: 139.

[252] Ravallion M. Does aggregation hide the harmful effects of inequality on growth? [J]. Economics Letters, 1998, 61: 73 – 77.

[253] Raymond Plant. The Neo – Liberal State [M]. Oxford University Press, 2010: 5.

[254] Renshon S. Personality and family dynamics in the political socialization process [J]. American Journal of Political Science, 1975, 19 (1): 63 – 80.

[255] Rice N. , Robone S. , Peter C. Vignettes and health systems re-

sponsiveness in cross-country comparative analyses [J]. Journal of the Royal Statistical Society: Series A (Statistics in Society), 2012, 175 (2): 337 – 369.

[256] Rnskov B. Determinants of generalized trust: a cross-country comparison [J]. Public Choice, 2007, 130: 1 – 21.

[257] Robert E. Lucas and Thomas J. Sargent. After Keynesian Macroeconomics//In After the Phillips Curve: Persistence of High Inflation and High Unemployment [M]. Boston: Federal Reserve Bank of Boston, 1978: 52, 63, 70.

[258] Rogers D. , Bultena G. , Barb K. Voluntary associations membership and political participation [J]. Sociological Quarterly, 1975, 16: 305 – 318.

[259] Ronald S. Burt. Structural Holes: The Social Structure of Competition, Harvard University Press: Cambridge, 1992: 9.

[260] Ronald S. Structural holes and good ideas [J]. The American Journal of Sociology. Chicago, 2004, 110: 349 – 351.

[261] Rosenstein – Rodan P. N. Problems of Industrialization of Eastern and South – Eastern Europe [J]. The Economic Journal, 1943 (210 – 211): 202 – 211.

[262] Rosenstein – Rodan P. N. Programming in Theory and in Italian Practice, Massachusetts Institute of Technology [M]. Center for International Studies, Cambridge, 1955.

[263] Ruttan V. W. , Griffin K. The Political Economy of Agrarian Change [J]. American Political Science Association, 1974, 71 (2): 829.

[264] Schiff M. W. , Valdés A. The plundering of agriculture in developing countries [M]. Washington DC: World Bank Publications, 1992.

[265] Schulman M. D. , Anderson C. The dark side of the force: a case study of restructuring and social capital [J]. Rural Sociology, 1999, 64 (3): 351 – 372.

[266] Schyns P. Wealth of nations individual income and life satisfaction in 42 countries: a multilevel approach [J]. Social Indicators Research, 2002, 60

(1 - 3): 5 - 40.

[267] Selle P. The transformation of the voluntary sector in Norway: a decline in social capital//Jan W., Deth V., Maraffi M., Newton K., Whiteley P. F. et al. Social capital and europe democracy [M]. London and New York: Routledge Taylor & Francis Group, 1999: 144 - 164.

[268] Shavit Y., Ayalon H., Kurlaender M. 1999 Schooling alternatives. inequality. and mobility In Israel//Fuller B., Hannum E. Schooling and social capital in diverse culture [M]. Kedlington. Oxford UK: Elsevier Science Ltd, 2002.

[269] Stephenson S. Street children in moscow: using and creating social capital [J]. Sociological Review, 2001, 49 (4): 530 - 547.

[270] Stolle D. Communities of trust: social capital and public action in comparative perspective PhD dissertation [M]. Princeton University, 2000.

[271] Summers T. P., Denisi A. S. In search of adams' other: reexamination of referents used in the evaluation of pay [J]. Human Relations, 1990, 43 (6): 497 - 511.

[272] Summers T. P., Hendrix W. H. Modelling the role of pay equity perceptions: a field study [J]. Journal of Occupationnal Psychology, 1991, 64: 145 - 157.

[273] Sweeney P. D., Mcfarlin D. B. Workers' evaluation of the ends and the means: an examination of four models of distributive and procedural justice [J]. Organizational Behavior and Human Decision Processes, 1993, 55: 23 - 49.

[274] Synghal. Hoe in the world can we lend to the poor? a case study of group lending among the urban poor [M]. [S. L.]: The U. S Doctoral Dissertation. Boston University, 1994.

[275] Tacoli C. Rural-urban interactions; a guide to the literature [J]. Environment and Urbanization, 1998, 10: 147 - 166.

[276] Thirlwall A. P. Growth and Development [M]. Macmillan 1999.

[277] Tocqueville. Alexis de. democracy in america [M]. London: Fontana, 1968: 355 - 359.

[278] Todaro M. P. Economic Development in The Third World [M]. London: Longman, 1981: 467.

[279] Tomer J. F. Intangible capital and economic growth. International Journal of Behavioral and Healthcare Research [J]. Forthcoming, 2012.

[280] Torcal M., Ramon J. Facets of social capital in new democracies: the formation and consequences of social capital in spain//Van J. W., Maraffi M., Newton K., Whiteley P. F., et. al. Social capital and europe democracy [M]. London and New York: Routledge Taylor & Francis Group, 1999.

[281] Tremblay M., Roussel P. Modelling the role of organizational justice: effects on satisfaction and unionization propensity of Canadian [J]. International Journal of Human Resource Management, 2001, 12 (15): 717 - 737.

[282] Vera-Toscano E., Ateca-Amestoy V., Serrano-Del-Rosal R. Building financial satisfaction [J]. Social Indicators Research, 2006, 77 (2): 211 - 243.

[283] Wang T., Yeh K. J., Chen C., et al. What drives electronic word-of-mouth on social networking sites? Perspectives of social capital and self-determination [J]. Telematics & Informatics, 2016, 33 (4): 1034 - 1047.

[284] Warde M., Tampubolon G. Social capital and local government capacity [J]. Australian Journal of Public Administration, 2002, 61 (3): 76 - 85, 190.

[285] Wenneras C., Wold A. Nepotism and sexism in peer-review [J]. Nature, 1997: 387.

[286] Whalley J., Shunming Z. A numerical simulation analysis of (hukou) labour mobility restrictions in China [J]. Journal of Development Economics, 2007, 83 (2): 392 - 410.

[287] Williamson E. Calculativeness. trust and economic orgnization [J]. Journal of Law And Economics, 1993, 46 (2): 453.

[288] Wood J. V. What is social comparison and how should we study it [J]? Personality and Social Psychology Bulletin, 1996, 22 (5): 520 - 537.

[289] Woolcock M., Narayan D. Social capital: implications for development theory, research and policy [J]. The World Bank Research Observer,

2000, 15 (2): 225 - 249.

[290] Woolcock M. Why and how planners should take social capital seriously//Hutchinson J., Vidal A. C. et al. Using social capital to help integrate planning theory, research and practice [J]. Journal of The American Planning Association, 2004, 70: 185.

[291] Wydick B., Hayes HK. social networks, neighborhood effects, and credit access: evidence from rural guatemala [J]. World Development, 2011, 39 (6).

[292] Xiaogang W., Treiman J. The household registration system and social stratification in china: 1955 - 1996 [J]. Demography, 2004, 41 (2): 363 - 384.

[293] Yamamura E. Determinants of trust: in a racially homogeneous society. Economics Bulletin, 2008, 26 (1): 1 - 9.

[294] Yitzhaki S. Relative deprivation and the gini coefficient [J]. The Quarterly Journal of Economics, 1979, 93 (2): 321 - 324.

[295] Younge G. Measuring the social capital of laid-off Chinese workers [J]. Current Sociology, 1999, 50 (4): 555 - 571.